雅
众
elegance

智性阅读 诗意创造

雅众·电影

特吕弗

LES FILMS DE
MA VIE

我生命中的电影

[法] 弗朗索瓦·特吕弗　著

黄渊　译

中信出版集团 | 北京

图书在版编目（CIP）数据

特吕弗：我生命中的电影 /（法）弗朗索瓦·特吕弗著；黄渊译 . —北京：中信出版社，2023.4
ISBN 978-7-5217-5291-5

Ⅰ . ①特… Ⅱ . ①弗… ②黄… Ⅲ . ①特吕弗－传记 Ⅳ . ① K835.655.78

中国国家版本馆 CIP 数据核字 (2023) 第 023529 号

LES FILMS DE MA VIE by François Truffaut © Editions Flammarion, Paris, 1975.
Simplified Chinese edition copyright © 2023 Shanghai EP Books Co., Ltd.
This translation published by arrangement with Flammarion SA.
All rights reserved.
本书仅限中国大陆地区发行销售

特吕弗——我生命中的电影
著者： [法]弗朗索瓦·特吕弗
译者： 黄渊
出版发行：中信出版集团股份有限公司
（北京市朝阳区东三环北路 27 号嘉铭中心　邮编　100020）
承印者： 山东临沂新华印刷物流集团有限责任公司

开本：889mm×1194mm 1/32　　印张：13.75　　字数：320 千字
版次：2023 年 4 月第 1 版　　　　　印次：2023 年 4 月第 1 次印刷
京权图字：01-2023-0860　　　　　　书号：ISBN 978-7-5217-5291-5
定价：88.00 元

版权所有·侵权必究
如有印刷、装订问题，本公司负责调换。
服务热线：400-600-8099
投稿邮箱：author@citicpub.com

献给雅克·里维特

我相信只要一部作品能表达出创造它的那个人,那么它就是好的。

——奥逊·威尔斯

这些书是活的,它们和我说过话。

——亨利·米勒《我一生中的书》

目 录

影评人的梦想是什么？   1

一　大秘密

让·维果只活到二十九岁   29
阿贝尔·冈斯   38
  《拿破仑》   38
  《奈斯尔之塔》   43
让·雷诺阿电影节   48
卡尔·德莱叶的白   64
刘别谦是一位王子   67
查理·卓别林   72
  《大独裁者》   72
  《纽约之王》   76
  谁是查理·卓别林？   80
上帝保佑约翰·福特   84

i

弗里茨·朗在美国　　　　　　86

弗兰克·卡普拉，医治者　　　92

霍华德·霍克斯　　　　　　　94
　《疤面煞星》　　　　　　　94
　《绅士爱美人》　　　　　　95
　《金字塔》　　　　　　　　97

约瑟夫·冯·斯登堡　　　　　99
　《密战计划》　　　　　　　99

阿尔弗雷德·希区柯克　　　103
　《后窗》　　　　　　　　103
　《捉贼记》　　　　　　　107
　《伸冤记》　　　　　　　111
　《群鸟》　　　　　　　　116
　《狂凶记》　　　　　　　117

二　有声片时代：美国人

罗伯特·奥尔德里奇　　　　123
　《死吻》　　　　　　　　123
　《黄金篷车大作战》　　　125
　《大刀》　　　　　　　　130

威廉·博丁　　　　　　　　132
　《陈查理和羽蛇》　　　　132

ii

巴德·伯蒂彻	133
《逍遥法外》	133
乔治·库克	135
《模特儿趣事》	135
塞缪尔·富勒	138
《禁止!》	138
伊利亚·卡赞	141
《宝贝儿》	141
《登龙一梦》	145
斯坦利·库布里克	148
《光荣之路》	148
查尔斯·劳顿	151
《猎人之夜》	151
茂文·勒鲁瓦	153
《坏种》	153
安纳托尔·李维克	155
《真假公主》	155
乔舒亚·洛根	157
《野餐》	157
西德尼·吕美特	160
《十二怒汉》	160
约瑟夫·曼凯维奇	162
《赤足天使》	162
安东尼·曼	167
《战争中的男人》	167

罗伯特·马利根	170
《孺子雄心》	170
奥托·普雷明格	172
《你好，忧愁》	172
尼古拉斯·雷	178
《荒漠怪客》	178
《高于生活》	181
道格拉斯·塞克	187
《苦雨恋春风》	187
弗兰克·塔许林	190
《春风得意》	190
《糊涂大影迷》	192
埃德加·乌默	195
《边城侠盗》	195
查尔斯·维多	197
《爱我否则离开我》	197
比利·怀尔德	200
《七年之痒》	200
《战地军魂》	202
罗伯特·怀斯	207
《宁馨儿》	207
《沙漠突围战》	209

三　有声片时代：法国人

克洛德·奥当-拉哈　213
　《穿越巴黎》　213
　《不幸时刻》　215
雅克·贝克　221
　《金盔》　221
　《钱财勿动》　222
　《亚森·罗宾》　225
　《洞》　229
雅克·贝克，去世一年后　234
罗伯特·布列松　236
　《布劳涅森林的女人们》　236
　《死囚越狱》　240
雷内·克莱芒　248
　《相逢》　248
亨利-乔治·克鲁佐　253
　《毕加索的秘密》　253
让·科克托　257
　《奥菲斯的遗嘱》　257
朱尔斯·达辛　264
　《男人的争斗》　264
　《该死的人》　266
萨卡·圭特瑞　270
　《杀手和小偷》　270

坏人萨卡·圭特瑞	273
艾尔伯特·拉摩里斯	279
《红气球》	279
让-皮埃尔·梅尔维尔	283
《可怕的孩子们》	283
马克斯·奥菲尔斯	285
《劳拉·蒙特斯》	285
马克斯·奥菲尔斯死了	292
雅克·塔蒂	300
《我的舅舅》	300

四 一些局外人

英格玛·伯格曼	307
伯格曼的作品	307
《呼喊与细语》	313
建造者布努埃尔	317
诺曼·麦克拉伦	327
《线与色》	327
费德里科·费里尼	328
《卡比利亚之夜》	328
《八部半》	329
罗伯托·罗西里尼更喜欢真实的生活	331

奥逊·威尔斯 338
　《公民凯恩》：脆弱的巨人 338
　《阿卡丁先生》 347
　《历劫佳人》 351
亨弗莱·鲍嘉肖像 356
詹姆斯·迪恩死了 361

五 我在"新浪潮"的朋友

阿伦·雷乃 369
　《夜与雾》 369
亚历山大·阿斯楚克 371
　《糟糕的相遇》 371
阿涅斯·瓦尔达 375
　《短岬村》 375
罗杰·瓦迪姆 378
　《上帝创造女人》 378
克洛德·夏布洛尔 382
　《漂亮的塞尔吉》 382
路易·马勒 384
　《情人们》 384
　《鬼火》 386
让-吕克·戈达尔 388
　《所有的男生都叫派翠克》 388

vii

《随心所欲》 389

雅克·里维特 391
《巴黎属于我们》 391

雅克·罗齐耶 397
《再见菲律宾》 397

皮埃尔·卡斯特 400
《葡萄牙假期》 400

阿伦·雷乃 401
《莫里埃尔》 401

让-皮埃尔·莫基 404
《处女们》 404

克洛德·贝里 407
《老人与小孩》 407
《爸爸的电影》 411

热拉尔·布兰 414
《朋友们》 414

拉斯洛·萨博 416
《魔鬼的白手套》 416

克洛德·索泰 419
《三兄弟的中年危机》 419

雅克·杜瓦隆 423
《初生牛犊》 423

影评人的梦想是什么？

1942年的某天，马塞尔·卡尔内的《夜间来客》(Les Visiteurs du soir)终于在我们这儿的皮加勒剧院上映了。我急于看到这部电影，于是决定逃课。电影看完，我很喜欢。但当天晚上，当时还在音乐学院学小提琴的阿姨找到我，邀请我一起去看电影，而且她也选了这部《夜间来客》。我当然不敢承认早已逃学看过，于是只好硬着头皮去看，还得装成第一遍看的样子。结果，这反倒让我第一次意识到，步步深入地去钻研一部自己喜爱的作品，那种感觉竟是如此奇妙。这甚至能让你产生一种幻觉，让你以为自己也经历了这一番创造的过程。

一年后，克鲁佐的《乌鸦》(Le Corbeau)上映，它更是让我着迷。它从上映（1943年5月）直至法国解放后被禁，我一定看了有五六遍。[1] 后来《乌鸦》重新被允许放映，我一般每年都会看上几遍。到最后，连台词都烂熟于心。相比我之前看过的那些电影，《乌鸦》的对白十分成人化，其中有一百来个单词，我

---

[1]《乌鸦》的投资拍摄方，是由戈培尔一手创立的德国大洲电影公司。法国解放后，政府下属的法国电影清洗委员会以影片宣扬悲观论调为由，禁止了该片继续上映，导演克鲁佐也被禁止从事电影相关工作三年，几位主演甚至还被关入监狱。（若无特殊说明，本书注释及内文小字号括注皆为译注）

是后来才慢慢弄明白意思的。《乌鸦》的情节围绕一系列匿名告密信展开，信的内容大多涉及打胎、通奸及其他各种堕落行为。因此，这部电影在我看来，就像是针对我在二战及战后的所见所闻做出的精确描绘：通敌、告密、黑市、卖淫、犬儒。

我生命中头两百部电影，全是逃学去看的，而且都没买票——从紧急出口或厕所窗户偷偷溜进影院。不然，就是趁家长晚上不在家的时候（但我还得在他们回家前就先躺回被窝，装出在睡觉的样子）。为了这些快乐时光，我付出了装胃疼、装抽筋、装偏头痛的所谓代价，外加因此而产生的负罪感。但越是这样，观影过程中体会到的种种情绪就越发强烈了。

我开始感觉到一种强烈的需要，想进入影片之中。我坐得离银幕越来越近，为的是可以忽略影院里其余的人和其余的事。古装片、战争片和西部片，我都跳过不看。因为，要对这些电影产生认同，相对说来更难一些，剩下就是悬疑故事和爱情故事了。与大多数我这年龄的电影观众不同，能让我产生认同的，并非片中的英雄人物，而是那些输家，而且基本上，只要是犯了错的角色，都能让我产生认同。所以，阿尔弗雷德·希区柯克那些致力于让人感到畏惧的电影，一下子就抓住了我。在他之后，作品旨在表现人与人之间互相理解的让·雷诺阿也是一样。"糟糕的就是每个人都有他自己的理由"［《游戏规则》(La règle du jeu)］。我敞开心胸，准备好迎接让·维果、让·科克托、萨卡·圭特瑞、奥逊·威尔斯、马塞尔·帕尼奥尔、恩斯特·刘别谦，当然，还有查理·卓别林，以及其余那些自身没有问题却"对别人的道德产生怀疑"［《广岛之恋》(Hiroshima mon amour)］的导演。

常有人问我，在我和电影谈的这一场恋爱里，我是从什么时候开始想到要当导演、当影评人的。说实话，我不知道。我只知道，我想距离电影近一点，再近一点。

第一步，当然就是要看许多的电影；然后，我开始在离场时记住导演的名字。到了第三阶段，我会把同一部影片翻来覆去地看，并且开始琢磨如果我是导演的话，会怎么做。在这个阶段，电影于我而言，就像毒品。1947年，我成立了一家电影放映俱乐部，名字起得有点装，但确实又很说明问题，叫作电影狂俱乐部（Movie-mania Club）。有时候，同一部电影，我一周之内看了四五遍，但还是记不住具体情节。那是因为有些时候，一段激昂的音乐、一场黑夜里的追逐戏或是女演员的一滴泪，就能让我整个人沉醉其中，忘记了其余的一切，直到影片落幕。

1951年8月，正有病在身的我，作为军事拘留所的犯人，被关押在一家军队医院中（即便是洗澡或上厕所，也都戴着手铐）[1]。某天，我躺在床上看报，结果因为读到这么一条消息而勃然大怒：投资人逼着奥逊·威尔斯把《奥赛罗》（Othello）从威尼斯电影节竞赛单元撤了下来，他们不允许他去冒险，担心会输给劳伦斯·奥利弗的英国大片《王子复仇记》（Hamlet）。[2]

多美好的年代啊——关心自己偶像的命运甚至多过自己。过了二十多年，我依然热爱电影，但是再也不会有哪一部影片，能比我自己手头正在创作、筹备、拍摄、剪辑的那一部更让我牵肠挂肚了。我已经失去了迷影人的胸怀，已经傲慢得有时候自己都会觉得尴尬与不解了。

我没能找到我写过的第一篇影评，那是1950年发表在《拉

---

[1] 1951年，特吕弗因从军队逃跑而被军事法庭判刑。
[2] 此处作者记忆有误，威尔斯撤出威尼斯电影节竞赛单元的影片是《麦克白》（Macbeth），而非《奥赛罗》。1948年的威尼斯电影节上，劳伦斯·奥利弗的《王子复仇记》最终摘得了国际电影大奖。

丁区电影俱乐部公报》(*Bulletin of the Film Club of the Latin Quarter*)上的。我记得写的是《游戏规则》。这部电影的原始版本——包括我们之前从没见过的十四场戏——当时刚好被重新找到,于是有了新的放映活动。我在文中细数两个版本的区别。或许也正是因为这篇文章,当时正计划写一本关于雷诺阿的书的安德烈·巴赞,才会提议让我来帮他一起做准备工作。

从1953年开始,他就一直都在鼓励我写东西,这一点让我获益良多。原本只是一种乐趣,现在却逼着你去分析,用文字写下来,这么做,可能并不会让一名票友自然而然地就化身成专业人士,但它也确实能引导你后退一步,回到那一片看似具体而又很难界定的影评领域中。当然,这么做也伴随着一种风险,你有可能会就此失去对于电影本身的热情;幸运的是,这事情并没有发生在我身上。我曾在一篇谈《公民凯恩》(*Citizen Kane*)的影评中不厌其烦地阐释同样的一部电影,作为影迷、作为记者和作为导演,可能会有各自不同的观看方式。这一点,对雷诺阿的作品或那些美国大片来说,也是一样的。

我算是优秀影评人吗?我自己也不知道。但有一点我可以确定:我始终站在被起哄的对象那边,始终对抗着正在起哄的那些人;而且越是别人兴致戛然而止的地方,往往越是我的起兴之处:雷诺阿电影里的转调、奥逊·威尔斯电影里的放纵、帕尼奥尔或圭特瑞电影里的漫不经心、布列松电影里的直白。我的电影欣赏口味,完全看不出有什么附庸风雅的痕迹。我始终赞同奥迪贝蒂(Jacques Audiberti,法国剧作家)的观点:"最是晦涩的诗,最是写给所有人的。"不管是不是被称为商业片,我深知其实所有电影都是被拿来买卖的商品。它们在程度上有别,但种类上并无差异。我激赏凯利和多南的《雨中曲》(*Singin' in the Rain*),

一如我激赏卡尔·德莱叶的《词语》(Ordet)。

时至今日，我仍持这样的看法。任何按照类型给电影排座次、列高下的做法，都是既荒谬又卑鄙的。希区柯克拍《惊魂记》(Psycho)——一名并非惯犯的小偷洗澡时被将自己母亲尸体做成标本的汽车旅馆老板刺死的故事——几乎所有影评人都觉得这题材不够分量。但同一年里，受到黑泽明影响的英格玛·伯格曼拍了一模一样的主题[《处女泉》(Jungfrukällan)]，只不过将背景放在了14世纪的瑞典，结果让所有影评人看得五迷三道，还拿到了奥斯卡最佳外语片奖。之所以说这些，我可绝不是嫉妒他的这个奖：我只想强调，这两部影片其实是一模一样的题材（事实上，那或多或少都是有意识地由夏尔·佩罗著名的童话故事《小红帽》里移植来的）。真相就是，在这两部影片中，伯格曼和希区柯克各自巧妙地表现出了其自身一部分的暴力，并就此让自己获得了某种解脱。

再让我以维托里奥·德·西卡的《偷自行车的人》(Ladri di biciclette)为例。时至今日，依然有人在谈论它时，将之视为一部关于意大利战后失业问题的悲剧，哪怕这部优美的影片其实并没有真正针对失业问题展开什么。按科克托的说法，《偷自行车的人》就像一则阿拉伯民间故事；它呈现在我们面前的，其实就是一个必须找回他自行车的男人，就和电影《伯爵夫人的耳环》(Madame de...)里必须找回自己耳环的交际花完全一样。说《处女泉》和《偷自行车的人》高贵且严肃，而《惊魂记》和《伯爵夫人的耳环》是"娱乐片"，这种观点我可不敢苟同。这四部电影，都既高贵且严肃，同时，这四部电影又都是娱乐片。

以前当影评人的时候，我心目中的成功电影，必须要同时表现出某种世界观和某种电影观来；《游戏规则》和《公民凯恩》

都非常符合这点。现在我对电影的要求则是，或者它能表现出拍电影这件事的喜悦，或者它能表现出拍电影的苦恼，两者必有其一。剩下那些两边都不沾的电影，我就完全没兴趣了；那些没有脉搏的电影，我全都没兴趣。

应当承认，现在这年头要当影评人，应该会比我那个年代难上许多。像我当初那种情况，年纪轻轻，更多的是靠着本能而非什么货真价实的文化根基，边学边干就当上了职业影评人，放在今天，这种人一开始写出来的文章，恐怕很难能找到地方愿意发表。

放在今天，安德烈·巴赞也写不出"所有电影生来自由且平等"这句话了。和书籍出版一样，电影制作早已变得细化：不同的类型，特定的受众。在过去，克鲁佐、卡尔内、德拉努瓦、克里斯蒂安-雅克、亨利·德库安、科克托还有布列松在二战时拍的那些电影，面向的都是同一批观众。如今的情况早已不同。所谓的"普通"受众，那些纯粹因为受影院大门口贴着的剧照吸引，就信步走进影院去的观众，现在已经很少有什么电影是专为这些人而酝酿的了。

如今在美国，有些电影专为少数群体而拍，专门面向黑人观众或是爱尔兰裔观众。电影的话，既有空手道电影，也有冲浪电影，还有专为儿童观众或青少年观众拍的电影。现在的电影制作，相比过去存在一个很大的区别：杰克·华纳、达里尔·F.扎努克、路易·B.梅耶、卡尔·勒梅尔和哈里·科恩，这些人制作出来的电影，首先他们自己就很热爱，并且为之感到自豪；而现在的大电影公司老板，面对那些他们为免自己被淘汰出局而不得不抛向市场的充斥着性和暴力的作品，常常连他们自己都会觉得恶心。

我当影评人的那个年代，电影虽不像今天这么"智慧""个人化"，但相比今天，那些电影往往更有活力。我之所以为"智慧"和"个人化"加引号，恰恰是因为我非常坚信，那时候其实也不缺少智慧的导演，但是他们被说服掩盖起了自己的个性，以便其作品能具有一种普遍性。智慧，都留在了摄影机背后，没想过非要在银幕上展示出来。但同时，也确实要承认，在那时候的电影对白里，你找不到太多很重大、很深刻的东西。那些东西，都留在了大家的真实生活中，留在了茶余饭后。还有那时候的爱情戏，你也看不到太多疯狂大胆的事，那些东西，都留在了人们自己的卧室里，或是别的什么地方。幸好那时候我们也不是仅仅通过看电影来了解生活，不然，一定真会以为紧闭嘴唇接上一个吻，孩子就会诞生了。

一切都变了：过去的十五年里，电影可不仅仅是赶上了生活，有些时候它似乎都已走到了生活的前面。电影已经变得比看电影的人更加智慧了——或者应该说，更讲究智力了。现如今看电影，我们常要借助一些指南，才能分辨出银幕上的画面究竟意在表达现实还是梦幻，究竟说的是过去的事情还是在讲未来，究竟是真实发生了的，抑或纯粹基于想象。

至于色情片或者说黄色电影，在并非其狂热粉丝的鄙人看来，我们目前还在还债。这笔用电影来撒爱情之谎的债，我们欠了六十年。亨利·米勒的读者数不胜数，我也是其中之一，他的作品不仅令我沉醉，还陪伴我度过人生各个阶段。但正如电影远远落后于现实，能与米勒作品匹敌的电影也迟迟未能出现，每每想到这点，我便感到难过。让我不满的是，至今我都无法举出哪部色情电影能与米勒的文字相提并论（即使是这一类型中最出类拔萃的那些，不管是伯格曼还是贝托鲁奇的作品，拍的也只有悲观主义）。不过话说回来，电影能获得现在这样的自由度，也还没有多久。而且我们必须考虑到，电影画面的直接性可能引发的问题，可要比文字棘手得多。

随着电影制作持续细化，影评也慢慢变得专门化：有的影评人特别善于理解和分析政治片，也有人专攻文学电影，或是没有情节的实验电影，如此种种。相比过去，电影的质量确实在进步，但进步程度其实并不如拍摄者所期望的那么大。一部电影，想做到哪些和最终确实做到了哪些，两者之间，常有鸿沟天堑。对影评人来说，如果只考虑这部电影想做到哪些，那他大可以将其吹捧得玄乎其玄；但如果他意识到电影实际的状况并对其执行水准有所要求，那么，他在评价其最终确实做到了哪些时，就会以它有可能会显得有些狂傲的出发点来当参照对象了。

过去的电影想让影评人和观众对其达成共识，可要比现在容易得多。因为那时的电影，十部里面只有一部会有艺术上的想法，哪怕它最终不总是能赢得观众，至少也能赢得所有影评人的赞扬。剩下九部电影都是纯娱乐片，影评人会择其二三加以表扬，因为求大于供（过去没有那么多既有乐趣又有质量的电影）。现如今，几乎所有电影都很有想法，因为制片人往往都不太关心影片能否盈利了——那些只关心利润的人（我指的是欧洲这边的情况），早就转去了别的行业，例如房地产什么的。

于是，如今，影评人的作用已经被微妙地平衡掉了，但坦率地说，我也不为自己转换了阵营，去了被人评判的那一方而感到遗憾。可话说回来，究竟什么是影评人？

据说在好莱坞，"人人都有两份工作———一份是本职工作，另一份是写影评"。对此情形，你大可以觉得欣慰，或者心存抱怨。我倒是一直都属于前者，想想音乐家和画家所需面对的那种孤单和受人冷落，我还是更愿意热闹一点。

谁都可以当影评人。相比写书评、乐评或绘画评论所需的学识，学写影评所需的知识，估计也就前者的十分之一。而这也是电影导演不得不面对的事实，那就是，点评他作品的，很可能是一个连茂瑙的电影都没看过的人。

在报社，电影专栏作者所发表的意见，编辑部里不管是张三还是李四，都觉得自己有资格来质疑一下。面对自己手下的乐评人，报纸主编会心存敬畏，面对影评人的时候，却很可能会在走廊里把他拦下来说："喂，你可没少敲打路易·马勒的新片啊。但我妻子完全不同意你的观点；她很喜欢那部电影。"

与美国影评人不同，法国影评人觉得施行正义才是他们的使命：就像上帝——或者对无神论者来说，就像宙斯——那样，法国影评人想锄强扶弱。首先是因为欧洲人历来就有质疑成功者的传统；其次，法国影评人最关心的便是如何用自己的双眼，令自己身为影评人的重要性得以突显，于是他会产生某种强烈的欲望，想让自己显得有用。有时候，他们会主动设法做到这点。

如今，由于"新浪潮"及其力量的延伸，优秀电影不再仅仅出自五六个国家：全球各地都有好电影涌现。影评人拼尽全力，希望不错过任何一部重要的作品。有些电影能在巴黎二十家影院同步上映，有些却只能在仅有九十个座位的电影公司工作室里放映。有的电影宣发经费就有十万美元，有的却只有其十分之一。这种情况本身就很不公平，也难怪影评人写文章时会将这层因素认真纳入考量，哪怕这有可能会让一些电影行业中人感到不快。

我很熟悉这些总爱抗议不公的法国影评人，他们总是像堂吉诃德挑战风车那样在挑战高蒙电影院线，他们总是扮演拆台者的角色，让好好的比赛中断。我很熟悉，因为曾经我就是他们中间的一员。从1954年到1958年，我当了四年影评人，随时做好准备为杜辅仁科和布列松这样的电影孤儿寡母摇旗呐喊。就像在1958年的戛纳电影节上，我注意到了主办方为增添节日气氛在银幕前方放置的一些花瓶，都是根据对二楼包厢里的嘉宾最合适的角度来摆放的，却让坐在底下前十排里的那些最普通的电影爱好者无法再看清楚字幕。这样的事足以让我狠狠批评那些管事的人，而他们也对我无休无止的攻击感到厌烦，遂要求我们主编第二年另派人来报道电影节。1959年，来的还是我，但观看《四百击》时的座位已被安排进了二楼包厢。我得承认，从那个角度看过去，银幕前摆放着的鲜花，效果确实很美……

后来我当了导演，但从一开始我就一直提醒自己，时不时地还是要拿起笔来写写电影。身兼影评人和电影人两职，让我有了胆量站在高处来判断形势，就像《巴马修道院》里的法布里奇奥，假设让他可以坐上直升机，幸运地从滑铁卢上空飞过那样。

在我看来，美国影评人似乎要优于欧洲影评人。当然，我提出这种假说，也请读者不要觉得我在自欺。出于基本的人生法则，我们本就易于接受那些对自己更有用处的想法，而美国影评人对我影片的评价，一直以来也确实要比我那些同胞更为正面。所以我接下来说的，你要留神了。但无论如何，我还是要继续说我这个观点。美国影评人通常毕业于大学新闻专业，明显要比法国影评人更职业；这一点，从他们采访时步步推进的方式中便能看出。由于美国报纸发行量更大，美国影评人收入颇丰；这一点你也无法忽略。因为这意味着，美国影评人知道自己不是靠耍小聪明混饭吃。哪怕他不出书，不搞第二职业，也能照样过活，而且面对电影行业人士时，也不会觉得自己低人一等、生活在不同的社会阶层。所以，面对像《教父》这样的超大型制作时，美国影评人自然不会刻意保持距离，面对那些遭到好莱坞大公司鄙视后努力与之抗争的边缘地位电影创作者时，美国影评人也不会想当然地代入自己。他能持有某种平和的心态，可以做到纯粹就事论事。而在法国，我们已习惯看见导演参加自己作品的媒体放映，等到电影放完后，他会安安静静地等候在影院出口。这样的事放在纽约是无法想象的：那足以变成一场公开的丑闻。

对于纽约的影评人，好莱坞导演通常抱怨的都是——相比自己同胞的作品，他们会更偏爱来自欧洲的那些小制作电影。那些带有字幕的原声外语片，通常情况下只有学生族和美国大城市里的文化人才会去看。

这样的抱怨也并非完全没道理，但这种倾向其实也很好理解。而且事实上，其反向作用也让许多美国导演在欧洲获益。我在这本书里也不止一次地写到过，当初法国解放之后，首批美国电影来到，我记得我们这些法国影迷也表现得十分疯狂。这样的情况现在也有，而且我觉得这种反应很正常。外来的和尚好念经，不仅仅因为猎奇，还因为少了那些日常的参照物，反而会让一部电影显得更煞有介事。克洛德·夏布洛尔拍了一部新片，放在纽约和放在巴黎，大家看的角度肯定不尽相同。巴黎影评人对他会有先入之见，那些与这部电影本身都没有关系。影评人会写导演上电视时的样子，写他过往作品的口碑与票房成败，写他私生活的八卦，甚至还有他的政治倾向。六个月之后，同一部夏布洛尔的作品到了纽约，摆脱了所有这些外部因素的拖累，好让美国影评人纯粹就影片论电影。为什么我们总觉得到了国外更能找到知音，相信上面这些分析，已足够给出答案了。

普鲁斯特在给斯特劳斯夫人的信里写道："世人完全浸没在自己的愚蠢之中，他们哪还会相信在自己的同类之中，其实就有天才。所以他们只会欣赏不属于自己那个世界的文学家。"

所以说到底，对于我们不涉及的艺术家，我们会怀着多出许多的同情心去评判他的作品，而非他这个人；更确切地说，对于那些我们有涉及的艺术家，他这个人——还有我们之前对他的了解——就会横亘在他的作品和我们的评判之间了。此外，必须要补充一句，很少有电影能做到与世独立；总有它所处的背景，属于某种风格，或是某个所谓的系列。三部电影同一个月内在巴黎上映，涉及同样的时代背景（例如沦陷时）或是同样的空间背景［例如圣特罗佩（Saint Tropez，法国南部度假天堂）］，肯定是最晚放的那一部最倒霉，哪怕它其实是三部里拍得最好的一部。

同样的道理，我也是在美国住了一段时间之后才明白，为什么在这里希区柯克会被长期低估。因为从早到晚，美国电视上都充斥着谋杀、野蛮、悬疑、间谍、枪支和血腥。这些粗烂浅显的东西，相比《精神病患者》缔造者作品中的美感，自然是天渊之别，但毕竟用的材料相同，所以我也就理解了，在这种暴力的大环境中，一出意大利喜剧、一则法国爱情故事、一部关于内心的捷克电影，会给他们带来怎样的一缕新风。

没有哪个艺术家会真的打心底接受评论者所承担的角色。究竟什么是影评人，类似这种问题，初出茅庐的电影导演根本不会去多想。这或许是因为，此时的他更多地还要借助影评的力量，而且一般影评人对新手也更宽容。但随着时间推移，艺术家和影评人各自找到了属于自己的角色；或许，他们还变得更了解对方了，但不久之后，他们彼此就把对方当成了——不说是对手吧，简单形象地说，那就是他们把彼此当成了猫和狗。

艺术家一旦是认准了这个道理，便会固执地拒绝再承认评论还有什么存在价值。即便是承认，他也会想拉拢影评、利用影评。这是错的。艺术家批评影评人在自欺，其实他自己许多时候又何尝不是怀有这同样的自欺呢？戴高乐将军和乔治·蓬皮杜老爱抨击报纸，但又总是自露马脚，同样的教训也适用于艺术评论。因为这些公众人物在批评媒体时用的那些策略里，最让人觉得可悲的一条便是，他们总是自相矛盾："首先，我鄙视报纸；其次，我也从不看报纸。"

对于这种容易自我膨胀的人来说，哪怕说他作品好话的评论，如果还提及了对其他人的赞赏，照样也没法让他感到满意。即便那些伟大的艺术家，也总有过屈服于诱惑、向评论者展开攻击的时候。这一点，无人例外，但我也相信，大家都知道这其实是一种缺点，是在示弱，不管这种攻击来自福楼拜（他说过："自第一篇评论诞生之日起，就没有过一篇好的。"）还是英格玛·伯格曼（曾有一位斯德哥尔摩影评人吃过他的耳光）。

萨卡·圭特瑞提醒我们别忘了，圣伯夫还真是够胆量，写下了这样的话："巴尔扎克先生似乎才一开始就已经想好了要怎么结束：留下一百卷没有读者的文字。"百年之后，我们再看看圣伯夫和巴尔扎克各自又是如何。

要是有这么一位艺术家，碰到哪怕是夸奖他作品的评论，只要是不同意，就敢于提出来，而且同时又不会就此便看不起评论所承担的角色，那在我看来，他就是一位有勇气的艺术家。这是有原则的反对：能让事情越辩越明。这样的艺术家，遇到攻击也不会腿软，也会同样心胸开阔地去做回应。但现实正好相反，现状也令人不由沮丧。如今的艺术家只有在遇到不同意见时才会提出质疑。自欺，如果真有自欺的话，那也从来都不是单方面的。当一位极具才华的法国导演每推出一部新片都称其为"本人第一部真正算得上电影的电影"时，当他坦承之前那些电影都只不过是在练手、如今想来让他倍感惭愧时，那些从一开始就支持他作品的影评人，又该作何想？

对于那些爱抱怨负面评论的艺术家，我只想问一个简单的问题：相比之下，你是否宁可让评论家从来都不提起你？是否宁可报纸上一行关于你作品的文字都不会出现？是，还是否？

不能对影评人提出太夸张的要求，尤其不应期待影评变得像科学那样精准。艺术并非科学；针对艺术的评论，又为何非得变成科学呢？

现在，针对某些影评人——以及某种特定形式的影评文章——的抱怨主要集中于一点：觉得他们很少会就电影而论电影。电影的情节，不等同于电影本身；也不是所有电影都是心理电影。影评人得记住让·雷诺阿的这句话："所有伟大的艺术都是抽象的。"要学会关注电影的形式，还要明白类似于德莱叶或冯·斯登堡这样的一些电影人，他们压根就从没想过要拍与现实相类似的电影。

我是在朱里安·杜维威尔去世前不久见到他的，那时我也已经拍完了自己的第一部电影。他总爱自怨自艾，但我想让他承认，他的电影生涯相当成功，涉猎了各种电影类型，拍片数量也多，不管从哪个角度来看，都可谓是了不起的成就，应该感到满足了。"是啊，该满意了……要是那些影评一篇都不曾有过的话。"他这话说得非常之诚恳，也让我目瞪口呆。于是我告诉他，我以前当影评人时，也羞辱过伊夫·阿莱格雷、让·德拉努瓦、安德烈·卡亚特甚至还有你杜维威尔，但我内心深处其实一直都很明白，那就像凡尔登战场上激战尤酣时，我却站在了巴黎歌剧院广场的路口当警察指挥交通。

我当时想到的就是这样一幅画面，因为我一直都相信，对于任何一位艺术家来说都是一样的，在他的作品、他自己血肉身躯的一部分，被拿出来交给大众去评判的那一天，他所要经历的，确实就像所谓的"火刑审判"。

从某种意义上来说，艺术家都很幸运，可以自我创造，让自己变成一个更有意思的人，然后再将自己展示出来。不是所有人都能享受这份特权，但是也有一个前提，他也得接受硬币的另一面：甘冒被人研究、分析、打分、评判、批评、反对的风险。

我做过影评人，所以我也知道，负责做评判的人，其实也很清楚这种艺术家迪过创作所能获得的巨大的特权，还很清楚艺术家展示作品所带来的风险。所以，反过来他们内心其实偷偷地也会崇拜和尊敬这些艺术家。这一点，如果艺术家可以了解的话，相信或多或少也能让他的情绪稍稍平静下来。鲍里斯·维昂说过："你没法在别人创造的东西的基础上写出伟大的文章，评论文章就是这样。"

就艺术家和评论家之间的关系而言，一切都是以权力争夺的形式展开的，但有意思的是，评论家始终清楚这样一个事实：不管他怎么试图用咄咄逼人的语调来掩盖这一点，事实就是，他是相对的弱者；可是另一边，艺术家自己却常无视他们所拥有的优势地位。艺术家的这种短视，可归咎于他们的感情脆弱、敏感（或者说多愁善感），当然，还和他们身上不管多少但似乎必然会具有的偏执妄想的情绪有关。所以艺术家总觉得评论家是在和自己对着干，而且打从一开始就在和自己对着干。艺术家的记忆总是选择性的，只记得利于他心中受害情节发挥的那些片段。

我带着自己某部影片去日本做发行时，好几位记者和我谈起朱里安·杜维威尔，因为他那部《红发》（*Poil de Carotte*）多少年来一直都是他们最喜欢的电影之一。1974年，我在洛杉矶的时候，一位好莱坞著名女演员告诉我，她愿付出任何代价，只求能得到电影《舞会名册》（*Un Carnet de Bal*）里乐曲的伴奏带。真希望杜维威尔当时还活着，我好把这些事告诉他。

还有一点也是艺术家应该放在心里的，那就是声誉。他不应把针对某部电影一时的批评，与历经多年之后它所收获的声誉搞混。除《公民凯恩》之外，奥逊·威尔斯的每部电影，当初全都被狠狠批评过：不是太简陋就是太浮夸疯癫，不是太莎士比亚就是太不够莎士比亚。但到头来，威尔斯还是在全世界范围内享有盛誉。对布努埃尔和伯格曼来说，情况也是一样的，起初也都常在国内外遭受不公的评价。

日报或周刊上的影评，讲的就是机会平等，这也十分正常。安纳托尔·李维克和卓别林同等重要；因为既然他们在上帝面前平等，那么在影评的面前，他们也都平等。但时间这个元素，终究会拨乱反正。热爱电影的人，终究还是会去纽约的现代艺术博物馆和巴黎的电影资料馆，还有遍布全世界的数以万计的艺术和实验影院看电影。所以别太担心，因为终究会拨乱反正的。我最后还要替影评辩护一句，据我观察，那些过于和善的评语，从四面八方包围过来，从你入行开始一直讲到你退休，其实只会让艺术家失去创造能力,还不如多洗洗冷水澡,好让人能清醒地面对现实。让·保兰(Jean Paulhan,法国作家)不是说过吗?——"负评保护作者,功效尤胜过用酒来泡水果。"

直至去世的那一天,艺术家始终深刻怀疑自己,即使他终日沐浴在同侪的赞扬声中。但是,艺术家试图保护自己不被攻击或是不遭受冷遇时,他究竟是捍卫自己受人威胁的孩子那样在捍卫自己的作品,还是其实在捍卫他本人呢?普鲁斯特是这样回答这个问题的:"我确信,作品一旦创作完成,其价值就胜过创作者本人,所以为它牺牲自己,这在我看来也理所当然,就和父亲保护孩子是一个道理。但很不幸,这孩子也就只有我这一个父亲,所以我不能把自己对其的想法强加在其他人头上。"

事实就是,辛苦一年完成的作品,拿出来任人细细审视的那一刻,我们确实会变得非常脆弱。面对有可能会出现的如潮的恶评,想要平心静气地接受,肯定得有钢铁般的意志才行。但或许再过两三年,我们自己的看法也会更接近于影评人当初给出的意见了,这会让我们幡然醒悟,原来自己确实没能把蛋黄酱给做成。我是有意用"蛋黄酱"来形容的,二十岁的时候,我曾因为巴赞的蛋黄酱理论与他有过一番争论——他喜欢拿拍电影和制蛋黄酱来做比较,蛋黄酱要不就是能乳化成功,要不就完全不成功。但我反对说:"难道你没发现吗,霍克斯的电影全都很棒,而休斯顿的电影全都很烂?"后来我当上了专业影评人,把这严苛的断语改动成了"霍克斯最烂的那部电影,也比休斯顿最好的电影更有意思"。这后来被人们叫作"作者论";它始于《电影手册》,如今在法国已被人遗忘,反倒在美国杂志上仍会被拿来讨论。

当初持正反双方观点的这些人里,许多如今自己也成了导演。我不知道他们还会不会再想起多年之前的这番争论,但我可以肯定,后来我们还是全都接纳了巴赞的蛋黄酱理论,因为实拍电影的过程,教会了我们许多:

别以为拍烂片就容易了,其实和拍一部好电影一样麻烦。

我们最真诚的电影看起来也可能是虚假的。

无心插柳柳成荫的事情,在拍电影时很有可能发生。

看似特别普通的电影,只要有活力,最终也可能比有许多"聪明"想法、但执行起来毫无激情的电影好。

结果很少能和付出的努力成正比。

电影本身的成功,并不一定来自好的想法,而要归因于我们自身现有要素之间的和谐共生,这些要素的存在,有可能我们自己都没有意识到,包括电影主题与我们内心情感之间的融合,以及我们在人生某一阶段所关注的一些事情,完全出于意外地恰好能和受众的关切对应上了。

还有许多别的教训。

我们认为评论应该在艺术家与受众之间扮演一个中间人的角色,有时候也确实如此。我们还认为评论应该扮演一个辅助性的角色,有时候也确实是这样。但绝大多数情况下,一部电影成不成功,影评人怎么说,其实只是诸多因素的其中之一罢了。还要看宣传、社会大环境、有没有竞争对手、上映的时机对不对。当一部电影取得某种程度的成功后,它会具有社会学层面的意义,而电影本身究竟质量如何,反倒成了次要的了。有位美国影评人写过:"给《爱情故事》(*Love Story*)写影评,犹如点评一份香草冰激凌。"针对此类电影,能给出如此坦率的评价,可能也就只有好莱坞会这样了。曾经有位导演，在他那部被影评人批得一文不值的作品票房大获成功之后，告诉那些影评人说："先生们，我去银行领钱的路上，可是哭着过去的。"

不管什么样的影评，论力量大小，肯定都比不过受众自己想去看某部电影的那种欲望（换句话说，也就是这部电影本身的吸引力）。即使影评人一致好评，结果也没能让观众走进影院去看阿伦·雷乃（关于流放）的《夜与雾》(Nuit et Brouillard)，或是内尔森·帕雷拉·德桑托斯（关于巴西饥荒与干旱）的《艰辛岁月》(Vidas Secas)，又或是达尔顿·特朗勃（关于失去手脚和视力外加失语的一名士兵）的《无语问苍天》(Johnny Got His Gun)。对此，存在两种可能的解释。其一，导演别再错误地以为制片、影院老板或影评人是他们的敌人了：其实这些人都发自真心地希望影片能成功。导演真正的敌人是大众，他们对你电影的抗拒力，那真是很难克服。这条理论的优点在于它不火上浇油，因为对导演来说，批评那些负责制作、发行和剥削电影的有钱人，总是一件很容易的事情，但别忘了，他们也制作、发行和剥削了上面提到的这三部电影。相比之下，讨好大众对导演来说其实并非难事，只不过，究竟哪些人才是你的受众，这个奥秘，从来就没人能够参透。

其二：所谓电影景观这种概念，本身就说明导演承诺了，一定要给观众带来愉悦，这种欣喜恰好与人生背道而驰，因为人生是一路向下直至衰老病死的旋涡。我可以说得再简略一些：电影景观是向上的，人生是向下的。如果我们认同这一看法，我们就会认为，电影景观与新闻报道正好相反，电影景观的使命是去欺骗，但想想那些最善于创造这类电影景观的导演，他们靠的可不是谎言，而是想办法让观众接受他们电影里的真实，而且也没有违背电影景观必须向上的法则。结果，观众既接受了他们的真实，也接受了他们的疯狂，因为我们要记住，导演要做的，就是把他自己的疯狂强施于观众。观众的疯狂程度不如导演，或者说，观众并未意识到自己的疯狂。

举个例子或许会有些帮助。尽管伯格曼的《呼喊与细语》（*Viskningar och rop*）包含了你能想到的一部电影所有的失败元素，但仍然在全球范围内取得了成功。明明它讲的是一个患癌的女人被慢慢折磨的过程，这正是观众最不愿意看到的东西。但是，它在形式上做到了完美，特别是房屋内饰上对红色的运用，那正是我上面说到的可以给观众带来欣喜的东西——甚至可以说是带来愉悦。于是观众立刻就能感觉到自己正在观看一部杰作。观众下定决心，带着一种艺术上的参与感与崇敬的心情看下去。哈丽特·安德森的哭声和痛苦的喊声所造成的伤害，就此获得了补偿，实现了平衡。再看看伯格曼其他的电影，优美程度其实不输给《呼喊与细语》，却让观众反应冷淡，说不定就是少了红色墙壁的缘故。当然，对伯格曼这样的导演来说，不管怎么样，世界各地每座大城市里，都少不了那么一批忠实拥趸，所以他不会缺少继续创作的动力。

该谈一下这本书的内容了。它选自我1954年起为各家报纸杂志撰写的各种文章。从1954年到1958年期间，先是我作为记者写的一些文章，还有就是我当导演后写的一些。两者的区别十分明显。一旦当上导演，我就不再批评同行的作品了，我只在自己确实想写，而且时机合适的时候，写一下这些电影。

本书收录了我所有文章的约六分之一。你可以批评我做的这些选择，但毕竟这都是我自己挑的。虽然当年我号称是"法国电影破坏者"，但这里没收录什么我写过的负面评论。那些电影如今早已被人遗忘，再把抨击它们的文章刊出来又有什么意义呢？还是引用一段让·雷诺阿的话吧："曾几何时，我觉得这世界已为假神所累，影坛尤其是重灾区。我觉得自己的任务就是要推翻他们。所以我手持利剑，准备好了为这任务献出生命也在所不惜。现在，历经半个世纪之后，假神还在，我坚持不懈地努力，或许确实也帮忙推翻了其中的一些。但反过来，这也让我发现，有些可是真神，根本无须被推翻。"

所以，我更愿意在这里收录一些正面的或是热情向上的文章（哪怕写得没某些负面影评好也没关系），更希望它们谈及的是一些至今仍在流传的电影，或是出自重要导演之手的电影。

也有些文章过去从未正式发表过，我一直都愿意纯粹基于自身乐趣或是为了理清自己的思路而去写文章。还有些文章，我这次把一些针对同一部电影的不同文字整合在了一起。因为有段时间，我除用本名外，还同时使用多个笔名，定期为多家刊物写稿：如《艺术》(*Arts*)、《广播-电影》(*Radio-Cinema*)、《巴黎公告》(*Le Bulletin de Paris*)等几家周刊，还有《电影手册》《巴黎人》(*La Parisienne*)这样的月刊，以及不太起眼的日报《巴黎时报》(*Le Temps de Paris*)。那是我人生第一段快乐时光。看电影，谈电影，还能挣钱。终于可以从早到晚只做自己喜欢做的事，而且又不用担心生计了。再想想也就是之前的那七八年，我每天都还在为一日三餐和支付房租而绞尽脑汁，那就更让我对这份工作不胜感激了。

第一部分"大秘密"写的是那些由默片开始，一路拍到有声片的导演。他们身上有些额外的东西。所以让·雷诺阿在《我的生平和我的影片》(*Ma Vie et mes Films*)一书中写到过，他们这一代导演很能让后辈着迷："我那些年轻同行老爱追问我一些问题，对他们来说，有声片出现之前的一切，感觉都像史前时代的大型冰川运动一样遥远且神秘。他们给予我们这些老人的敬意，就像拉斯科洞窟壁画前站着的当代艺术家内心所拥有的敬意一样。这很让人享受，让我们心满意足地感觉到自己那些胶片没有白费。"

这部分还有一些文章是悼词，有些过去没有发表过：卡尔·德莱叶、约翰·福特。关于福特，我的态度有过180度的转向。当影评人的时候，我几乎不喜欢他的任何作品，还写过两三篇狠批他的文章。直到自己也成为导演之后，某天我在电视上看了《蓬门今始为君开》(*The Quiet Man*)，才意识到自己以前真是有眼不识泰山。随后我又看了他许多作品，有些曾经看过，现在再重新观看，有些则从未看过。如今，我尊敬他一如我对让·吉奥诺的敬意。

写让·雷诺阿和路易斯·布努埃尔的文章也没发表过。写让·维果的那篇长文，是本该用在他的一本作品全集前的序言，但那书至今还没出版。写弗兰克·卡普拉的文章则是为一本在美国出的卡普拉文集而写的。

（第二和第三部分的）"有声片一代"的文章，我也得有所选择。为不让那些爱看负面影评的人太过失望，我在第三部分收了几篇这样的文章，它们看似倒也确曾经过深思熟虑——《相逢》(*Monsieur Ripois*)、《红气球》(*Le Ballon Rouge*)、《业森·罗宾》(*Arsene Lupin*)——但我还是得说，现在的我，更青睐纯表扬的影评。这类文章写起来要困难得多，而且历经时间考验后再读的时候，也更显得有意思。以前当影评人时，对于那些能让人兴奋的电影，我常会用多个笔名，在不同报章上发表多篇评论。如今，将它们重新整合的工作，变得很有意思。而这也解释了为什么《死囚越狱》(*A Man Escaped*)、《劳拉·蒙特斯》(*Lola Montes*)和关于让·科克托的这三篇文章会变得那么长。

第二部分写的是比利·怀尔德、乔治·库克和尼古拉斯·雷这些我很崇敬的美国导演，在这部分我写到的电影，或是不太出名，或是已被遗忘，但不管哪种情况，对我来说，它们都有着很重要的意义：查尔斯·维多的《爱我否则离开我》(*Love Me or Leave Me*)、埃德加·G.乌默的《边城侠盗》(*The Naked Dawn*)。《边城侠盗》对我来说意义非凡，我在给它写影评时提到了一本叫作《祖与占》(*Jules et Jim*)的小说。然后小说的作者亨利-皮埃尔·罗什给我写了一张便条，我去见了他，剩下的故事想必你们也都知道了。

第五部分[1]"一些局外人"收入的导演包括英格玛·伯格曼，因为他是瑞典人；路易斯·布努埃尔，一个在墨西哥和法国工作过的西班牙人；诺曼·麦克拉伦，一个生活在加拿大的苏格兰人，虽然拍的电影都只有几分钟长度，却无碍于他成为全世界最杰出的电影人之一；两个伟大的意大利人，费里尼和罗西里尼（伟大的意大利导演其实还有很多）。我把奥逊·威尔斯也放在了这一章——其实也可以把他放在第二部分的"美国人"里，但我还是觉得他更像一位世界公民式的导演。（写《公民凯

---

[1] 关于日本导演的那一部分（第四部分"为日本电影欢呼"）并未收录在本书法国版中。

恩》的这篇文章也是首次发表。）我还收录了为两位演员撰写的肖像式文章，因为他们的死当初给了我很大触动：活着的时候就已经成为传说的詹姆斯·迪恩、死后名声仍不断提高的亨弗莱·鲍嘉。

第六部分的标题是"我在'新浪潮'的朋友"，这可能会让人觉得吃惊。首先，我这是为了要重申自己作为"新浪潮"导演的身份，因为在一些法国人的笔下，这一表述在过去十年间已变成了一种肆意的侮辱。不具体指明哪部电影哪个人，笼统地污名化"新浪潮"，这么做也实在是太容易了，别人要反驳都不知从何说起。

"新浪潮"从来不是一个派别，也不是什么关系紧密的组织。它是一场自发形成的重要运动，而且迅速跨越了国界。我绝对是它的一部分；早在1957年，我就用文字表达了期待它到来的热切愿望，我所表达的信念天真却真诚："什么是明天的电影？在我看来，它要比个人的自传小说更私人化，就像一次忏悔，或者是一本日记。年轻导演会以第一人称方式来表达自我，会在电影里讲述自己身上曾发生过的事：可能是他们的初恋故事，或是最近的一次恋爱；或是关于他们政治意识觉醒的故事；关于旅行的故事，生病的故事，服兵役的故事，他们婚姻的故事，他们上次度假时的故事……那肯定会很有乐趣，因为它们一定是真实且崭新的……明天的电影，将会是一种爱的行动。"

根据不同视点，可以将"新浪潮"运动追溯到瓦迪姆的《上帝创造女人》（*Et Dieu... créa la femme*）（第一部出自年轻导演之手且获得国际声誉的法国电影）或是更早时候的亚历山大·阿斯楚克的《糟糕的相遇》（*Les mauvaises rencontres*）（"作者电影"起始作品的优秀范例)。我选择《夜与雾》作为"新浪潮"的发端,原因在于影片本身的重要性和导演雷乃的重要性。在我写雅克·里维特的《巴黎属于我们》(*Paris Nous Appartient*)的那篇文章里,有着关于"新浪潮"运动形成的最好的信息。

这一部分的文字,其实算不上真正的影评,更像一些即兴的随笔;写得当然很真诚,但确实当初也是为了替某些观众比较难懂的电影招徕关注而写,为的是能帮着推上一把。那也不能说是照顾朋友(其中有几位我是在文章写完之后才认识本人的)。不过,既然这些文章写的时候就不完全单纯,干脆就把第六部分叫作"我在'新浪潮'的朋友"吧。

在我看来,这些导演,以及许多我没来得及写的导演,他们加在一起,在一年时间里带给法国电影行业的丰富性和多样性,要比我之前当影评人的那几年加在一起更多。那些日子,好电影我们全都看了,顺带也看了许多烂电影,那是因为我们对电影的爱,就像明知水源被污染了还要去喝的探险家,因为他口渴。现在的电影爱好者,看过的烂电影不多,好电影也只看了一部分。这让我想到了我的朋友让·多玛尔希教授。过去三十年,他每年都能充满激情地看上350部电影,而且每次我遇见他,他都会说:"老伙计,只要能有些东西看,那就是好事,你说是不是这个道理?"

我将此书献给我的朋友雅克·里维特,因为书里写到的大部分电影,我都是和他一起看的。

——1975年

一 大秘密

让·维果只活到二十九岁

1946年某个星期六的下午，要感谢由安德烈·巴赞和另几位《电影杂志》撰稿人组织的"黑房间"影迷俱乐部。通过他们的活动，我初识让·维果的电影，这给我带来了巨大的快乐。刚进场时，我甚至连让·维果是谁都不知道，但是很快，他的电影就让我沉浸在一种疯狂的激情之中，尽管他全部作品加在一起，放映时长也没超过200分钟。

起初我最喜欢《操行零分》(*Zéro de conduite*)。这或许是因为，维果镜头里的那些学生，让我产生了认同感。当时的我，也就比他们大个三四岁。再往后，等我将他所有作品反复看过几遍之后，《亚特兰大号》(*L'Atlanta*)无疑成了我在这其中的至爱。我心目中的影史最佳作品前十位，从来都少不了《亚特兰大号》。

从某种意义上来说，《操行零分》似乎代表着某种比《亚特兰大号》更为难得的东西。因为，历数各类文学和影视作品，真正以童年时代为主题的杰作，屈指可数。它们带给观众的震撼力，体现在两个层面：除审美上的影响之外，还带有一种具有自传性质的个人层面的影响。所有关于童年的电影，全都是"时代剧"。因为它们将我们送回到了那个穿短裤的学生时代，送回到教室黑板前，送回到暑假，送回到我们的最初。

和所有"处女作"一样，《操行零分》也有它实验性的一面。有些与整体剧情关系或近或远的创意，拍摄时秉持的显然就是那种"让我们试试看，看看结果会怎样"的态度。例如那场校庆戏，假人和真人混杂在一起。那样的场景，同一时期的雷内·克莱尔也有可能拍得出来；但不管怎么说，那都是一种已过时的拍法。可维果还是为这一场看似是固定套路的戏，安排了足有九处上乘的新创意，其中有的走滑稽路线，有的走诗意风格，还有的故意刺激观众，而且它们全都有着巨大的视觉力量外加那种至今都无人可以企及的不事雕琢。

《操行零分》之后不久，维果开始拍摄《亚特兰大号》。此时的他，已从前次拍摄中吸取了教训。这一次，他臻于完美，拍出了一部旷世杰作。他依然使用充满诗意的慢镜头，但不再为取得滑稽效果而采用快动作效果。他不再求助于假人，他的镜头，这一次仅仅只聚焦于真实，并将其转化为一个童话故事。通过拍摄散文式的话语和行为，他轻而易举地实现了诗意。

维果的电影生涯宛若闪电，耀眼却短暂，表面看来就和拉迪盖一样。这两人都是英年早逝的年轻创作者，都只留下了两部作品（不含短片）。而且，他们的第一部作品，又都有着公开的自传性质，而到了第二部，则距离其本人更遥远一些，更多地建立在了外部素材的基础之上。有人因为《亚特兰大号》是命题作文，便低估了它的价值，可他们大概是忘记了，大多数人的第二部作品，其实都存在这种情况。拉迪盖的《伯爵的舞会》（*Le Bal du Comte d'Orgel*）也是应科克托要求而写的——当然，你也可以说是拉迪盖自己要求自己写的。此外，从原则上来说，

第二部作品很重要，因为它让我们可以判定出那人是否真就那点本事。换句话说，我们可以通过第二部作品来判定，那人究竟是天才票友，还是真正的创作者，他究竟是运气好交出了不错的处女作，抑或确实前途无量。维果和拉迪盖的发展趋势也是一样的，由现实主义和反叛过渡到了精雕细琢和唯美主义。（这些词我这里取的都是它们最正面的意思。）我们可以想象，如果维果能把拉迪盖的小说《肉体的恶魔》(Diable au Corps)搬上银幕，那一定会是一部很了不起的电影，但两人毕竟一个是作家，一个是导演，所以我也不愿将他们过分地做比较。不过，针对维果的研究中，常会提及阿兰·傅尼埃、兰波和塞利纳等作家，想来那也确实很有道理。

《亚特兰大号》拥有《操行零分》的所有品质，并且又多出了一份成熟，外加更多的艺术性。电影的两大趋势——现实主义和唯美主义——在片中达成了一致。在电影史上，既有罗西里尼这样的现实主义大师，也有艾森斯坦那样的唯美主义巨匠，却很少有人有兴趣将这两种趋势合在一起——因为大部分人都觉得，这两种趋势应是背道而驰的。在我看来，《亚特兰大号》抓住了戈达尔的《精疲力尽》(A Bout de Souffle)和维斯康蒂的《白夜》(Le notti bianche)这两部电影的精髓。这是两部没法摆在一起做比较的电影，因为它们完全属于两种类型，但又是各自类型中的最佳代表。戈达尔将各种点滴的真相累积起来，经过串联，塑造出某种现代童话；维斯康蒂则由现代童话入手，为的是重新发现一种普遍真相。

我相信，《亚特兰大号》常被低估的原因在于，有人会觉得它关注的主题相对较小，相对"特定"，不如《操行零分》的主题更大，更普遍。但事实上，《亚特兰大号》关注的恰恰是一个相对更大的主题，一个电影中很少会触及的主题。一对年轻夫妇共同生活的开始，彼此适应之难，刚开始在一起时的陶醉（莫泊桑所说的"粗暴的肉欲很快便会熄灭"），然后就是最初的伤口，背叛，逃脱，和解，最终互相接受。《亚特兰大号》涉及的主题，相比《操行零分》毫不逊色。

回顾有声片开始时的法国电影史，你会发现在1930年至1940年间，除了人道主义者让·雷诺阿、梦想家阿贝尔·冈斯，法国电影几乎只剩下让·维果一人；当然，马塞尔·帕尼奥尔和萨卡·圭特瑞的重要性，也一直被电影史学者低估了。

很明显，维果和雷诺阿最为接近，但维果的作品里融入了某种率直。而且，他对画面的热爱也超越了雷诺阿。这两人都在一种既富有又贫穷，既贵族又平民的环境里长大。但雷诺阿的心从没有滴过血。他是画家的儿子，从小就被视为天才。他要面对的问题始终都是，别去做什么辱没这个姓氏的事。他在放弃陶艺后转攻电影——因为他觉得陶艺和绘画实在太过接近了。

让·维果也出自名门，只不过他父亲不仅有名，也是一位话题人物。米盖尔·阿尔梅雷达本是一位无政府主义战士，入狱后凄惨丧命，死因神秘。维果用上了假名，在一所又一所学校间颠沛流离。他承受的痛苦是如此之大，以至于这些全都在他之后的电影里表露无遗。在P. E. 萨莱斯·戈麦斯为他写的那本出色的传记里，维果的每个人生细节，都能让我们在观看他电影时产生的那些有关他本人的浮想获得证实。他曾祖父伯纳文度尔·德·维果1882年时在安道尔担任法官，其子尤金二十岁时就因肺结核去世，但留下了一个名叫米盖尔的孩子。米盖尔的母亲艾梅·萨勒斯再婚嫁给了塞特市的照相师加布里埃尔·奥伯斯。艾梅后来罹患精神疾病，1901年被送入精神病院。年轻的米盖尔给自己起了阿尔梅雷达这个姓氏，一方面是因为那听着像是西班牙贵族，另一方面，也是因为这姓里面，包含了法语"粪便"（Merde）一词的每一个字母。米盖尔·阿尔梅雷达后来娶了艾米莉·柯雷洛为妻，后者也是无政府主义激进分子，之前就有几个非婚子，但都在极幼时夭折了——其中还有一个是从窗户掉下去活活摔死的。1901年，艾米莉·柯雷洛生下了让·维果。这男孩一出生便注定一生艰辛。自小就成为孤儿的他，从家族继承到的全部遗产，便是他曾祖父的那句座右铭："我保护最弱者。"维果的电影，正是为这句话所做的一个忠实、悲哀、有趣、深情、亲切、尖锐的脚注。

这句格言也指出了维果和雷诺阿共有的基本点：他们对卓别林的热爱。鉴于各种"电影史"向来都不太关注不同电影的年代顺序及导演彼此之间的相互影响，我下面要说的这一观点，恐怕也无法完全得到证实。但我始终相信，1932年完成的《操行零分》，它那种用了许多幽默点评寝室和食堂内日常生活的副标题来做分场的结构，很大程度上是受到了雷诺阿1928年的《懒兵》（*Tire au Flanc*）的影响，而《懒兵》的直接灵感来源是卓别林，尤其是1918年的《从军记》（*Shoulder Arms*）。同样道理，维果找米歇尔·西蒙来演他1933年的《亚特兰大号》时，一定也想到了之前那年西蒙在雷诺阿的《布杜落水遇救记》（*Boudu sauvé des eaux*）里演过的角色。

阅读默片时代那些电影导演的回忆录，我们会注意到，他们几乎全都是在意外情况下开始接触电影的。或是受某位朋友邀请去当群众演员，或是被伯父带去参观制片厂什么的，但维果不是。他属于最初那些受到使命感召唤而从事电影工作的导演。本是观众，然后就爱上了电影，看的电影越来越多，为把更好的作品带到尼斯来放映，他还成立了影迷俱乐部，不久之后自己也开始着手拍电影。为实现梦想，他给所有人写信，希望能得到一份当助手的工作："我愿意收拾明星们留下的垃圾。"他买了摄影机，自己出钱拍了短片处女作《尼斯印象》(*A Propos de Nice*)。

人们常提到《操行零分》中打断故事发展线索的缺口，这些缺口之所以会存在，通常都被归咎于维果可怕的拍摄计划。但在我看来，或许也可以用他那种急于将影片最重要的内容全拍出来的迫切心情，来对此做出解释；或许也可以用他好不容易终于得到第一个机会之后的心态，来对此做出解释。他不敢相信这一切，这实在太美妙了，以至于感觉都不像真事。他一边拍，一边却在怀疑自己拍出来的东西是否真能和观众见面。当他仅仅还只是观众时，他觉得自己能够分辨电影的好坏，但现在自己也成了导演，维果也开始受到怀疑情绪的影响。他觉得自己正在拍的东西，实在太过特别，与旧有标准区别太大。他怀疑这部电影届时是否真能上映。所以我才会觉得，当他得知《操行零分》被审查机构彻底枪毙后，他一开始确实也很震惊，但待到这种情绪平息，他或许会将此看作对他内心原本就抱有的那份疑虑的某种肯定。他或许会自忖："我早就知道这不是一部真正的电影，不像别人拍的电影那样……"

后来，当《操行零分》在布鲁塞尔上映时，维果也预见了观众针对那些著名的"缺口"可能会产生的批评意见。所以他索性就让观众继续误会下去——他们错误地以为，该片不仅被审查机构禁止放映，而且挨了审查机构的剪刀——尽管后一点并非实情。确实，维果对自己产生了怀疑；尽管实际上，他仅仅用了150英尺[1]的胶片，就已跻身伟大导演行列，就已做到能和与他同时代的雷诺阿、冈斯和布努埃尔平起平坐——只不过他自己当时并不知道这一切。正如我们平时所说的，一个人的人格，是在他七至十二岁间便完全形成了的。我们也可以说，看看一位导演最初那150英尺胶片拍成了什么样，也就能看出他整个电影生涯会是如何了。一名导演的第一部作品，拍的就是他自己，他之后拍的所有电影，也都是他自己。他们拍的东西永远都是一样的，只不过得到的结果，有时是杰作，有时则会稍差一些，有时甚至还会失手。奥逊·威尔斯的全部，就都在《公民凯恩》的头一本胶片里了；布努埃尔的全部，都在《一条安达鲁狗》(*Un Chien Andalou*)里；戈达尔的全部，也都在《一个风骚女人》(*Une Femme Coquette*)里；而让·维果的全部，就在《尼斯印象》里。

和所有的艺术家一样，电影导演也在寻找真实，但他们寻找的是属于他们自己的真实。他们通常都会因为目标和现实之间的巨大差距、因为自己所感受到的生活和他们可以在大银幕上再现出来的生活之间的巨大差距而饱受折磨。

我相信，相比与他同时代的那些导演，维果对他自己的作品本该更感觉满意些才对。他远远领先于他们，他更善于再现各种不同的现实：物品、环境、个性、感觉，还有最重要的人的境遇。我不知道，如果把维果的电影称作气味的电影，这会不

---

[1] 1英尺约合0.3048米。——编注

会太过夸张。当初，我也是在某位影评人将我很喜欢的《老人与小孩》(*Le Vieil Homme et l'Enfant*)大贬一通时，第一次想到了这种提法。那人对我说："这电影闻上去就像臭脚。"我当时没做回应，事后又想了一下，我告诉自己："这观点闻上去很反动，很像当初决定禁止放映《操行零分》的那些审查员会说出来的话。"萨莱斯·戈麦斯也曾指出过，当时在很多对维果作品抱有敌意的影评文章里，就包含了诸如"这就像由女性坐浴盆排出来的水""这像是屎尿屁迷恋"一类的措辞。安德烈·巴赞写过一篇关于维果的文章，提到他"对肉体几近淫秽的口味"，这说法真是再恰当不过了。事实就是如此，再没有人拍人体皮肤、拍肉体能像维果那么直率了。过去的三十年里，我们在银幕上看到的东西，也没有什么能和《操行零分》里老师那只搭在小女孩白皙小手上的胖爪子相比的了，没有什么能和蒂塔·帕尔洛和让·达斯泰准备做爱前的那种肌肤相亲可以相提并论的了，更别提他们做爱后又各回自己床上去的那一组平行画面了。我们看见他回了自己的船，她则去了旅馆房间，两人都还沉浸在适才的激情之中。在这场戏里，莫里斯·乔贝尔的精彩配乐也扮演了一个十分重要的角色。这是一个肉欲与抒情兼有的段落，对做爱这件事做出了一次精准的远距离描绘。

作为一名既追求现实又追求艺术的电影导演，维果避开了单纯追求现实主义和唯美主义的陷阱。他很好地运用了具有爆炸性的材料，例如蒂塔·帕尔洛身穿婚纱站在船头，被层层雾气所包围的样子，或是让·达斯泰衣橱里的那堆脏衣服。在这两场戏里，维果都依靠他的细腻、精巧、幽默、典雅、智慧、直觉和感性，避开了棘手的问题。

维果的秘诀是什么？或许就是因为他比我们大多数人都活

得更充实。拍电影是一件麻烦事，因为它具有那种实际工作时不连贯的特性。才拍了五秒十秒，却马上要停上个把小时。在拍摄电影的舞台上，很少能有机会像那些作家，像亨利·米勒那样，痛快地享受着坐在写字台前集中全部精力带来的益处——作家一口气写完二十页纸，他完全被某种狂热情绪占据、牵引；这种狂热有可能是巨人的，甚至壮观的。但让·维果似乎能在这种如痴如醉的状态下连续工作，同时又能做到始终保持头脑清醒。我们都知道，他是在已经生病的情况下完成那两部电影的。《操行零分》中某些段落，甚至是他躺在病床上执导的。所以我们很容易推论说，他工作时确实带着某种"热度"。这说法完全有可能成立，而且也确实合乎情理。事实上，一个人在有"热度"的情况下，会变得比平时更聪明、更热情和更有力量。曾有朋友建议维果节约一些体力，把速度放慢一点，但维果回答说，他感觉自己的时间不多了，必须立刻把所有一切都拿出来才行。他可能早已知道自己时日无多，于是更加受此激励。伯格曼说过："必须把每部电影都当作最后一部来拍。"这一定是站在摄影机后的让·维果那一刻的心境。

——1970年（未发表）

阿贝尔·冈斯

《拿破仑》（*Napoleon*）

这一期"本周电影"栏目里我要介绍的影片，拍完距今已有二十八年了。并非每星期都有机会为像《拿破仑》这样的电影写影评，或者说，并非每个月……甚至并非每年。所以，像分析一部正在上映的新片那样来分析这部电影，分析它里面哪些元素好些，哪些元素差些，再看看影片的整体结构有没有什么缺陷，这多少会显得有些荒谬。讨论《拿破仑》，必须将它当作一个整体来讨论，当作一座无懈可击的丰碑来讨论。而且讨论的时候必须要带着谦卑——这一点是最基本的。昨晚《拿破仑》放映的时候，满场的导演和影评人爆发出了热烈的掌声，试想现在那些获得影评人和观众一致称赞的电影，无论是法国片还是外国片，再过二十八年之后拿出来重新放映，还有哪一部能够做到这一点？

冈斯最早有拍摄《拿破仑》的想法是在1921年。他当时刚完成《铁路的白蔷薇》（*La Roue*），正在纽约推介自己之前一部作品《我控诉》（*J'accuse*）的初放映版本，该片后来由格里菲斯的联艺电影公司（United Artists）负责在美国发行，那是格里菲斯与查理·卓别林、玛丽·碧克馥和道格拉斯·范朋克四人合组的电影公司。1923年，《拿破仑》的筹备工作正式开始，翌年拿破仑电影摄制公司成立。1927年4月7日，《拿破仑》在巴黎歌剧院的三块大银幕上进行了全球首映。

冈斯花了四年时间完成《拿破仑》，单是拍摄就用了三年。开写剧本之前，他阅读了三百多本有关拿破仑的书籍及其他资料：回忆录、书信、文告，以及梯也尔、儒勒·米什莱、拉马丁、弗雷德里克·马松、拉库尔-嘉耶、司汤达、艾黎·福尔、舒尔芒、奥拉尔、路易·马德林、索莱尔、阿瑟·莱维和阿瑟·许盖等人写的书籍。

该片耗资一千八百万法郎，这在当时的电影行业是一个天文数字。它用到的技术人员就有两百位，包括摄影、摄像、建筑师、舞美师、绘景师、助理、助导（舞台经理）、电工、爆破专家、枪械专家、化妆、历史顾问，等等。影片请到的明星有四十人，有几场戏里，用到了不下六千人的群众演员。影片在摄影棚或户外共搭建布景一百五十台，实景拍摄地点则遍布布列讷、土伦、马尔迈松、科西嘉、圣克卢和巴黎等地。影片原定拍摄三段：青年波拿巴、波拿巴和白色恐怖、波拿巴和意大利之战，但最终完成的只有前两段。在影片筹备期间，位于比扬古的仓库里存放着八千套戏服、四千把道具枪及其他火器，还有大量的帐篷和条幅。同一时间，剧组正将某处有着多条蜿蜒小巷的巴黎街区原样重建。

关于主演的人选，冈斯曾经试过剧作家雷内·福施华、作家皮埃尔·波奎迪、歌手让·巴斯蒂亚，以及演员埃德蒙·凡·达埃勒（最终他扮演了罗伯斯庇尔一角）和伊万·莫兹尤辛。其中,莫兹尤辛主动拒绝了此角色,因为他是俄国人,他觉得拿破仑只有法国人才能演。最终确定的人选是阿尔贝·迪乌多内,他是作家,也是演员和导演。安托南·阿尔托扮演马拉,命中注定要死在欧仁妮·布菲扮演的美丽的夏洛特·科尔黛的匕首之下。[1]

1925年1月15日,影片在布列讷开机。冈斯成为影史第一位活用主观镜头的导演,他让人特制了一批支架,好把摄影机架在马背之上。此外,在推轨上也架设了云台,可以高速拖拉。在科西嘉拍摄骑马追逐戏时,有两人不幸死亡。在布列讷拍摄的那一场著名的打雪仗戏里,小拿破仑证明了他作为杰出战术家的潜质。冈斯让人支起了一张大网,将摄影机放在其中,这样子就能在拍摄时轻松将机器升至空中,拍下雪球的运动轨迹了。

在科西嘉拍摄一场追逐戏时,迪乌多内按要求必须从马上直接跃入船中。结果,他直接落入了水里。和拿破仑一样,他也不会游泳,只好放声大叫"救救波拿巴,救救波拿巴"。在科西嘉的拍摄工作收尾时,正好赶上了当地举行大选。科西嘉人因为本片正在当地拍摄的缘故,对波拿巴党热情高涨,让他们在最终的选举中击败了共和党。

在拿破仑在海上遇到风暴,只能靠三色旗来当风帆的那些场景里,整个地中海都是在摄影棚里搭建的。

虽然是无声片,冈斯还是选了一位歌手来扮演要在国民公会上高唱《马赛曲》的丹东。为拍摄这场戏,那些群众演员一连将法国国歌唱了十二遍。艾米尔·威耶摩兹(Emile Vuillermoz,

---

[1] 扮演科尔黛的应是玛格丽特·冈斯,导演的第二任妻子;欧仁妮·布菲扮演的则是拿破仑母亲。

法国影评人)在《时代报》(*Le Temps*)上是如此描绘拍摄当天令人难忘的那一幕的:

> 这些即兴发挥的演员对待自己的角色十分认真。戏服赐予了他们全新的灵魂与思想。阿贝尔·冈斯,这位可爱的总指挥,他释放出的电流,让整个人群如同触电了一般……这些男男女女,本能地发现了自己前辈当年的感觉……如同指挥指导乐队一样,导演调动着这些人的情绪……其间,导演走到讲台上,用他柔软温和的语声为他们做了一些技术上的点拨,群众演员便立即自发地发出了充满敬意的欢呼声。这些已被驯服的人类,完全把他们自己献给了这位领袖。
>
> 眼看着这一场小型革命的诞生经过,我们也明白了一场大型的革命是如何运作的。倘若阿贝尔·冈斯当时手里能有一万名群众演员的话——一万名思绪仍沉浸在历史之中,头脑因迷醉于服从而失去了方向的群众演员——他完全可以派遣他们去攻克任何堡垒,去进攻波旁宫或是爱丽舍宫,他可以宣布自己成为独裁君主。

某天,包括冈斯在内的几名剧组成员,被摄影棚角落里意外爆炸的一小盒火药所伤。他什么话都没说,直接就打车去了诊所。一星期之后,其余几位都还在继续养伤,但他已经回来重新工作了。拍摄英军占领土伦港、英国国旗短暂取代法国三色旗的那几场戏时,某晚,一名护士跑来告诉冈斯:"今天共有四十二人受伤。"他回答说:"这是好兆头,小伙子们已经全身心投入了，最终拍出来的效果一定会很出色。"还有拿破仑检阅队伍的那场戏，扮演士兵的群众演员本该欢呼的是"波拿巴万岁"，但实际拍摄时，他们口中叫喊的是"阿贝尔·冈斯万岁"。

有几场戏的拍摄，光是原本请来的群众演员，根本不可能凑够人数。于是制片主任索性走上巴黎街头，请来了工厂门口的失业工人、拉丁区的学生，以及晚上在集市里露宿的流浪汉，帮忙救场。

1934年，冈斯替《拿破仑》加上了声音。他还补拍了几场戏，方便影片由无声转到有声。此外，他还拍了不少"插入"镜头，并借着改为有声片的机会，重新创造出了几位"善于雄辩"的角色：罗伯斯庇尔、圣鞠斯特和马拉。特别是马拉，他由本可能成为法国最伟大男演员的安托南·阿尔托扮演。然而当时的影评人对有声版《拿破仑》做了批评，我却和他们观点不同。如果没有了声音，我们也就不会看见诸如戴洛瓦涅·德·梅丽古尔（希尔维·冈斯饰演）的长篇独白那样的伟大场面了，我们也不会看见安托南·阿尔托、弗拉基米尔·索克洛夫等演员的任何一个镜头了。我相信，把它拍成有声片，是冈斯在导演方面惊人天赋获得完全发挥的必然要求。

当初撰写本片剧本时，冈斯第一次察觉到，普通电影银幕对于本片来说太过狭窄。于是他发明了所谓的"三银幕"，其实也就是三十年后由美国舶来的西涅玛斯科宽银幕（CinemaScope）和西涅拉玛宽银幕（Cinerama）的结合体。攻占土伦港和法军离开意大利这两场戏，都是用三台摄影机拍摄的，这为观众带来了100度的视角。两边两块银幕放映的内容，与中间那块完全不同：它们作为独立的一帧出现，对主画面起到了评论和支持的作用。在军队离开意大利的那一场戏里，有那么十来个镜头，给观众留下了一种很突显的感觉，即使将过去一年半时间里在巴黎放映的所有十二或是十五部西涅玛斯科宽银幕电影加在一块儿，其效果恐怕也无法与之匹敌。

"我之所以拍摄《拿破仑》，因为他是大时代中一个突然爆发的时期中的一次突然爆发。"阿贝尔·冈斯说过。

事实上，这部电影是一首抒情的长诗，是一种突然爆发的情感，一种动态的浅浮雕的连续。除了本片，也就只有格里菲斯的《暴风雨中的孤儿》(*Orphans of the Storm*)和让·雷诺阿的《马赛曲》(*La Marseillaise*)曾为我们再现过雅各宾专政的恐怖统治了。

纵观《拿破仑》全片，每一场戏都会让我们觉得这就是全片关键所在。每一个镜头，都充满了感情。每一位演员，都做到了最好。虽然他年事已高，但阿贝尔·冈斯至今仍是我国导演里最年轻的一位。

——1955年

《奈斯尔之塔》（*La Tour de Nesle*）

关于《奈斯尔之塔》剩下可说的已经不多，大家都知道这是一部命题作文电影，预算也来得十分荒谬，而且其中大部分还被留在了发行商自己的小金库里。可以说，《奈斯尔之塔》是阿贝尔·冈斯最不起眼的作品。但是，既然冈斯是一位天才，《奈斯尔之塔》自然也成了一部天才的电影。并非冈斯支配着天才，而是他自己身上的天才支配着他。假如你给他一部手提摄影机，让他和二十几位新闻纪录片导演站在一起，由波旁宫外或是王子公园球场的入口处开始拍摄，二十多人里只有他仍会交出一部杰作来，而且在他拍出来的那几百厘米胶片中，每个镜头、每帧画面、每十六分之一或是二十四分之一秒的胶片上，都会刻着天才的印记。这印记无迹可寻，但又分明摆在那儿，渗透到整部作品之中，无处不在。这究竟是怎么做到的？那只有他自己知道。说实话，我觉得即使是他自己，可能也不知道这究竟是怎么做到的。

我在冈斯拍摄《奈斯尔之塔》时观察了他的工作。他每天拍摄八小时。毫无疑问，假如他每天能拍摄二十四小时，那出来的效果肯定会比八小时好许多。但是，八小时终究还是八小时。我还记得潘帕尼尼注视镜中自己的那个特写镜头，起初她还自言自语，随后便归于沉寂。她的脸，距离镜子十八厘米，因此距离镜头也是十八厘米。而在距离镜子，距离她的脸，距离镜头十八厘米的地方，阿贝尔·冈斯站着，站在镜头之外。他倾斜上身，向着一动不动的女演员说出了法国配音演员后期时会为这位意大利女演员配上的台词："看看你自己，勃艮第的玛格丽特，看看镜子里的你；你变成什么了？你就是一个荡妇！"（我是按照自己的回忆来写的。）冈斯以某种抒情的低语声，念着这荒诞的独白。这已经不再是导演指导演员表演了，这是在催眠！后来看电影时，我一直都在等待这场戏的出现。结果也果然很了不起——她的面孔扭曲着，眼睛凸出，嘴巴张开就像一个裂开的伤疤，脸上爬满了夜夜笙歌带来的皱纹。她是世上最好的女演员，就和冈斯以往作品《拿破仑》里的希尔维·冈斯、《失去的天堂》（*Paradis Perdu*）里的米歇琳·普莱斯、《铁路的白蔷薇》中的艾薇·克洛斯、《哀痛的母亲》（*Mater Dolorosa*）中的丽娜·诺罗、《贝多芬传》（*Un Grand Amour de Beethoven*）中的玛丽·霍尔特、

《盲眼维纳斯》(Venus Aveugle)中的维维亚娜·罗曼塞和《弗拉卡西上尉》(Fracasse)中的阿西娅·诺里斯一样。去看看《奈斯尔之塔》中的潘帕尼尼，再去看看她在别的电影里的表现，如果你不能立即看出冈斯就是天才的话，那只能说，我和你关于电影的认识完全不同（显然，我的认识是正确的）。有人对我说："潘帕尼尼？我只知道她会扮鬼脸！"对此，我会让雷诺阿来回答他——"鬼脸扮得好，也很了不起啊。"

当一位大导演失业十二年之后终于重新得到机会，却被迫去拍摄这么一个剧本时，结局会有两种可能：或者拍成戏仿片，或者拍成通俗剧。冈斯选择了后者——相比之下更难，但也更大胆，而且更智慧、更赚钱。"我本想拍一部剑侠式的西部片。"导演承认说。

抛开这点不谈，影片拍得滴水不漏而且青春逼人。《奈斯尔之塔》在冈斯手中以玩命的速度运转，但是同一场戏里及戏与戏之间，都保持着一种稳定的步调，而这就要感谢技艺精湛的剪辑了。借助石壁画完成的那个镜头十分漂亮，让人想起劳伦斯·奥利佛的《亨利五世》(Henry V)中的微缩模型来。

天主教中心自动担负起了为电影的道德思想打分的工作，《奈斯尔之塔》让他们义愤填膺。从色情角度来说，该片远远超出了观众平日习惯所见的那类影片的标准。天主教中心不得不制定一个全新的分级级别，为的就是警告家长不要让孩子无意中错看了这部电影。最近，在回答有关色情的问题时，冈斯回答说："如果当初我们能在色情上拥有完全自由的话，我们本可以拍出全世界最美丽的电影。"审片制度再一次表现得如此严厉，实在让人遗憾。本片其实并未达到影院门口它那些剧照给人留下的期许，满怀希望的我们，感到的却是失望，我们觉得自己被欺骗了。再说了，电影本身就是色情主义的。

于是，有人说冈斯"失败了"，最近甚至有人称他为"失败的天才"。但我们知道，法语中"失败"（rate）一词，最初的意思是"被老鼠咬过的，被老鼠弄坏的"。冈斯身边就满是老鼠，但它们无法摧毁冈斯的天才，正如它们也无法吸取到他的天才一样。现在的问题在于，一个人是否可能既是天才的，同时又是失败的？实情恰恰相反，因为我相信失败也是一种才能。要想成功，就必须经历失败。有人提出，阿贝尔·冈斯是一位拍摄了失败作品的失败的电影作者，我倒是希望能挑战一下这个说法。我相信，所有的伟大导演都得做出某种牺牲。雷诺阿会牺牲任何东西——情节、对话、技巧——以换回演员更出色的表演。希区柯克牺牲了可信性，为的是呈现一种他预先选择的极端处境。罗西里尼牺牲了运动和光线之间的连接，为的是让演员看上去更温暖。茂瑙、霍克斯和弗里茨·朗，他们牺牲了背景和气氛里的现实主义。尼古拉斯·雷和格里菲斯则牺牲了饮酒的节制。根据普遍的看法，一部成功的电影，应该是其中所有元素都能达到整体平衡的电影，这样的电影才配得上"完美"这个形容词。尽管如此，我却认为所谓完美和成功，其实都是卑鄙、下流、不道德和淫秽的。从这个角度来说，《弗兰得狂欢节》（*La Kermesse Héroique*）就是无可争议的最让人讨厌的电影了，因为它里面所有的东西都是不完整的，它的胆量是掺了水的；它是理性的，经过了仔细权衡，它的大门是半开的，道路是草拟的，而且除了草稿，别无其他；它里面的一切都是快乐和完美的。所以我认为，所有伟大的电影其实都是"失败"的，它们当初都曾被人贴上这样的标签，有些直到现在仍贴着没撕下来：《操行零分》《亚特兰大号》《浮士德》（*Faust*）、《真心的苏茜》（*True*

Heart Susie)、《党同伐异》(Intolerance)、《母狗》(La Chienne)、《大都会》(Metropolis)、《利力姆》(Liliom)、《日出》(Sunrise)、《女王凯莱》(Queen Kelly)、《贝多芬传》《林肯传》(Abraham Lincoln)、《盲眼维纳斯》《游戏规则》《黄金马车》(La Carrosse d'Or)、《忏情记》(I Confess)、《火山边缘之恋》(Stromboli)。上述这些影片,排名不分先后,我相信一定还有一些别的好电影我没能列出。把这些电影和一份所谓成功电影的名单摆在一起比较一下,你就会理解那么多年以来围绕着什么样的东西才是官方认可的艺术作品这个问题所展开的争论究竟是怎么一回事了。

有必要再去"28号摄影棚"电影院(Studio 28)楼上看一下正在放映的阿贝尔·冈斯的《拿破仑》。每一个镜头都像一道闪电,照亮了它周围的一切。有声音的那些戏,也都很出色,而且——我的观点和直至1955年的今天的外界公认说法不同——价值丝毫不逊于原本那些无声戏。"阿贝尔·冈斯阁下。"正如雅克·贝克对他的尊称一样,在我们的电影世界里,要想再看到具有他这种开阔眼光的人,在近期恐怕是不太可能的事情了。这是一个做好了准备去呈现整个世界的人,他就像捏泥巴一样地塑造它,将自己对天空、大海、云朵和土地的见证一一呈现,将所有这一切握在自己的手中。要让一个像阿贝尔·冈斯这样的人去工作,你必须先找到一个像路易十四那样的支持者。

——1955年

让·雷诺阿电影节

让·雷诺阿是世界上最伟大的导演,我的这一看法并非基于民意测验而来,它纯粹只是我的个人感觉。但我或许还要补充一句,我的这种感觉,许多别的导演也有。而且,可以说雷诺阿就是拍电影的人的代名词。将电影分作剧情片和喜剧片的传统方法,在让·雷诺阿的电影面前失去了意义,因为他拍的都是有正剧剧情的喜剧片。

有些导演觉得在拍电影的时候,应该将自己放在制片或观众的位置上。让·雷诺阿给我们留下的印象却是,他总是将自己放在剧中人的位置上。所以他才能给予让·迦本、马塞尔·达里奥、朱利安·卡雷特、路易·朱维、皮埃尔·雷诺阿、儒尔·贝里,以及米歇尔·西蒙他们各自从艺生涯中最最漂亮的角色;更别提之后我还会讲到的诸多女演员了,我把她们留在了本文最后(就像大家总爱把最好的盘子留到最后用来盛放甜点一样)。

在雷诺阿的三十五部电影里,至少有十五部改编自别人的作品:安徒生、傅沙迪艾、西姆农、雷内·福施华、福楼拜、高尔基、奥克塔夫·米尔博、鲁莫·高登和雅克·佩雷。但是,在每部电影里,我们照例都能找到雷诺阿自己的调子、音乐和风格,同时又丝毫不会背叛作者原意。雷诺阿吸收了所有，也理解了所有，他对所有的人和事都感兴趣。

我们对雷诺阿所有电影的爱——这里的我们，指的是我在《电影手册》的朋友们——经常会让我们用到"无过失"这个词，但他的电影也从没有哪一次会不激怒那些热爱电影"杰作"的人。他们对电影的要求就是，创作意图和最终执行结果之间必须达到某种同质性，而这恰恰就是雷诺阿从来都没想过要实现的目标。事实上，他的目标与此正好相反。随着他作品的展开，我们感觉他似乎是竭尽了所能，尽力去避免拍出那样的所谓杰作来。避免一切明确的和固定的概念，目的是要创造出半即兴发挥式的、故意不完成的"开放式"作品。每一位观众，都可以在观看影片时自行完成它，按照他们自己的想法添加评注，从任何一个角度理解作品。

和堪称他继承人的英格玛·伯格曼、让-吕克·戈达尔一样，雷诺阿的每一部电影，都标志着他思想中的某一时刻。而将这些电影加在一起，也就是雷诺阿一生的全部成果了。所以，能够像这次的电影节这样，将所有雷诺阿的影片放在一起来看一遍，更好地欣赏他们，这非常关键，就像画家每次举办个展时，也都会将自己新旧时期的作品放在一起来展出，跨度涉及几个不同阶段一样。

演讲者的成功与失败取决于那一晚他究竟是否在状态。雷诺阿从没拍过演说的戏，他拍的只有对话。他也经常承认自己是多么容易受到别的导演影响——例如施特罗海姆或者卓别林，容易受到制片、朋友、原著作者乃至演员的影响。靠着这种不断互相影响带来的好处，他拍出了三十五部自然和生动的电影，谦逊并且诚恳，就像和熟人打一声招呼那么简单。他的作品没有丝毫的虚假，当我们谈论他的电影时，无论是充满实验性如《十字路口的夜晚》(*La Nuit du Carrefour*)，还是完全成熟如《黄金马车》，用"无过失"这个词来形容，都不会是一种侮辱。

这次回顾展的首批电影均由米歇尔·西蒙主演，他或许是雷诺阿最喜欢的演员了："他的面孔如同演古代悲剧时戴的面具那样充满着激情。"看看《母狗》(1931年)，你就能确定这观点正确与否。但是，到了《布杜落水遇救记》(1932年)里，同一位米歇尔·西蒙又能为你展现出他可以将滑稽上升到寓言的本领。关于《布杜落水遇救记》，我们可以用上所有和笑有关系的词语：滑稽的、小丑的、可笑的、不协调的。《布杜落水遇救记》的主题是流浪，从一个阶级进入另一个阶级的诱惑，以及自然的重要性；布杜是嬉皮士，只是当时还没这种叫法罢了。一想到这部电影还是根据雷内·福施华那老套的轻喜剧改编而成的，我们就更为雷诺阿的巨大成就赞叹不已了。

看着米歇尔·西蒙，观众常会觉得自己并非看着演员扮演一个角色，而是看着一位演员自己。他演过的最好的角色都是一些双重角色：布杜既是流浪汉，也是正在发现生命的小孩;《亚特兰大号》里的朱尔老爹是经历坎坷的船老大，也是细心的收藏家；《滑稽戏》(*Drole de Drame*)中的欧文·莫里诺表面是商人，私底下却爱偷偷写血腥小说；还有——回到雷诺阿这里——《母狗》里的莫里斯·勒格朗是性格温顺、无足轻重的银行职员，同时也是出色的画家，只是他自己都没发现这一点。我相信导演之所以会把这些难演的双重角色全都交给西蒙来演——而且他确实总能演得十分出色，即使在影片本身较弱的情况下——是因为他们都觉得，这位伟大演员能够同时诠释生活本身，以及生活的秘密。雷诺阿是第一个将这一事实清晰呈现出来的导演。看着米歇尔·西蒙为我们表演，我们走入了人心的最深处。

1934年，当雷诺阿开始拍摄《托尼》(Toni)时，他已经尝试过了自然主义[《卡特琳》(Une vie sans joie)]、浪漫主义[《娜娜》(Nana)]、滑稽歌舞剧[《查尔斯顿》(Charleston)、《懒兵》]、历史剧[《城中比武》(Le Tournoi)]。而当时的法国电影，正陷入心理学的迷思之中——雷诺阿终其一生，都对此毫无兴趣。

《托尼》是一部具有转折性的电影，标志着雷诺阿起步前往一个新方向。他发明了新现实主义，比意大利人早了十年。他用客观、平缓的语调，不辞辛苦地讲述着真实却任意的某些事实。乔治·萨杜尔在《世界电影史》中正确地将《托尼》中的罪行描述为"一个事件，并非一个结局"。剧中人喝下一杯葡萄酒或是死去时，都是同样的状态。雷诺阿用同样的方式展现每一件事实，不强行加上雄辩、抒情或是悲剧。《托尼》就是生活本来的样子。如果有哪位演员在演出中途忍不住笑场的话，那也是因为站在雷诺阿镜头前的时候，每个人都很高兴。他们如此热情地寻找真实的生活，最终，他们找到了。原本还演得十分严肃的一场戏，到了最后，也有了以嬉闹而告终的可能性。

1936年的《乡间一日》(Une Partie de Campagne)是一部纯粹讲感觉的电影：画面里的每一片青草，似乎都能让我们脸上觉得痒痒的。影片根据莫泊桑的短篇小说改编，也是迄今为止唯一真正能与短篇小说这一艺术形式相媲美的影片。雷诺阿不曾为影片添加任何一句评注，他给我们的就是持续四十五分钟的诗意散文，但其中的真实令我们战栗，在某些时刻，还会让我们起鸡皮疙瘩。这是雷诺阿作品中最肢体层面的一部，它也触动了我们的肢体。

1937年的《大幻影》(*La Grand Illusion*)是雷诺阿作品中最少遭人质疑的一部。它建立在这样的一个想法之上：这个世界依照相似性而平行分割，而非依照国境而垂直分割。如果说第二次世界大战，特别是集中营的恐怖，似乎削弱了雷诺阿的这一高尚论点的话，如今人们对于"欧洲一体化"的努力尝试才真正说明了他这一观点所蕴含的力量，早已走在慕尼黑精神的前头。然而，《大幻影》终究还是一部属于它自己那个时代的电影，就像《马赛曲》一样，因为在那里面，人们打的还是一场基于公平竞赛精神的战争，一场尚没有原子弹或残酷折磨登场的战争。

《大幻影》确实是一部关于骑士精神的电影，如果说它将战争当作某种艺术来考虑并非十分恰当的评论，那么，最低限度来说，它也是将战争当作了一种运动，或是一次冒险。那里面的人物在自我摧毁的同时，也面对了如何自我估量的问题。埃里克·冯·施特罗海姆属下的那些德国军官，很快就会被迫离开第三帝国的军队，而皮埃尔·弗雷奈等人扮演的法国军官，也会因年老而去世。他们会相信那场战争就是人类最后的战争，而这就是一种巨大的幻想。在雷诺阿看来，战争似乎是一种自然的苦难，拥有它自身的美丽，就如同暴风雨或是大火一样。所以应该要像片中的皮埃尔·弗雷奈那样，礼貌地展开战争。在雷诺阿看来，国境的概念必须被废除，这样才能摧毁巴别塔的精神，才能令一出生就注定分化的人类达成一致。男人的公分母就是女人，毫无疑问，全片最有力的时刻出现在法国人宣布重新夺回杜奥蒙之后，一名打扮成女人的英国士兵摘下了头上的假发，高唱起《马赛曲》时。

如果说《大幻影》和雷诺阿大部分作品相反,一上来就立刻被所有人热情接受,这或许是因为雷诺阿拍它的时候已经四十三岁,那也正是他那些观众的年龄。在他们看来,他在那之前的电影,显得富于攻击性和太年轻气盛,而在那之后的电影,又显得过于清醒和苦涩。此外,我们必须得承认,1937年上映的《大幻影》似乎有点落后于那个时代,因为仅仅一年之后,我们就从卓别林的《大独裁者》(*The Great Dictator*)里看到了对于纳粹的描绘,还有那种不再遵守所谓游戏规则的战争。

这次使用的《马赛曲》(1938年)拷贝来自一个遥远的地方,确切地说是莫斯科:这也是现存唯一的完整拷贝了。当年没看过的年轻人,会发现这部作品品质丝毫不弱于早一年拍摄的《大幻影》。当初,影评界对它反应不佳,因为他们信奉所谓的"交替法则",认定同一位导演不可能连续拍摄出两部杰作。

雷诺阿的作品总是被一种很像秘密的东西引导着——我们或许也可以称之为职业机密:那便是他的同情心。在《马赛曲》中,正是这种同情心令他跳脱出再现历史的窠臼,让他凭借非凡的天赋为我们带来了一部拥有生命力的电影:电影中处处都是呼吸着的、有着真实情绪的个体。

《马赛曲》是雷诺阿唯一的"在路上"电影,整个架构有如西部片。我们一路跟随着由五百名马赛志愿者组成的军队,他们在1792年7月2日离家上路,7月30日行军至巴黎,那也正是发表《不伦瑞克宣言》的前夜。影片在8月10日后即结束,那正是瓦尔密战役开打之前。全片没有中心人物,没有大小角色之分,有的只是六十个有趣、可信、高尚、充满了人性的角色,分别代表着宫廷、马赛志愿军、贵族、军队和人民。

片中的马赛志愿军越多接触革命理想，越是变得高尚和具有诗人气质。为与他们达成平衡，雷诺阿坚持要多表现一些路易十六随性、平常人的那一面；这角色由他哥哥皮埃尔·雷诺阿成功诠释。这位国王赋予了"原定方案不再适用"这一军事术语具体的意义，他对口腔卫生十分感兴趣："我真的很想试试这把牙刷。"在从杜伊勒里宫逃亡前的两小时，他头一次吃到了马赛志愿军带来巴黎的番茄："让我说的话，他们真是太好了。"

我之前提到过，这是一部历史西部片。就像所有的优秀西部片一样，我们在这里也能找到流动者电影的结构：充满情节的白天戏与相比之下更加静态的夜戏轮流交替。在这样的夜戏中，安排一些发生在篝火旁的讨论，一些有关意识形态或情感的讨论，总是很适合的。无论讨论话题是食物、革命、行军走累了的双腿、爱情，或是武器的使用，《马赛曲》中所有的一切都对法国人这一整体概念做出了很好的描绘，甚至还做到了让人信服。正如格里菲斯最出名的电影是《一个国家的诞生》，《马赛曲》也可被称作法国人的《一个国家的诞生》。

1938年拍摄的《衣冠禽兽》（*La Bete Humaine*），讲述了火车站副站长胡波（费尔南·勒杜饰）的故事，他因与上级吵了一架而担心自己被解雇。他让年轻的太太赛弗琳（西蒙妮·西蒙饰）去某位"大人物"那儿想想办法，这人是她教父，是她母亲的好友，所以她从小就认识。赛弗琳回来时，所有问题都已解决，但当胡波意识到她所付出的代价时，他因嫉妒而变得疯狂。他想出了一个报复计划，计划在从巴黎去勒阿弗尔的火车上，当着赛弗琳的面杀死她的教父。

在火车上，火车工人雅克·朗蒂耶（让·迦本饰）注意到了夫妇俩的杀人行径。查案过程中,胡波让赛弗琳去安抚朗蒂耶,要他保持沉默。朗蒂耶经由只言片语,得知了谋杀真相。于是,他和赛弗琳自然又成了情人。赛弗琳希望他能杀死胡波,他俩的婚姻生活自从谋杀事件之后便已名存实亡。朗蒂耶没法下此决心,反而在狂怒中掐死了赛弗琳。第二天,他从自己驾驶的火车上跳了下去,结束了他的生命。

在爱弥尔·左拉的小说里,朗蒂耶原本是在乡间恰巧看见火车经过,他只是在电光石火的一瞬间看见了胡波夫妇的罪行。雷诺阿将他的位置改成了在车厢走道内,让他完整看见了两人的罪行。1954年,弗里茨·朗又在好莱坞将雷诺阿的这部作品翻拍成了影片《人之欲》(*Human Desire*)。事实上,在那之前弗里茨·朗已做过相似的事,比《人之欲》还早几年的《血红街道》(*Scarlet Street*),便翻拍自雷诺阿的《母狗》。

仔细想来,让·雷诺阿和弗里茨·朗似乎对同一主题有着共同的口味:老夫少妻,外加一个情人。雷诺阿有《母狗》《衣冠禽兽》《海滩上的女人》(*The Woman on the Beach*);弗里茨·朗有《血红街道》《绿窗艳影》(*The Woman in the Window*)、《人之欲》。此外,两人都偏好像猫一样的女演员。格洛丽亚·格雷厄姆是西蒙妮·西蒙完美的美国复制品,琼·贝内特在两人的电影里都担任过主角。不过,对两人的比较,也就止步于此了。《衣冠禽兽》和《人之欲》的导演,他们追求的并非同样的东西。雷诺阿用某种常被我们称为禁欲主义的方式来处理左拉的小说。对此,他在近期曾解释说:"当初帮助我拍摄《衣冠禽兽》的是男主角对自己返祖现象[1]的一番解释。我告诉自己,这并不是很

---

[1] 此处指失去人性,成为片名中所谓的"人兽"。

美,但倘若一个像让·迦本那么英俊的男子可以站在户外说出这样一番话,而且背后映衬着地平线,或许还有一些微风,那么,这一场戏可能就会产生某种效果。这正是当初让我下决心要拍这部电影的关键。"

这就是雷诺阿的工作方式,他永远都在寻找一种平衡,用滑稽的细节来平衡悲剧,用迦本背后飘浮的云彩来平衡他口中所说的"疾病",用狭窄的卧室窗外经过的火车来平衡费尔南·勒杜对妻子最初的疑心。

《衣冠禽兽》或许是让·迦本最好的电影。"雅克·朗蒂耶像俄狄浦斯王一样让我感兴趣。"雷诺阿这么说过。而克洛德·德·吉夫雷更是完美地描述道:"有所谓三角形的电影,如《黄金马车》;也有圆形的,如《大河》;《衣冠禽兽》是一部直线电影,即一出悲剧。"

《游戏规则》(1939年)是影迷的信条,是电影世界的万王之王,是上映时最受轻视,之后却最被重视的电影。这种重视,甚至可以令它的未删节版本在第三次进入普通院线重映时,仍能获得巨大的票房成功。在这部"喜剧式剧情片"中,雷诺阿表现出了大量既普遍又具体的观点,却没有对其顽固坚持。同时,他还特别表达出了自己对于女性的广博爱意。和《公民凯恩》一样,《游戏规则》也燃起了无数后来成为导演的年轻人最初的电影热情。我们观看本片时,心里会怀着一种强烈的同谋情绪。我的意思是说,观看《游戏规则》,我们不再只是简单地看着一部完成后摆放在我们面前、用来满足我们好奇心的电影;相反,我们会觉得这部电影拍摄的时候,我们也在那里。看着银幕上的电影,我们几乎以为自己也看到了雷诺阿拍摄它的全过程。

我们心里会想:"明天我要再来看一遍,看看是否仍会是这样。"所以说,晚上去影院看《游戏规则》,那会成为你一年中度过的最愉快的数个夜晚之一。

影片上映之初曾遭遇很大的失败,发行方坚持将影片剪短了十五分钟,随后当局又因担心该片挫伤法国观众的志气而禁止其放映(当时正是宣战前夕)。面对如此打击,内心或许早已十分沮丧的雷诺阿离开了法国,动身前往好莱坞。他在那里的八年之中,共拍了五部电影。《海滩上的女人》(1946年)是其中最后一部。这是一部令人好奇的有趣作品,但我们无法从中找出雷诺阿那些法国作品里最常被人夸赞的优点:熟悉感、幻想、他身上被我们称作人道主义的那些东西。似乎是雷诺阿故意想让自己去适应好莱坞,拍摄了一部完全美国式的电影。

欧洲电影和好莱坞电影的主要区别就在于,我们的电影首先是讲人物个性的电影,而美国电影最关注的则是各种特定的情境。在雷诺阿身上,这一点也很明显。在法国,我们本能地更多关心电影拍得真不真实,人物的内心世界是如何的;而美国人则更愿意将重心放在特定时间和地点究竟发生了什么事情,重心始终不太会偏离其特定情境。既然电影其实只是从我们眼前经过的一条大约六千英寸长度的赛璐珞胶片,我们完全可以拿它与一段旅程相比较。我觉得,法国电影就像一辆逆风而行的小推车,而美国电影则像一辆行驶在铁轨上的火车。《海滩上的女人》是一部像火车的电影,是一部关于性、肉体之爱、欲望,却没有一个裸体镜头的电影。但是,人们看过之后,并不会说琼·贝内特肉欲——事实上,她本身倒是一个性感的人。我之所以喜欢《海滩上的女人》,是因为我们可以在那里面看到两部电影。第一部完全没有提到爱情,剧中人只是礼貌地互相交换观点。但真正的意义不在于他们说的话，而在于他们彼此交换的目光，这目光十分精确地表现了混乱和秘密。

当一部电影使用对白如同使用对位音乐一样的时候，当它能让我们由此进入人物的内心世界时，再也没什么别的电影能比它更纯粹、更代表电影本身了。在观看《海滩上的女人》时，我希望你们能用这种方式来注意这三位厉害的演员：琼·贝内特、罗伯特·瑞安、查尔斯·比克福德。请你们像看动物一样看他们，那是在性欲压抑的昏暗丛林中高视阔步的野兽。

《黄金马车》（1952年）是雷诺阿一部关键性的作品，因为《黄金马车》将他其他数部电影里的多个主题连接了起来，其中当然也包括了爱情的真诚和艺术使命感这两个主题。这是一部结构犹如"套盒"的电影，盒子里面还有盒子，一部关于戏剧里的戏剧的电影。

面对这么一部或许称得上是杰作的影片，评论界和观众的反应有些不公。无论如何，这都是他电影生涯中最高尚、最精致的一部作品。它将雷诺阿战前时期作品里的自发性和创造性，以及他美国时期那些作品中的严谨结合在了一起，处处都是教养和礼貌、优雅和生机。这是一部关于仪态和态度的电影。戏剧和人生混合在了一起，并且悬垂在了底楼和二楼之间，就像意大利即兴喜剧在尊重传统和即兴表演之间来回摇摆一样。安娜·马尼亚尼是这部优雅影片的大明星；色彩、节奏、剪辑和演员都很配得上以维瓦尔第作品作为主体的配乐。《黄金马车》本身就美丽至极，正如美本身也是这部电影的主题一样。

我曾将雷诺阿的另一部杰作《游戏规则》称作一次公开的对话，一部我们受邀参与其中的电影；《黄金马车》的情况则不太一样，这是一部封闭的、完成的作品——你只能看，不能摸。影片的形式已经固定；它本身已经是一件完美的艺术品了。

1955年的《法国康康舞》(French Cancan)标志着雷诺阿又回到了法国电影界。我不想在此复述它的情节；它说的只是某位唐拉尔先生——他创建了红磨坊，发明了康康舞——生活里的一个片段。唐拉尔将自己的全部奉献给了歌舞厅，他发掘有才能的年轻舞者和歌手，将他们"制造"成为明星。他一度成了他们的情人，让他们变得占有欲强、嫉妒、任性、难以忍受。但唐拉尔从不允许自己被人缠上：他娶的是歌舞厅，他只关心自己的演出是否成功。他对这一行一心一意的爱，还有他想向那些经他发掘和展示出来的年轻艺人也灌输这种爱的强烈愿望，是唐拉尔活下去的全部意义。

你会认出这一主题和《黄金马车》主题之间的平行关系：让演出胜过感情的强烈要求。《法国康康舞》是在向歌舞厅致敬，正如《黄金马车》是对意大利即兴喜剧致敬。但我得承认，我更喜欢《黄金马车》。虽然这并非雷诺阿的问题，但《法国康康舞》的那些弱点确实还是造成了伤害，别的不说，至少影响到了演员。贾尼·艾斯波西托、菲利浦·克雷、皮埃尔·奥拉夫、雅克·儒阿诺、麦斯·达尔邦、瓦伦蒂娜·泰西耶和阿尼克·莫里斯都很出色，但让·迦本和玛丽娅·费里克斯似乎没拿出全部实力。

不过，《法国康康舞》仍成为彩色电影发展历史上的一个重要标志。雷诺阿并不仅仅想拍摄一部画面漂亮的电影，于是《法国康康舞》就成了一部"反《红磨坊》(Moulin Rouge, 1953)"的电影。在《红磨坊》中，约翰·休斯顿通过明胶滤光镜将各种颜色混合在了一起，而在雷诺阿的《法国康康舞》里，只有最纯粹的色彩。《法国康康舞》的每个镜头，都像是一幅流行海报，一幅动起来的"埃皮纳勒版画",包含着美丽的黑色、褐色和米色。

最后的康康舞堪称杰作,那是一场很长的戏,难度极高,总能让观众看得也脚痒起来。即便《法国康康舞》没有《游戏规则》或《黄金马车》那么重要,但它仍不失为一部光芒璀璨、充满活力的电影,我们也从中再次领略到了雷诺阿的力量、健康和年轻。

《艾琳娜和她的男人们》(*Elena et les hommes*)是雷诺阿最好的古装剧;雅克·儒阿诺演得光芒四射,演员还包括英格丽·褒曼、让·马雷和梅尔·费勒。这部电影让我们看到了雷诺阿个人理想的实现:重新找回那些前辈,那些堪称电影开路先锋的天才的精神:迈克·塞内特、拉里·赛蒙——不妨再加上查理·卓别林。通过《艾琳娜和她的男人们》,电影重新回到了它的起源,而雷诺阿也回到了他的青春时代。

有人认为,雷诺阿最后那几部电影太过远离我们所生活的这个世界的真实了,为回应这一论点,不妨让我先概括一下《艾琳娜和她的男人们》的故事:大战前夕,一大群人正在疯狂庆祝法国国庆日,而且他们都是某位名叫罗兰的将军的拥戴者。一桩愚蠢的外交事件带来了战争的阴云,将军的身边人也想利用这一机会推翻现行政府。人们在大街上歌唱着:"命运让他出现在了我们的道路上……"《艾琳娜和她的男人们》上映两年之后,针对自己身边坚定支持者所引发的阿尔及利亚混乱局面,戴高乐发表了著名的"我理解你们"的讲话。所以你们也看到了,这都是真实的,总有一位将军会出现在某个地方。相比之下,雷诺阿的将军(让·马雷饰演的罗兰将军)至少还有两个优点:他喜欢女人多过权力,他知道如何让我们发笑。

《艾琳娜和她的男人们》讲述了那些有关统治我们的"君主"

的事实，他们做出统治我们的决定，不顾我们反对，替我们决定什么是好、什么是坏并付诸行动。这部真实的电影同时也是一个童话故事，如果你对此感到惊讶，不妨听听雷诺阿的回答："真实总是一个童话故事，为了把它拍得不像童话，有些作者大费周章，将它呈现在十分古怪的光线之下。但如果你随现实保持原样的话，它就是一个童话故事。"

1959年的《科德利尔的遗嘱》(*Le Testament du Docteur Cordelier*)属于雷诺阿作品中命运多舛的电影之一，就像他1946年拍摄的《女仆日记》(*The Diary of a Chambermaid*)一样，而且这两部影片都有着让人意外的凶猛。经常被人误用的"演员的导演"(actor's director)这一说法，在本片中倒是显现出了它真实的含义，让-路易斯·巴劳特扮演的角色几乎让人辨认不出是他，他几近舞蹈般疯狂地攻击路上的行人。

让一个纯粹出自自己想象的人物活起来，让他能够在银幕上自如滑动而非仅仅机械行走，让他拥有你想象出来的那些姿势，让他被抽象和疯狂的野性所压垮，这可是电影导演的梦想。在《科德利尔的遗嘱》里，我们看到他的这个梦想实现了，正如（同年拍摄的）《草地上的午餐》(*Le Dejeuner sur l'Herbe*)，其出发点也仅仅只是一个单纯但在视觉上很有力量的想法：他觉得，把一阵暴风吹过田野，掀起那些女人的裙子的画面拍下来，应该会很有趣。

女性是雷诺阿所有作品的中心。让我们冒着将问题过分简单化的风险，在雷诺阿那一片仁慈同时却又残酷的丛林中，开出一条小道来。一个善良但性格脆弱的好色男人，处在一位美丽女士的控制之下——是不是他妻子没关系，那是一位性情活泼但脾气不太好的女士，一位让人喜欢的轻佻女子，我们这就有了《娜娜》《玛尔基塔》(*Marquitta*)、《懒兵》《母狗》《十字路口的夜晚》《布杜落水遇救记》《托尼》《包法利夫人》《低下层》(*Les Bas-Fonds*)、《马赛曲》《游戏规则》《女仆日记》《海滩上的女人》《黄金马车》《法国康康舞》和《艾琳娜和她的男人们》。

"三角关系"很少能引起雷诺阿的兴趣，但他又是"四角关系"的发明者。在他的世界里，一个女人爱着三个男人或是被三个男人爱着，或者，一个男人爱着三个女人或是被三个女人爱着。按第一条程式建立的影片包括有《卡特琳》《水姑娘》(*La Fille de L'Eau*)、《娜娜》《十字路口的夜晚》《布杜落水遇救记》《托尼》《包法利夫人》《兰基先生的罪行》(*Le Crime de Monsieur Lange*)、《衣冠禽兽》《游戏规则》《女仆日记》《法国康康舞》和《黄金马车》。尤其在《黄金马车》中，这一系统更臻于极致，每个男性角色各自代表着女人一生中要遇到的三种男人中的一种。而基于第二种程式建立的影片则有《玛尔基塔》《兰基先生的罪行》《衣冠禽兽》（这里的第三个女人是火车头"路易松"）、《游戏规则》《法国康康舞》和《大河》。相当于第一种程式中的《黄金马车》，《大河》则是对这一程式的完美诠释。

在雷诺阿的电影里，生机都来自真实生活本身：我们知道这些人物在和谁做爱，而这正是1960年之前的绝大部分电影所残忍地欠缺的一个事实。至于电影里的死亡，雷诺阿对此却不太感兴趣，因为那只能是伪装的：想让演员把内心波动的角色演好，你大可以真的去骚扰他；但如果你真把他给杀了，那就该被演员工会找上门了。娜娜、马朵、艾玛、漂亮的胡波夫人，以及其余诸多角色，她们在故事里都是不得不被除掉的，但在她们死去时，雷诺阿都会用电影里最具活力的东西来做旁衬，那就是歌声。雷诺阿满怀遗憾地杀死了这些女人，她们只能在流行歌曲的平常旋律中承受痛楚：尼侬的小心肝是那么地小……

有些正在攻击罗西里尼的《爱情》(L'Amore)的笨蛋说道："演员必须要服从于作品，而非作品服从于演员。"但从《卡特琳》这部雷诺阿当作订婚戒指赠送给凯瑟琳·海斯琳（雷诺阿妻子）的电影开始，他每一部作品都与这一说法背道而驰。他为雅妮·马雷兹、瓦伦蒂娜·泰西耶、娜迪娅·西比尔斯卡娅、希尔维娅·巴塔耶、西蒙妮·西蒙、诺拉·格雷格尔、安娜·巴克斯特、琼·贝内特、宝莱特·戈达尔、安娜·马尼亚尼和英格丽·褒曼度身定做电影，让作品服从于演员，而这些影片正属于电影制作史上拍得最美丽的电影之列。

让·雷诺阿拍的不是好莱坞电影的那种情境，你可以回想一下游乐场里的镜子迷宫，雷诺阿拍的就是一些想从镜子迷宫里找到出路的人物，然而他们却不断地撞上现实的镜子。雷诺阿也不拍什么想法，而是拍有想法的男人和女人们，而且不管这些想法有多离奇或不切实际，他都只要求我们简单地去尊重这些想法就可以了，他并不要求我们也接受这些想法，也不要求我们将其厘清。

不管他是政客还是自大狂的艺术家，当他固执地摆出某种浮夸的姿势，让他自己显得荒谬可笑时，我们会说他得意忘形了，忘了自己也曾是婴儿床上哇哇大哭的婴儿，而且终有一天又会成为在病床上呻吟的废人。显然，让·雷诺阿的电影作品从来都没忘记这个赤条条来、赤条条走的人，从没忘记过人本身。

——1961年，为维多邦市文化局举办的雷诺阿电影节写的序言

卡尔·德莱叶的白

每次想到卡尔·德莱叶，我首先想到的是《圣女贞德蒙难记》（*La Passion de Jeanne d'arc*）中那些苍白的画面和壮丽的无声特写镜头，这为我们真实再现了贞德和审判她的那些法官在鲁昂进行的那一番犀利对话。

随后，我还会想到《吸血鬼》（*Vampyr*）中的白，虽然这一次有了声音，有了医生［扬·希罗尼姆科（Jan Hieromniko）饰］的叫喊声和恐怖呻吟声。他扭曲的身影，消失在了坚固的磨坊面粉桶中，没人会靠近那里去营救他。正如德莱叶的摄影机在《圣女贞德蒙难记》中显得十分聪明一样，它在《吸血鬼》中也获得了自我解放，成了年轻人手里的笔，时而亦步亦趋，时而又领先于吸血鬼那些沿灰色墙壁运动的轨迹。

不幸的是，在这几部杰作相继遭遇商业失败之后，德莱叶不得不苦等十一载才又重新获得机会，可以在执导《复仇之日》（*Day of Wrath*）时喊出一句"开麦拉"。《复仇之日》说的是巫术和宗教，将《吸血鬼》和《圣女贞德蒙难记》这两部电影融合在了一起。在这里，我们看见了影史最美的女性裸体画面——最不色情但又最肉欲的裸露，那就是玛尔特·赫洛夫的白色躯体，那个被当作女巫烧死的老年妇人。

《复仇之日》上映十年之后，1956年夏末，《词语》征服了威尼斯丽都岛上的观众。这是威尼斯影展历史上所颁出的最为公正和最无争议的一尊金狮奖。《词语》说的是信念，更确切地说，那是一则关于教义上互相冲突所引发的心理失常的形而上的寓言。

影片主角约翰幻想自己成了耶稣基督；只有在他认识到自己的错觉后，他才真正"接收到"精神上的力量。

《词语》的每幅画面都有着终极完美的形式表现，但我们眼中的德莱叶并不只是"美化师"而已。影片节奏相当从容，演员之间的互相作用也很风格化，但他们又都完全处于导演的掌控之中。德莱叶对任何一帧画面都不放松；他绝对是自艾森斯坦以来要求最严格的导演，他拍出来的电影，相比他最初构思它们时脑海中的设想，简直就是一模一样。

《词语》的演员，都没什么主动的模仿；他们只是简单地以特定方式做好表情，并且从每场戏的一开始就摆出一副静止状态来。全片最重要的情节，都发生在一位富有农夫的起居室内。这里的一连串镜头拍得十分灵活，看着就像是从阿尔弗雷德·希区柯克的《夺魂索》(Rope)中汲取了灵感。（德莱叶在接受采访时曾多次提到他对《后窗》导演的景仰之情。）在《词语》中，白色再次统领全片，这一次，是一种牛奶般的白色，被阳光覆盖的窗帘的白色。这样的画面，我们在那之前从没见过，之后也一样。该片的声音也很出色。靠近故事结尾时，画面中央被一口棺材所占据，棺材里躺着女主角英格。约翰，这个视自己为基督的疯子，曾许诺会让她死而复生。全屋人都沉浸在悲伤的寂静之中，这份寂静，只有在主人走上木地板的脚步声响起时才被打破。这是一种司空见惯的声音，一双新鞋子的声音，星期天穿的新鞋子……

德莱叶的职业生涯并不顺利，他仅仅是依靠自己在哥本哈根经营的达格玛电影院的收入，才能继续自己的艺术追求。这位具有深刻宗教感的艺术家，心中充满对电影的激情。他毕生都在追逐两个梦想，这两个梦想却都远远地躲着他：一是拍摄关于基督生平的电影《耶稣》，二是和他心目中的恩师格里菲斯一样，能在好莱坞工作。

我只见过卡尔·德莱叶三回，但此刻正坐在这一把他生前工作时曾经坐过、死后才给了我的皮木椅子上，写下了这些关于他的文字；我感到很高兴。他是小个子，说话语声柔和，但个性顽固得吓人。他给人留下的印象是个性严厉，但其实内心很感性、温暖。他最后一次出现在公众面前，就是那一次他召集了丹麦电影界最重要的八个人，一同写信抗议法国电影资料馆辞退了亨利·朗格洛瓦。

现在，德莱叶已经走了；他和格里菲斯、施特罗海姆、茂瑙、艾森斯坦、刘别谦这些电影世界第一代的国王在一起了。那是先掌握了默片，然后又掌握了有声片的一代人。我们要从他们身上学习的还有很多，要从德莱叶白色的画面中学习的，还有很多。

——1969年

刘别谦是一位王子

战前电影作品中璀璨无比的画面是我的最爱。人物只是银幕上小小的黑影，他们在布景中浮现，推开比自己大出三倍的房门。那个时候不存在什么住房紧张，巴黎的街道上，整年都像是在过法国国庆日，所有的建筑物上都挂着"吉屋出租"的标志。

当时的电影中，宏大的布景可以与头牌明星一争影片主角的位置；制片人为这些布景花了大价钱，于是它们必须要拍得引人注目。抽大雪茄的那个人希望自己付的钱不会白费，如果哪位导演胆敢全片都用特写镜头来拍，我敢肯定他一定会遭解雇。那个时代，你不知道该把摄影机放在哪里的话，那就尽可能将它摆远，越远越好；而到了现在，同样的情况下，人们会把机器"啪"的一声放在演员的鼻孔底下。我们从原本的过分谦虚，变成了现在的过分自负。

在写刘别谦的时候，忽然来上这么一段怀旧的引言，这并不会显得不合适。因为刘别谦始终坚信，与其在街角小店哭泣，不如在宫殿中欢笑。谈到刘别谦，正如安德烈·巴赞说的，或许我没办法做到长话短说。

如同所有喜欢风格化处理的艺术家，无论刘别谦自己是否意识到，他也受到了那些伟大的童话故事作家的吸引。在《天使》(*Angel*)中，一场充满了痛苦和尴尬的晚宴，将玛琳·黛德丽、赫伯特·马歇尔扮演的丈夫及茂文·道格拉斯扮演的一夜情情人聚在了一起。她原以为自己再也不会见到后者，丈夫却机缘巧合地将那人带回了家中。和他经常所做的一样，随着情节进入高潮，刘别谦的镜头将"舞台"的一边渐渐清空，带着我们来到"中庭"的一边，好让我们更好地享受正在发生的这一切。我们随着镜头来到厨房，男仆在厨房和餐厅间来来回回，他先是拿来了夫人的碟子："奇怪，夫人的牛肉一点都没碰。"随后，他又拿来了客人的碟子："呃，他的也是。"（牛排被切成了无数小块，但没吃。）第三个碟子终于也拿来了，空的："还好，至少先生看起来还算喜欢牛排。"我们可以认出《小女孩和三只熊》的故事：熊爸爸那碗太热，熊妈妈那碗太冷，熊宝宝的刚刚好。还有什么比这更基础的文学样式呢？

所以说，童话，这就是"刘别谦式触动"和"希区柯克式触动"的第一个共同特征了；第二个共同点，则与他们两人解决剧本具体问题时的方法有关。表面上，这只是一个用画面来讲故事的简单问题——这也是他们在接受采访时所坚称的——但事实并非如此。他们之所以这样说，并非为了好玩而撒谎，也不是拿我们当笨蛋，他们撒谎，只是为了要把话说得简单一些。说真话往往会太复杂，还不如把时间都留在工作和自我完善上。这两位，本来就都是追求完美的人。

他们两人的作品说到底，其实都不是在讲一个故事，甚至可以说是故意寻找一种方式不去讲故事。当然，剧情还是有的，还是可以用几句话来概括的，通常都是一个男人受到一个女人的诱惑，但这女人并不接受这男人，或者男女正好反一反，又或者一方受到另一方的邀请去共度一个罪孽或是愉悦的夜晚——萨卡·圭特瑞用过同样的主题。无论是哪种，总之最关键的就是不要直接处理。所以，如果故事正在卧室发生，我们却被关在了卧室门外；如果故事正在客厅发生，我们却被留在了办公室；如果故事正在走廊进行，我们却一直在客厅；如果故事在酒窖上演，我们却始终在电话亭里……这一切的一切，不是因为别人，都是因为刘别谦花了六个星期，绞尽脑汁地思考该怎么写，才能让观众在观看影片的同时，与他一同弄明白整个具体情节。

世界上存在两种电影拍摄者——正如世界上存在两种画家、两种作家一样。一种即使被困在荒岛上，一个观众都没有，但他也会继续拍摄电影；另一种此时会停下手来，心想"这又何必呢"。如果没有观众，那也就没有刘别谦，观众与他的作品息息相关，早在创作时就已和他在一起了，观众是他电影的一部分。在刘别谦的电影声轨上，有对白，有音效，有音乐，还有我们的笑声——这笑声是必须的。否则，他的电影就不存在了。他电影里那些惊人的省略，之所以能完美地奏效，全因为我们的笑声填补了戏与戏之间的空隙。在刘别谦这块瑞士奶酪里，每一个小孔都在冲我们使眼色呢。

虽然"场面调度"一词经常被人错用，但它也确实传递了个中真意，放在这里的意思就是说，这是一场必须由三方面一起来做的游戏，而且只有在影片放映的时候，这游戏才算是真正玩起来了。这三方各自是谁呢？刘别谦、电影，还有观众。

所以，刘别谦的电影和像《日瓦戈医生》(*Doctor Zhivago*) 这样的电影之间毫无共同点。如果你对我说："我刚看了一部刘别谦作品，那里面有一个多余的镜头。"那么我会说，你是骗子。他的电影可是模糊、不精确、不明确、无法传达的反义词。在他的电影里，没有任何一个镜头是纯粹为点缀而拍摄的，没什么是仅仅因为好看才放进去的。从影片开始直到影片结束，我们看到的都是必不可少的内容。

报纸上没有关于刘别谦电影的剧情介绍，他的电影在看过之后便不再具有什么意义了。一切都只在我们观看电影的那一刻发生。看完后的一个小时，哪怕你已看了六遍，我都敢说你讲不出《你逃我也逃》的具体剧情来。绝对不可能讲得出。

我们这些观众身处黑暗之中，银幕上发生的一切光彩流动。但这种光彩，有可能会在某一刻停滞，于是，为了让自己安心，我们在记忆中搜索以往见过的电影，希望能清楚预测到接下来那一场戏会如何发展。但是，就和所有懂得制造矛盾的天才一样，刘别谦已经看过之前那些电影里所提出的所有解决办法了，因为他想给我们一个从未有人用过的答案，一个难以想到的、怪异的、精挑细选的、令人迷失了方向的答案。当我们发现这"刘别谦式答案"的时候，我们爆发出满堂的笑声，难以抑制的笑声。

我们可以说这是"刘别谦对观众的尊重"，只是这种说法大多数时候也被那些糟糕的纪录片和完全无法让人理解的故事片当作托词了。所以不妨忘了这种说法，让我们再找一个别的例子。

在《天堂里的烦恼》(*Trouble in Paradise*)中，爱德华·艾弗瑞特·霍顿在鸡尾酒派对上用怀疑的目光看着赫伯特·马歇尔，他告诉自己："我以前在哪儿见过这个人。"作为观众的我们，当然都知道马歇尔是小偷。在影片开始时，他在威尼斯为抢劫可怜的霍顿而将他击昏。显然，霍顿会在某一刻想起他来。换作别人，十个导演里有九个会怎么做？会让他睡在床上，然后大半夜忽然醒过来，拍打自己的额头："对了！威尼斯啊！这个肮脏的废物！"究竟谁才是废物啊？我看应该是满足于这么一个简单答案的人吧。刘别谦就不会这么做。他干起活来像狗一样拼命，血都流干了，早死了二十年。刘别谦让我们看到霍顿点了一支雪茄，他显然是在回忆自己在哪里见过赫伯特·马歇尔。他最后猛吸了一口烟，然后将它掐灭在了银色的烟灰缸中。烟灰缸的形状就像是一艘贡多拉……贡多拉形状的烟缸出现在了镜头中……镜头回到霍顿脸上……他凝视着烟缸……贡朵拉……威尼斯。我的上帝！霍顿终于明白了！漂亮！观众的笑声爆发了。或许此时刘别谦正站在剧院后的黑影里，就像他的《爱情无计》(*Design for Living*)里的弗雷德里克·马奇注视着他的观众，哪怕这笑声来得只有一丁点延迟，都会让他害怕。

我谈及的这些是后天可以习得的东西，是才能，是可以用来出售的东西和它最终出售时的价格。但是，学不到或是买不来的，是魅力和调皮淘气，啊，刘别谦调皮淘气的魅力啊，这真正地让他成了一位王子。

——1968年

查理·卓别林

《大独裁者》(*The Great Dictator*)

《大独裁者》,这部查理·卓别林在1939年至1940年间拍摄,欧洲观众在1945年时初次见到的影片,现在有没有"变老"?这问题,问得几乎荒谬,答案也只能是"是的"。它当然变老了,这是很自然的事情。《大独裁者》变老了,这很棒。它就像一篇政治社论那样变老了,就像左拉的《我控诉》,就像一次新闻发布会。这是一份让人钦佩的文件,一篇罕有的文章,一件有用的物品,现在则成了艺术品。如果重新剪辑《大独裁者》能为卓别林带来足够的资金,好拍摄他的下一部作品《月球上的查理》,那他当然可以那么做。

在1957年的今天重看《大独裁者》,它最引人注目的地方,在于卓别林那种想让同胞擦亮眼睛的强烈意愿。也有人觉得,他本应只是一位喜剧演员,不该拍摄这种雄心勃勃的电影。我很鄙视这种定见。不过,那背后的推动力很好,哪怕它由自命不凡的情绪而生。因为我们经常可以看到,一旦自命不凡者焚去他们崇敬的东西,他们的崇敬行为也就被证明是合理的了。

"卓别林太拿自己当回事了，他的东西已经完了。"每当我听人这么说时，都不禁会有相反的想法——他的东西，现在才算开始。艺术家的创作，可以是为了"对自己有好处"，也可以是为了"对别人有好处"。最伟大的艺术家，或许就是那些既能解决自身问题，也能解决其受众的问题的人。人类只能先出生，然后了解自我，最终才是获得别人的承认。喜剧艺术家不会等着我们去找他，他会以小丑、哑剧演员、歌手的形式来找我们。

他让那些观众的心都按着他的节奏跳动，但他自己的所有一切，包括他对于应该要怎么做人的想法，也都来自这些观众。我讨厌听别人这么说卓别林："他总听别人说他是这个、是那个的，听的次数多了，他自己都相信了。"如果有人说他是诗人或哲学家，那也是因为这就是事实，而他相信这些话也完全没错。当初他在并非主动和并非自知的情况下，就已经为大家能够继续活下去出一臂之力了，等到后来他意识到了这一切，如果这时候不再继续尝试更多地去帮助他们，那岂不成了一种犯罪？

被卓别林的天才所俘获的观众数不胜数。反过来，这些人也赋予了卓别林巨人责任。所以，并不是他相信自己背负着什么使命，而是确确实实有人把这个使命托付给了他。在我看来，几乎就没什么公众人物、政客或是权威在执行自己使命的时候，能像卓别林这样始终如一和卓见成效。

《大独裁者》自然是1940年在最大范围内抓住了最多观众想象力的电影。它当然是属于其时代的电影，就像一场几乎没有多少夸张成分的噩梦，梦见的是一个发疯的世界。一个有关疯狂世界、几乎并无夸张成分的噩梦；而后来的电影《夜与雾》将会是这一世界的最确切记录。所有电影都会变老，但没有哪一部电影能比《大独裁者》更高尚地老去了。当然，我们也想象得到，那些对希特勒、墨索里尼、戈林、戈培尔毫无所知的十二岁观众，如今看到《大独裁者》，或许只会给它礼貌的掌声和冷淡的反应。

安德烈·巴赞写过一篇很有名的文章，说《大独裁者》是卓别林在和希特勒算总账，追究后者犯下的双重罪行：夺走了属于查理的小胡子，将自己拔高到了神的高度。于是，卓别林又用希特勒的小胡子来重建了查理的神话，并由此摧毁了希特勒的神话。事实上，在1939年时，希特勒和卓别林就是地球上最有名的两个男人，前者是恶的化身，后者是善的化身。正因此，他们两人必须被放在同一部电影里，好让两人更好地互相对抗，好让我们在卓别林的《朝圣者》（*The Pilgrim*）上映十七年之后，再次在银幕上看到大卫和歌利亚的精彩哑剧。

皮埃尔·勒普洛翁写了一篇很吸引人的文章，以年代为序，讲述了卓别林1931年在威尼斯的时候，如何拒绝去罗马参加墨索里尼为他安排的欢迎仪式。在那之前的一个月，卓别林在阿斯特子爵夫人伦敦家中举行的一次宴会上，就经济危机问题做了一番阐释："全世界现在面临的问题，就是政府对于私有领域的插手干预和国家经费开支的过分庞大。我建议对银行进行国有化，同时修改多项法律，例如股市交易相关法令。我建议建立一个政府部门，专管各类经济问题，负责控制物价、利率和红利……我的政策会偏向国际化，全球性的经济合作、废除金本位和通货膨胀……"1934年，一位年轻意大利记者交给他一个剧本大纲，那是一部关于拿破仑的电影。1935年，他宣布自己已决定不拍这部拿破仑的电影，而且补充说："不仅如此，我也不会再扮演小流浪汉查理了。"

卓别林说到做到：他开始为《大独裁者》做准备、写剧本。整个1938年，不断有人想阻止他拍摄这部影片。德国外交人员和数个美国组织相继对他施压。影片最终在1940年春完成，但过了六个月才得以上映。与此同时，他还受到了戴斯委员会，也就是众议院非美活动调查委员会（HUAC）的批评。没错，早在1940年便已如此！这也是美国对卓别林的宣战之始，它一直持续到了1952年。

《大独裁者》不仅是一出具有防御姿态的喜闹剧，也是一篇对犹太人危机和希特勒疯狂种族清洗计划精准描写的杂文——有一点像让·雷诺阿的《马赛曲》。在《大独裁者》中，两组滑稽短剧互相交替出现，分别发生在希特勒的行宫内和犹太人隔离区中。卓别林在捍卫自己的生命时，也尽可能地做到了客观，他将这两个世界对立起来，对前者猛烈取笑，对后者温柔微笑，对于民族问题的各种真相则始终小心翼翼地加以尊重。犹太人隔离区的故事，拍得流畅、艺术，感觉像事先精心编排过多次；希特勒行宫的故事，拍得生硬、机械、狂乱，直至彻底沦为笑柄。卓别林镜头里受迫害的一方表现出了他们想活下去的强烈意愿，以及他们略带怯弱（抽签谁去刺杀独裁者的那一场戏）的足智多谋；而对于加害的一方，则拍出他们弱智一般的狂热。

影片结尾，按照最纯粹的话剧传统做法，小个子犹太理发师被当作了"大独裁者"的替身，但关于这件事，影片未做任何评注，实在是天才的省略手法。等到要做那一场伟大演讲时，他也选择了为我们的本真而哭泣。而在本片上映不久之后便毁了我们这个世界的那些事情，也足以证明，如果说卓别林在这部电影里打开了许多扇门，那么这些门并非对所有人敞开。

许多影评人，特别是巴赞，都曾指出，《大独裁者》最后的演说，也标志着卓别林全部作品中的一大关键时刻。就此，我们看到查理的面具渐渐消失，被头发已经开始变白的卓别林本人未加化妆的面孔取代了。他给全世界带来了希望的讯息,他列举了福音书里的话,被压迫者期待着救世主梦想的实现、期待着幸福来到。

卓别林不希望影片以他面部的特写结束,他用的是宝莱特·戈达尔的画面;他还给这个角色起了自己母亲的名字:汉娜(Hannah是一个回文名字,颠倒过来拼法一样)。这样的设计巧妙地总结了整部电影的精神。希特勒不过是一个反过来的犹太理发师。所以,卓别林在最后的演说里想到了自己的母亲,我们看到宝莱特·戈达尔坐在地上但形象伟岸,看到她爬起身来倾听他的呼唤:"抬起你的眼睛,汉娜。望向天堂,汉娜,你能听到我吗?你听!"

——1957年

《纽约之王》(*A King in New York*)

好吧,查理不再让我们发笑了。但另一方面,人们对他的批评倒是让我发笑。关于《纽约之王》的影评,最愚蠢的那些都在批评它的剧情。这样说来,你还可以指责《新约》缺乏悬念呢。我是故意提到《新约》的。最近刚被赶下王位的夏多夫国王来到了纽约,差点丢命不算,还险些没能保住国库财富。可第二天他便得知,首相拿着这些钱跑路了。国王一贫如洗。究竟这则寓言故事的作者是查理·卓别林,还是圣徒马太?即将动身旅行的人将财富托付给了家里的仆人,结果仆人之中有一个耍了同样的把戏,以至于主人抗议说:"缺德又懒惰的仆人!你为什么不管好我的钱?"

当地社会名媛在家举办晚宴，国王遭人出卖，隐藏的摄像头拍下了晚宴过程及国王扮小丑的画面。国王还没弄明白这是怎么一回事时，自己就成了电视明星。他还去了一所主张进步主义教育的学校参观，见到了一个十二岁的男孩。男孩关于某些问题的回答让成年人感到惊讶和不解。我们或许也可以称他们为"博士"。一个冬天的晚上，在回家的路上，国王又遇到了男孩，他穿着单薄，几乎就要冻死。名叫鲁伯特的男孩告诉国王，自己的父母因为是共产主义者而遭逮捕，还因拒绝揭发友人而被判刑。在国王家，鲁伯特宽衣洗澡，国王去给他买了新衣服——又是来自《新约》的画面，着魔的人得救了。"此人当时没有穿衣，象征的就是我们早已失去的最初的信念和正义，因为那就像一件光的祭衣，原本覆盖在无垢时候的我们的身上。"不久之后，麦卡锡的人过来带走了男孩，把他带去了大希律王面前，"这虚伪的王子，隐瞒了他打算用来杀死那个他被迫相认的小孩子的计划。因为上帝告诉过东方三博士，让他们去把小孩子找出来，寻到了就来报信。"

夏多夫国王也被非美活动调查委员会找去。耶稣掀翻桌椅，把圣殿里的小贩和顾客赶了出去；然而这座礼堂里的商贩，却没法像那样驱逐出去。和消防水管纠缠在一起的国王，出现在了邪恶的审判官面前，他用水淹了他们。水起到净化的作用，夏多夫被无罪释放了。很可能是上帝在这位东方三博士式的国王的梦里给他出了点子，让他"另选一条路回他自己的国家"，以躲避将没收他护照的大希律王。但是，最悲伤也是最重要的事情已经发生了，男孩为让自己父母能被释放，已经把调查员想知道的事都说了。这涉及的道德问题，可没有朱尔斯·达辛的《该死的人》(*Celui qui doit mourir*)里那么简单。我们想说的就是，假使基督今天再回来,回到这都是告密者的土地上,他最终也会跟麦卡锡合作的。

以上这些读解,我并不是说就是定本了。但对于那些你没法证明其优美的东西,总得给出某种解释才行。

那些武断地给作品贴标签的人,肯定是不到万不得已不想改变自己的观点。但如果卓别林到了这个年纪,还要继续扮演小丑流浪汉,那反倒是灾难。这其实一点都不难理解。再怎么说,一个人拍了七十五部电影,而且这些电影里还有一些位居影史最著名和最受人敬佩影片的行列,怎么建立剧情,他可不需要你们来提建议。

《纽约之王》的前半部分和后半部分,我并不觉得有什么大区别。我也没想过要把它当成喜剧片来看。我们都看报纸,我很清楚卓别林在美国遭遇的不幸。我早就知道他的新片说的是什么,也了解他之前那几部作品里有着多深刻的悲伤。我们原本就应该可以想到,《纽约之王》将是他所有电影里最悲伤的一部,也是他最个人化的一部。拍过《淘金记》(*The Gold Rush*)的那个人,只要他愿意,随时可以让观众哭,让观众笑;所有的把戏,他全都知道;他是王牌,这一点是可以肯定的。如果说我们看《纽约之王》时既没哭也没笑,那也是因为卓别林下定了决心,这次要触动的是我们的头脑,而非心。这部电影里可怕的温柔,倒是让我想起了《夜与雾》,它们抗拒的就是宣传机器或仇恨者那种简单的头脑。

举两个例子。如果卓别林想让观众哭的话,大可以将男孩向国王承认自己已经告发父母亲的朋友的那场戏,着重渲染一下;大可以将《寻子遇仙记》(*The Kid*)里的那本胶带拿出来,照样重拍一遍。还有调查委员会做准备工作的那场戏,卓别林如果想让我们笑，只需要多拍一些调查员为上电视而往脸上扑粉化妆的画面就可以了。扑粉的笑料，可以拍个三次，肯定会让观众笑的，但也会毁了整部电影。它的意图可远非这些。所以，这场戏他只让我们看了一遍，而且很短暂，还是在监视器里。

这部影片没做过多的延伸，也没逼着观众做反应。全片没有任何一场戏是好玩、讽刺或苦涩的。它只是快速干脆地讲了一个点，几乎就像纪录片。纽约的那些镜头，还有卓别林插入的两个飞机的画面，也像实际材料的蒙太奇。《纽约之王》与小说或诗歌不具有可比性：它更像一篇文章，更像来自一份名为《查理·卓别林自由评论政治现实》的报纸里的几页纸。

卓别林选择了幻想出一位王的做法，是因为他自己也一直过着国王般的生活。他在世界各地都受到皇族一般的礼遇，他很清楚那些粗鲁的摄影记者、爱打探的文字记者和不讲礼节的欢迎方式具体都是什么样的。在现实生活里，卓别林常被人逼着要演上那么一段，所以这一次他也要让他在巴黎、伦敦和纽约遇到的那些男主人、女主人的形象，被一五一十地呈现出来。他似乎想说，人人都觉得他的表演有趣，只有他自己并不这么觉得；他更像哈姆雷特，他要刺激我们，而不是逗我们笑。在片中有人说过："他只是一个普通人，但如果你稍稍给他加加油的话，他可以变得很滑稽。"这种带有讽刺的清醒，贯穿了整部电影。

影片开始，在钱物失窃的那场戏里，卓别林是在取笑自己，取笑他出了名的吝啬，他害怕被人抢的偏执情绪。查理重感情，卓别林却不是。此外，他还第一次为我们展示了他和女人之间的关系。不再有浪漫，不再有鲜花——只剩下美国宝贝棠恩·亚当斯，她是那么诱人，让国王真的直接跳到了她身上。于是，关于卓别林爱情生活我们所知道的一切，什么不负责任的母亲硬是把小女孩扔进他怀里，然后再在法庭上攻击他，以便自己余生能过得无忧无虑——全都在这三分钟里得到了概括。

如果你觉得《纽约之王》不好笑，那是因为乔·麦卡锡的美国本身就是一个让人心灰意冷的世界。这是一部自传性电影，却没有自传电影的扬扬得意。卓别林的电影，截取的都是人生片段，如果这一段让你觉得比他以前那几十段都更悲伤，那是因为卓别林很清楚，当今世上最令人苦恼的问题并非贫穷，并非打着进步名义犯下的错误，而是在一个布满告密者的世界里针对自由的有组织的进攻。

让·热内（Jean Genet）曾写过："艺术作品必须要解决矛盾，而非仅仅只是呈现矛盾。"查理·卓别林解决了矛盾。能够保持清醒的头脑，这是一种天赋。

——1957年

谁是查理·卓别林？[1]

查尔斯·卓别林是全世界最著名的电影导演，但他的作品或许正开始从电影史中消失。因为那些影片的发行权已过期，卓别林禁止它们再被放映。从他电影事业伊始，就无数次遭受盗版发行商的欺骗。于是一代又一代的新影迷，对于《寻子遇仙记》《大马戏团》《城市之光》《大独裁者》《凡尔杜先生》和《舞台春秋》这样的电影，也都只是只闻其名，没见过本尊。

随后，他在1970年做出决定，让自己几乎所有的作品重

---

[1] 本文是为安德烈·巴赞的文集《查理·卓别林》写的前言。

新可被拿来放映，这也让我们根据这些作品来追踪他思想发展历程的做法——就像是沿着铁路线，从一个车站走到下一个车站——重新变得可能。

在有声片诞生前的那几年，全世界的作家和知识分子都对电影态度冷淡，甚至可说是轻蔑，只把电影看作流行的娱乐方式，至多也就是一种小门类艺术。但有一个人是例外：查理·卓别林；不难理解，这对于格里菲斯、施特罗海姆和基顿的拥趸来说，有多冒犯。知识分子可能会围绕电影究竟是否算艺术而展开争论，但对从来不会提出这种问题的广大观众来说，他们的这种争论毫无实际影响。观众对于卓别林的热情——现在的人已经很难想象其热情程度了，或许可以用贝隆夫人在阿根廷受到的崇拜来做比较，但卓别林是在全世界都有着那样的待遇——令他成了1920年全世界最受欢迎的人。

听到这些，再看看六十年前卓别林初登银幕时的表现，现在的人可能会觉得有些惊讶，但那是因为电影这个东西，本就有它自身的逻辑，生动且非常美丽。由电影诞生之日起，便注定拍电影的人享有某种特别的权力——哪怕回到1920年，拍电影还不能算是什么正儿八经地搞艺术，但那也不妨碍上述这一点。1968年5月的著名对句——"电影/小资的艺术"——大家都知道了，但其实根本不用提这个，我们也看得出拍电影的人和看电影的人之间，一直存在着一道文化和家庭出身上的鸿沟。

查理·卓别林自小被酒鬼父亲抛弃，童年时因眼睁睁看着母亲被送去疯人院而饱受内心煎熬，而他自己也有过被警察抓走的恐怖经历。九岁时，他是肯辛顿路上的流浪汉，就像他在回忆录里写到的，生活在"社会的最底层"。关于这些，各种描述和评论都已经很多了，但我之所以再次提起，是因为大家说了那么多,可能反而会让人忽视他早年生活的核心本质,我们真应该要注意一下,最不幸的生活之中,其实也会孕育出极大的爆发力来。在他为基斯顿公司拍摄的那些追逐片里,卓别林要比他那些在舞厅上班的同行跑得更快、更远。这是因为,即便他并非唯一描写过什么是饿肚子的导演,但他至少也是唯一亲身经历过这一切的。而这也是1914年当他的电影开始传播之后,全世界的观众都可以从中感受到的。

我差不多是认同这样一个观点的:卓别林母亲被认定为精神异常,他自己也差一点就彻底自闭了,之所以能够幸免,靠的是他的哑剧天赋,那种他继承自母亲的天赋。近些年,针对那些在孤独中成长起来的儿童有了不少严肃的研究,他们的心灵和身体上都承受了巨大的痛苦。这些专家认为自闭是一种防御机制。但在查理这个人物身上,我们看到的所有一切,恰恰也正是防御机制。当巴赞解释说查理这个人物并非反社会,而是无社会意识,他其实是渴望进入社会的。巴赞用和坎纳[1]几乎一致的术语,给那些精神分裂症患者和自闭症儿童下了定义:"精神分裂症患者尝试解决自身问题的办法是离开自己曾经的世界;而自闭症儿童却会逐渐与世界妥协,与这个他从一开始就是局外人的世界做最小心谨慎的接触。"

举一个简单的情感转移的例子[这词经常出现在巴赞的文章里,正如它也频繁出现在了布鲁诺·贝特尔海姆有关自闭症儿童的著作《空城堡》(*The Empty Fortress*)中],贝特尔海姆写道:"自闭症儿童对物品不那么害怕,而且或许还会对其采取行动,因为在他们看来,威胁到自己生存的是人,而非物品。但是,

---

[1] 利奥·坎纳(Leo Kanner),乌克兰出生的自闭症专家。

他们对这些物品的使用方式，并不符合其原先的设计功用。"

巴赞则写道："物品似乎只在它们跳脱出社会赋予它们意义的情况下，才会接受查理的帮助。说明这种情感转移作用的最好例子是著名的面包舞，物品的共谋最终演变成一段自由编排的舞蹈。"

按照今天的说法，查理是边缘人中最"边缘"的一个。在他成为全世界最出名、最富有的艺术家之后，他出于年龄、低调，或是基于逻辑的考虑，感到必须放弃流浪汉的角色，但他仍然明白，"安定下来"的角色他也没法演。他必须改变自己的神话，但又必须保持神秘。于是，他开始准备扮演拿破仑，之后还有基督，然后他放弃了这些计划，转而拍摄了《大独裁者》《凡尔杜先生》和《纽约之王》，中间还经历了《舞台春秋》，他还让穷困潦倒的小丑卡尔贝罗询问剧团经理："我换个假名字来继续我的事业吧？"

卓别林对电影的控制和影响力长达五十年，以至我们可以从《游戏规则》中朱利安·卡莱特的身后清楚辨认出他的身影；正如我们也可以在布努埃尔的《犯罪生涯》（*Ensayo de un crimen*）背后看见亨利·凡尔杜；又如我们可以看见在《大独裁者》中小个子犹太理发师目睹自己房子着火的二十六年后，又站在了米洛斯·福尔曼的《消防员舞会》（*The Firemen's Ball*）中的波兰老人身后。

他的作品要分成两部分，流浪汉和世界上最出名的那个男人。流浪汉在问：我存在吗？后一个试着回答：我是谁？卓别林的所有作品，全都围绕着艺术创作的宏大主题做文章，那个关于我们身份的主题。

——1974年

上帝保佑约翰·福特

约翰·福特是世上最著名的导演之一,然而关于他的所有一切,甚至是他做事和说话的方式,却都给人留下这样一个印象:他从不曾追求过这样的知名度。事实上,他也确实从没接受过这一切。福特总是被描写成一个外表粗糙、内心温柔的人,更接近那些他让维克托·麦克拉格伦来演的小人物,而非那些约翰·韦恩饰演的男一号。福特是从来不会把"艺术"二字挂嘴上的艺术家,是从不提起什么"诗意"的诗人。

他的作品最让我喜欢的地方在于,他总是赋予剧中人物优先权。在我还是记者的时候,很长一段时间内,我都对他片中的女性角色的设计持有批评意见——我觉得她们被拍得太过19世纪了;但当我自己也当上导演后,这才意识到,正是由于他的存在,像玛琳·奥哈拉这些优秀女演员,才能有机会出演1941年至1957年间美国电影里最精彩的一些女性角色。

我们或许可以授予约翰·福特一个"看不见的执导"奖(这奖也同属于霍华德·霍克斯)。在这两位说故事的大师的电影里,我们从来都无法明显感觉到摄影机在作业。镜头运动近乎没有,它只要能跟着人物走就够了。大部分的镜头都是固定的,总是从同样的距离拍过去。正是这种风格，创造出了一种堪与莫泊桑或屠格涅夫媲美的柔顺流畅的感觉。

凭着一种雍容的随性，约翰·福特懂得如何让观众笑……或是哭。他唯一不知道的，是如何让观众感到无聊。

既然福特相信上帝，那就愿上帝保佑福特吧。

——1974年

弗里茨·朗在美国

如果你因为年轻一代影迷对于美国电影放肆的热情而受到了刺激,请不要忘记,有一部分最优秀的好莱坞电影,其实是由英国人希区柯克、希腊人卡赞、丹麦人塞克、匈牙利人拜奈代克、意大利人卡普拉、俄国人迈尔斯通,以及维也纳人普雷明格、乌默金尼曼、怀尔德、斯登堡和弗里茨·朗拍摄的。

和法国影片《雾码头》(*Quai des Brumes*)及其他一些战前影片一样,1936年拍摄的《你只活一次》(*You Only Live Once*)也和命运与宿命有关。影片开始时,我们看见亨利·方达在因为偷车等轻罪入狱两三年后终于重获自由。他决定改邪归正,还娶了自己律师的秘书当老婆,她为他找了一份卡车司机的工作。

《你只活一次》与互相关联的各种力量有关:一切似乎都很顺利,但事实是其实一切都很糟。如果说,方达扮演的角色在不情愿的情况下又"重蹈覆辙",再次"跌倒",那其实并非真是因为"做过一次贼,一辈子都是贼",而是因为社会规定了"做过一次贼,一辈子都是贼"。长话短说,因为守法者铁了心要将方达扮演的角色视为前科犯,所以他们一定得把他送回监狱。首先是将他赶出旅馆,然后是让他丢了工作。他被诬陷为抢劫犯，被判坐电椅，然而他却在自己即将被证明无辜的那一刻越狱逃跑了。他杀死了想阻止他的神父，和妻子逃入树林。在那里，两人被警方射杀。

这部影片表达的主题很开放，但也很易引发争论；它围绕守法者是坏人这个原则展开。艺术家首先必须要证明，在被看作丑的东西里，其实也有美存在，反之亦然。贯穿全片，导演始终强调普通市民的低劣性格，以及对抗社会的那对夫妇的高尚情操。因为没钱，艾迪和琼只得用枪逼着加油站工人给汽车加满油，但两人离开后，后者打电话告诉警察说他们把钱匣也一起拿走了。当他们的车冲过第一道警方关卡时，本应击中琼的那颗子弹只打中了一罐牛奶。牛奶代表纯净，他们身上的纯净暂时保护了他们。

在树林里，琼产下一个孩子。他们没给孩子起名："我们就叫他孩子。"姓名、户籍，那些都是社会的产物。

这部影片不缺少浪漫，如果说《你只活一次》的故事现在看来已经有些过时，电影本身却因为一些不同寻常的见识和某种坚持不懈的直接，以及某种至今都会令人感到惊讶的暴力而丝毫不见岁月痕迹。

弗里茨·朗似乎一直在和社会算账。他片中的主角总是一些局外人和边缘人，如《M就是凶手》（*M - Eine Stadt sucht einen Morder*）里的主人公就被描述成受害者。1933年，朗因为纳粹上台而被迫迅速离开德国。从此之后，他的全部作品，哪怕是西部片和惊悚片，也都会反映出这种忽然的决裂。之后不久，我们又看到他还在受迫害的经历上嫁接了复仇的主题。朗的某些好莱坞电影为我们画出了这样一幅画卷：某个男人卷入一场斗争，斗争的意义远超过任何个体；他可以是警察、科学家、士兵或者反抗者。但随后他身边有某个亲近的人死去了，是他爱的某个女子或孩子。于是，这场冲突变成了他个人的战斗，影响了他自身。原本规模浩大的斗争，此时退到了背景之中，取而代之的是个人的复仇：《万里追踪》(*Man Hunt*)、《斗篷与匕首》(*Cloak and Dagger*)、《恶人牧场》(*Rancho Notorious*)、《大内幕》(*The Big Heat*)等皆是如此。

朗一直对处私刑、枪口威逼下的正义、良心等主题很着迷。他的悲观主义似乎每拍一部电影都在加剧。在最近的几年里，他的电影已成了电影史上最苦涩的那些作品。也因为这个，他最近几部电影都在商业上失败了。最初的主人公是受害者，后来的主人公是复仇者，而现在只剩下了一个背负罪孽的人。在他类似于《夜阑人未静》(*While the City Sleeps*)、《高度怀疑》(*Beyond A Reasonable Doubt*)这样的近作中，不再有任何一个可爱的人物。他们全都是阴谋家、投机分子和恶人。人生就像在坐云霄飞车。

在《高度怀疑》里，朗似乎是在为保留死刑而声援。达纳·安德鲁斯扮演的新闻记者为让自己反对死刑的诉求达到一个戏剧化的高潮，情愿让自己成为一宗罪案的被告。在处刑前夜，他终于证明了自己的无辜，重获自由。但他还是在未婚妻面前暴露了自己。后者意识到，他确实杀了一个女孩。故意安排一次新闻调查只是为了掩盖他的罪行、逃脱法律制裁。未婚妻毫不犹豫地告发了他。

这样的剧情激怒了影评人，但这一切，都出自一个被世界、纳粹、战争、流放、麦卡锡主义等认为是反叛者的人之手，所以也不算什么让人吃惊的事。他对他们的反叛，早已变成了对他们的憎恶。朗采用了比实际生活更夸张的故事,并对其加以改进。但他并非将它们改得在心理层面上更细腻或更可信，而是把它们改得更符合他自己的迷恋。他十分自由地表达着自我。我在看过他受命拍摄的《夜阑人未静》后，对他有了更多的了解——他是什么样的人，他如何思考。比我看了《酒店》（*Gervaise*）后对雷内·克莱芒的了解还要多。《酒店》虽然也是一部成功的高质量作品，但剧组里的设计人员、编剧和演员，全都扮演了和导演一样重要的角色。

《夜阑人未静》为我们展现了大约十个人的活动，他们的生活围绕着一张报纸展开。发行商忽然去世，儿子——一个堕落和无能的势利眼——决定把这工作交给三位候选人中的一个，条件是看他们谁先找出那个逍遥法外的连环少女谋杀案的主角。这一次，朗放弃了悬疑片的拍摄技巧，早在片头字幕出现之前，就已经让我们看见了凶犯实施罪行的过程。这部电影最具压倒性的地方在于朗带着未曾减弱的严厉态度注视剧中人的那种方式，他们都是被命运诅咒的人。没有什么能比朗执导的爱情戏更缺少感性与温柔了，也没什么能比它更残酷。在片中，达纳·安德鲁斯饰演正直的记者，也是候选人里唯一拒绝参加那愤世的竞赛的。但是，这么做有没有给他带来什么好处呢？有没有令他比剧中其他人好过一些呢？完全没有。看看他和莎莉·弗瑞斯特扮演的仍是处女的他的未婚妻之间的关系：莎莉急于找一位有着体面工作的合适丈夫，安德鲁斯符合要求，但更希望她能做他的情妇，而非妻子。他的行为变得像某种含蓄的性勒索。他的爱抚，每次都更得寸进尺一些。莎莉允许他摸自己的腿，因为这样不会令他太过气馁，但其他事情都必须等到结婚后才行。最终，安德鲁斯同意了，不过是在他与艾达·卢皮诺扮演的报纸八卦专栏作家来了一番热烈的调情之后——那是一位只想在事业上一马当先的"自由"女性。报社老板的妻子在去情人家幽会时，假装她是去见自己母亲。还有一场发生在按摩室里的戏，她太过公然地对丈夫撒谎，以至于不得不戴上墨镜来稍做掩饰。

朗对他影片中的所有人物都毫不客气地加以点评，心中并非带着讽刺或戏谑，而只是出于简单的悲观主义。在所有那些于1932年逃离纳粹魔爪的德国导演里，他是唯一再也恢复不过来的，在这方面，我们还得考虑到这样的一个事实：当初令他变得受欢迎的美国，后来似乎也让他感到了憎恶，这一点更加导致他无法恢复。

朗从不怀疑人性本恶，他最后几部作品中那种可怕的忧伤，让我们想到了阿伦·雷乃的《夜与雾》："你所能做的全部，就是想象那一个被尖叫声撕裂、被除虱工作打断的晚上，那个令牙齿打架的夜晚。你必须快点睡着。他们用棒子把你叫醒，你狼狈不堪，寻找被偷走的物品……"在这部令人难忘的电影里，雷乃继续说道，"他们甚至从政治上将自己组织了起来；他们会在不成文法的基础上就集中营的内部管理展开争论。"

可能是法国最伟大的作家让·热内——当然，也是我们唯一的道德家——曾在一次名为"犯罪儿童"、后来被禁播的电台谈话节目里，对从诚实人到"普通法"的这种转变做出了最好的诠释。"报纸上还给我们展示仓库里满出来的尸体，或是田野里到处散布的尸体、集中营铁丝网上挂着尸体的照片；他们展示用拔下来的指甲和带文身的皮肤做的灯罩。这些全都是希特勒的罪行。但是，没人提醒我们注意，在法国监狱里，一直存在着对成人和儿童进行折磨的人。根据人性，或是比这更高级的正义的标准来看，决定谁有罪谁无辜并不重要。在德国人看来，法国人是有罪的……当我们被铐上手铐，当警察用棍子抽打我们的肋部时,好人也都在鼓掌。"这正是朗用他如此顽固的天才,在他作品中展现的那种想法——没人可以评判任何人,每个人都既是罪犯也是受害者。从这种角度来说,《你只活一次》是一部十分关键的电影。

只有一个词语可以用来形容朗的风格:不妥协。每个镜头、摄影机的每次运动、每格画面、演员的每个动作,全都是决断和独一无二的。让我举个例子,在《你只活一次》中有一场监狱戏,方达请站在铁栏那头的妻子给他弄一把手枪来。他轻声低语说:"给我弄把枪(Get me a gun)。"虽然嘴形夸张,但我们只能听见辅音——只有两个"g"和一个"t"的喉音,而他脸上的表情十分可怕。

我们应该常去看看《你只活一次》,也应该以这部电影作为背景来参看朗的后期作品。他不仅仅是天才,也是现代电影人中最孤独和最少被人理解的一位。

——1958年

弗兰克·卡普拉，医治者

在执导过哈里·兰登演的那些伟大的默片之后，弗兰克·卡普拉凭借《一夜风流》(*It Happened One Night*)而名声大噪，而这部影片也在此后被人上百次地加以模仿。很不幸，由于发行不力的缘故，卡普拉的作品在法国并不出名，但我只需随便想想《迪兹先生进城》(*Mr. Deeds Goes to Town*)、《浮生若梦》(*You Can't Take It with You*)、《史密斯先生到华盛顿》(*Mr. Smith Goes to Washington*)（比水门事件早了三十五年）、《约翰·多伊》(*Meet John Doe*)和《一夜风流》这些影片，就能知道这位出色的导演在全球范围内的影响力究竟有多大。我们可以在当时还是"小男生"的英国导演阿尔弗雷德·希区柯克（1940年前）的早期作品中找到来自卡普拉的影响，也可以在年轻的瑞典人英格玛·伯格曼在1955年前的婚姻喜剧里找到这种影响。

卡普拉是伟大的美国喜剧四人组中唯一仍健在的，其余三位是莱奥·麦卡雷、恩斯特·刘别谦和普莱斯顿·斯特奇斯。出生在巴勒莫的意大利人卡普拉，给好莱坞带来了意大利式即兴喜剧的秘密。他是航海家，知道如何将角色引入人类绝望处境中最深的维度之中（卡普拉喜剧中的悲剧时刻常会让我边看边哭），然后又能重新建立起平衡，以创造这样的一个奇迹：我们在离开影院时，又对人生有了信心。

战后的社会生活日益艰难，利己主义愈发散播，富人顽固地相信他们可以"搞定一切"，这些都让卡普拉的奇迹显得更加难以让人相信了。但是，面对人的苦恼、疑惑、不安和为糊口而做出的努力，卡普拉成了某种医治者，即"官方"解药的敌人。这位好医生，也是一位出色的导演。

——1974年

霍华德·霍克斯

《疤面煞星》（*Scarface*）

虽然《疤面煞星》在世界电影史上已获承认，且占据了一个受尊敬的席次，但其创作者霍华德·霍克斯长期以来一直是好莱坞最被低估的电影导演。《疤面煞星》并非靠着幸运女神眷顾偶一为之的杰作，我们也不能忘记他的《夜长梦多》（*The Big Sleep*）、《红河》（*Red River*）和《烽火弥天》（*Big Sky*）中相比《疤面煞星》更为细腻的美感。1930年拍摄的《疤面煞星》依据卡邦和他那些伙伴的传奇故事改编，全片充满了各种可爱的新意。

请记住，霍华德·霍克斯是一位道德家，因为这一点很重要。他对剧中人物的态度，远不是什么同情，而是全然的鄙夷。对他来说，电影里的主人公托尼·卡蒙特是一个粗鲁、堕落的家伙，所以他故意指导保罗·穆尼猴子似的表演，手臂高悬，略略弯曲，脸上也始终带着滑稽的表情。纵观全片，你会发现十字架这一主旨出现在了墙上和门上，还有灯光照射出的影子里；这种视觉上的迷恋，就像某段音乐上的主题旋律一样，"编排"着托尼脸上的伤疤，并让人想起死亡这两个字来。全片最令人难忘的，无疑是鲍里斯·卡洛夫死掉的那一场戏。正在玩保龄球的他蹲下来，掷出一球，人却没再能站起来：他被一梭子机枪子弹击倒。镜头跟着他扔出去的保龄球，保龄球击倒了八个瓶，最后一个转了半天，终于也倒下了，恰好象征着卡洛夫自己，他也是穆尼下令要消灭的那伙敌对帮派中，最后一个倒下的。我觉得这不是文学，这有可能是舞蹈或者诗歌。但这肯定是电影。

——1954年

《绅士爱美人》（*Gentlemen Prefer Blondes*）

霍华德·霍克斯的特艺色彩影片《绅士爱美人》是一部知识分子电影，抑或只是肤浅的娱乐作品？

让我先列举一些同样出自这位极有声望的导演（霍华德·霍克斯是威廉·福克纳唯一愿意合作的导演）之手的具有奠基性意义的影片，好帮助你回想起来。它们是《疤面煞星》《天使之翼》(*Only Angels Have Wings*)、《约克中士》(*Sergeant York*)、《育婴奇谭》(*Bring Up Baby*)、《战地新娘》(*I Was a Male War Bride*)、《红河》《烽火弥天》和《妙药春情》(*Monkey Business*)。他的电影分成冒险和喜剧两类，前者是对人的致敬，赞美人的智慧，以及人在身体与道德上的伟大；后者针对的是人类的堕落，以及现代社会的空虚。霍克斯是一位特立独行的道德家，《绅士爱美人》绝非为享乐而作的犬儒的娱乐片，相反，这是一部无情讽刺并且充满智慧的电影。

表面上看似单薄的故事，可能会让人觉得很熟悉：金发女郎罗丽拉（玛丽莲·梦露饰）和褐发女郎多萝西（简·拉塞尔饰)走在人生的大道上,身后留下了一长串痴心不悔的百万富翁。罗丽拉喜欢钻石胜过一切,多萝西则更看重男人的肌肉。在欧洲逛了一圈之后,两人都在回美国的船上结了婚。罗丽拉选的是个性沉闷的百万富翁,多萝西则挑了强壮活泼但一文不名的穷律师。整部影片几乎没什么地方能让我们发出笑声,并非因为剧情或制作太弱,恰恰相反,是因为笑声都卡在了我们的嗓子眼里。而这也成了"本片是一部知识分子电影"这一判断最接近胜出的地方。霍华德·霍克斯的原则就是,尽可能将事物推向极致,所以那些戏刚开始时看着还只是有点不够自然,但随着它们达到极致却又符合逻辑的结尾时,又都变得如怪兽一般可怕起来。

　　罗丽拉和多萝西不再仅仅只是两名爱慕虚荣的女子,她们变成了影片的实质;她们超越了象征:她们就是这世上的金发女郎和褐发女郎,就是贪婪和欲望,就是性冷淡和慕男狂。两位作者(霍克斯的御用编剧查尔斯·莱德勒及霍克斯本人)的真正意图,在下述的两场核心戏里渐渐变得清晰。这两场戏的疯狂和抽象,都达到了一定的程度,以至这两段舞蹈和歌曲都无法完全说明它们的非现实感。首先是船上游泳池里的一个长段落,简·拉塞尔在歌唱,周围是二十多名身着短裤的运动员,争相用肌肉吸引她的注意,用手臂摆出各种造型来展现自己的身体。第二场戏是玛丽莲演唱《钻石是女孩最好的朋友》的那一段,周围是五个身着礼服的年轻男子,每一个都右手持钻石项链,左手持左轮。当梦露用她镶钻的扇子挨个敲打他们之后,他们也挨个开枪自杀。也就是在这场戏里,红色的布光忽然消失,只留一盏灯,打出一种类似于教堂的朦胧光线;立刻,二十个男人以狂喜的姿态跪倒在地。还有一场戏也让我觉得很重要,罗丽拉将刚收到的钻石头冠藏在了身后。她把头冠拿得非常平,仿佛正在为她努力的"对象"或说她工作的工具加冕。

这种具有爆炸性的不同风格混杂在一起的做法,很多导演都用过,但效果不如霍克斯,可即便是他,运用这一手法时,也不一定总能成功。因为同样的做法也曾出现在一部滑稽风格的闹剧里,它改编自欧·亨利的小说《红酋长的赎金》(*The Ransom of Red Chief*),结果却被二十世纪福克斯公司从院线撤了下来,因为它根本无法令观众发笑。那故事说的是几个绑匪抓了一个很不讨人喜欢的小男孩,最后绑匪却给孩子父母一笔钱,求他们快把人给带走。但霍克斯觉得这故事很有味道,有着不少他喜欢的主题——魔鬼一样的小孩子、小孩子般的成年人。[1]

霍克斯的喜剧片,不管你给它们贴上什么标签,它们终究都是机智和原创的,更多源自他对何为荒诞的敏锐嗅觉,而非他对什么能够卖座的感觉。不管你看的时候是在大笑还是咬牙切齿,无论如何,你都不会觉得无聊。

——1954年

《金字塔》(*Land of the Pharaohs*)

故事发生在耶稣诞生前约三千年,埃及第六王朝的法老胡夫开始建造金字塔,将它作为自己未来的墓穴。影片跟随工程进展,几代工人为之付出生命代价,"工程事故"也是家常便饭。

---

[1] 指1952年上映的《锦绣人生》(*Full House*),由五位导演联合完成,霍克斯执导了其中的《红酋长的赎金》这一部。

即便《金字塔》不是霍克斯最优秀的作品，那它至少也是触及这一题材的首部电影，而且以如此巨大的规模和史诗般的气度来拍摄，即使相比之后那些形式荒谬的好莱坞出品的"埃及热"电影，也毫不逊色。

影片的演职员表里包括了一个伟大的名字：威廉·福克纳，他参与了本片的剧本和台词创作。《金字塔》剧本强就强在，所有的主题及影片中的一切都以这样或那样的方式与真实的金字塔联系在了一起，也由此避开了冗长赘述和拖拖拉拉的画面铺陈的双重陷阱。片中没有出现什么带毒的杯子、肆意寻欢或是虚假的雅致范儿。建筑师瓦斯塔发明了一种安放金字塔石块的方法，于是在胡夫去世之后，当他的尸体和那些奴隶一同被置入金字塔，只需打破两个泥罐便能引发一连串沙石运动，令整座金字塔最终成型。这显然是福克纳式的文字——二十年的工程只需几秒时间和一波沙子就能令它大功告成。这样的设计，可以清楚地让你看到，它并非在炒《埃及人》(*The Egyptian*)或《十诫》(*The Ten Commandments*)的冷饭。

华纳用的伊士曼彩色系统在本片中的效果并不是很好，不过西涅玛斯科宽银幕的效果倒是再次让人佩服，不说别的，就说那些气势宏大的群众场面，宽银幕让我们见识到工人小心翼翼地用锤子在石头上雕刻的那些著名壁画，就已经足够厉害了。

这是一种常受人苛责的电影类型，而且被苛责了你也无力反驳，但《金字塔》拍摄得既有创意又见智慧。

——1955年

约瑟夫·冯·斯登堡

《密战计划》（*Jet Pilot*）

《密战计划》是凭借《蓝天使》(*The Blue Angel*)、《地下社会》(*Underworld*)、《上海风光》(*Shanghai Gesture*)和《安纳塔汉》(*Anatahan*)等片成名的约瑟夫·冯·斯登堡在1950年拍摄的反苏维埃宣传片。

这是一部经典的美国喜剧，沿袭了刘别谦作品《妮诺契卡》(*Ninotchka*)的主题。描述了美国飞行员和苏联女飞行员之间的田园牧歌式的生活，以及她是如何转身投入资本主义世界的欢乐的。这不是一部讨人喜欢的电影，灵感也并非来自任何一种意识形态。它只是想呈现美国飞机是最棒的，苏联生活是噩梦。《密战计划》的反苏维埃情绪，也就到此为止了；相比之下更为糟糕的还是它对20世纪20年代上流社会人士刻板印象的呈现。《密战计划》是为人严苛的斯登堡"受命"拍摄的作品，但他现在完全否认自己与这部电影有任何关系，因为剪辑工作他完全没有参与，剪得也完全不合他的意，而且是在影片杀青好几年之后才完成剪辑的。制作本片的霍华德·休斯是狂热的飞行爱好者，向来以任性和暴君脾气著称。尽管如此，《密战计划》仍获得了成功，甚至还可说是一部优美的电影。

对霍华德·休斯来说，拍摄这部电影，纯粹只是为了满足他当时的三个爱好：飞行、珍妮特·李和反共产主义。我们可以说，他这三个心愿，全都超额完成了。《密战计划》是当时最为出色的飞行相关的电影之一，珍妮特·李在片中的表现相当出色，而影片的反共主题也表达得很充分。

她扮演杰出的苏维埃女飞行员，为追求自由叛变逃往美国，降落在了美国的土地上。约翰·韦恩扮演出名的美国飞行员，受命接近她，以获取军事情报。第二幕：她的间谍身份被发现，当局准备将她驱逐。韦恩却已经有点真的爱上她了。两人结了婚，韦恩跟随她叛逃去了苏联。第三幕：苏联的生活只比地狱好上那么一丁点，韦恩拒绝透露任何有关美国空军的情报，于是他成了被洗脑的对象。两人及时逃回美国，全苏联的空军都在后头追赶。但最后一场戏会让观众放心：他俩正在棕榈泉吃着汉堡，沐浴在爱河之中。

影片的情况大致就是如此，那又是什么让它仍算得上一部好电影呢？注意一下韦恩和李之间的对手戏，你就能发现斯登堡的执导艺术、他的创造力和印刻在每一帧画面上的智慧了。你能明显感受到那些对手戏里的色情成分，但它们都尽可能地被处理得极其细腻和精致，尽可能地让你不知不觉。韦恩要给李搜身（她穿着羊毛飞行服，胸口和腹部都有斜插袋）的那场戏，还有她将内裤从狭窄的门缝间踢出来的那一刻，我都永远不会忘记。我不会忘记穿着睡衣的珍妮特·李，不会忘记在飞机上的珍妮特·李，不会忘记在苏联的珍妮特·李，不会忘记每一场戏里都状态极佳的珍妮特·李。我们早就知道，电影里的女性是斯登堡真正的兴趣所在；但在这里，既然至少还有一半时间他不得不拍摄那些飞机,于是他索性巧计设法把那些飞机也给"人性化"了。当珍妮特·李操控的飞机出现在天空,飞在韦恩驾驶的战机一侧时,我们听到了两人在电台里的甜言蜜语,我们进入了一个用诗歌来表现的纯粹只剩下情绪的领域,那种创造力和美,让我们一下子都说不出话来了。没错,这部电影的拍摄目的是做愚蠢的政治宣传,但大部分时间里,这种意图都被斯登堡抛在了一边。于是,面对这样的美,面对公飞机和母飞机在空中互相寻觅,发现彼此,上下翻飞,你争我夺,平心静气,最终比翼双飞的这一幕幕场景,我们的眼眶也已湿润。两架飞机在做爱。

——1958年

附言:到了第二年(1951年),电影制片人兼飞行爱好者霍华德·休斯,又让斯登堡去执导电影《澳门》(*Macau*)。该片女主角是简·拉塞尔,当初正是休斯发掘了她,安排她在自己执导的《不法之徒》(*The Outlaw*)里当主角,简·拉塞尔由此走红。结果,《澳门》的第一批工作样片没能让休斯满意,斯登堡被尼古拉斯·雷所取代。在下面引用的备忘录中(取自诺亚·迪特里希的《霍华德,了不起的休斯先生》一书),休斯在不自觉的情况下表述了与阿波利奈尔相似的意思("你的胸部是我唯一喜欢的贝壳"),阐明了女演员的内衣也需要像飞机那样的精密设计。

我觉得简·拉塞尔试镜时穿的那几身戏服实在太丑陋了。完全不得体,掩盖了所有一切。只能用一个词来形容:恐怖。

但有一个例外:用金属布料做的那身衣服……真的很好。一定要用上。

但这衣服和她的胸部不配，这可能会令观众觉得——上帝保佑我们——她的胸部是垫出来的或是假的。原因很简单：线条不自然。你会觉得她穿着一身僵硬的内衣，和她身体不贴合。特别是乳头周围部分，让人觉得衣服里塞了硬布料：轮廓不自然。

我并不是建议不穿内衣，因为我知道拉塞尔是需要内衣的。但我觉得半内衣，或是用很轻质的材料做的很轻质的内衣，效果会好很多，那会让她的胸部形状从衣服里显出来。

另一方面，在内衣或衣服里靠近乳头位置，放些尖东西，那应该会有帮助，因为我知道靠拉塞尔自己是不会有这种效果的。因为她的胸部本来就完全是圆形的，如果能加上这样的人造件，效果会很不错，只要是能和她自己的融合在一起，而且不影响她胸部的自然曲线就行了。你们现在的麻烦在于，在本该有乳头的位置上，看着像是有好几个乳头出现了。那一点都不自然。同样的道理，胸部的侧影，从顶端到底部，现在显得太锥形了，看着就像是机器造出来的什么零件。

这些东西解释起来很难，但我相信，对照片子来看你就会明白。

这些特别要求指的都是那件金属料的衣服，但也适用于她在本片中全部的戏服，我希望她所有服装都能遵守这样的要求。此外，我希望她其他戏服的领口也都开得足够低，低到法律允许的最低限度。这样，花钱来看拉塞尔这个部位的观众可以清楚地看到它，看到不被衣料遮盖着的这个部位。

阿尔弗雷德·希区柯克

《后窗》（*Rear Window*）

世界上存在两种导演：一种在构思和拍摄电影时心里有着观众，另一种则完全不顾观众。对前者来说，电影是一种公开展示的艺术；而对后者来说，电影则是属于他个人的冒险。两者相较，没有哪一种可以从本质上来说就一定比另一种好，仅仅只是他们用的方式方法不同罢了。对希区柯克和雷诺阿来说，也正如对几乎所有的美国导演来说，除非一部电影上映后获得了票房成功，否则不算是真的成功。也就是说，从最初挑选影片主题直到最终制作完成，导演心里肯定想到了某一类观众。除非你的电影能触动这些观众，否则，那都不算真的成功。布列松、塔蒂、罗西里尼和尼古拉斯·雷，他们都按照自己的方式完成作品，随后才邀请观众来加入"游戏"；而雷诺阿、克鲁佐、希区柯克和霍克斯，却是在为观众拍电影。他们会向自己提问，提那些他们觉得自己的目标观众会感兴趣的问题。

智商极高的阿尔弗雷德·希区柯克，从很早时候起就养成了一种习惯——从他在英国的电影生涯开始之初。他会对自己作品的方方面面进行预测。希区柯克毕生都在努力让自己的口味与观众口味相吻合。为此,他在英国时期着力于幽默,在美国时期则着力于悬念。在自己作品里注入这样的幽默和悬念,这也让希区柯克成了全世界在商业上最成功的导演之一(他的作品常能带来相当于制作成本四倍的收益)。正是他对自己和对艺术的这种严格要求,让他成了一位伟大的导演。

光是对《后窗》的精妙情节进行概括,其实无论如何都无法传达它的创造性。因为仅仅只是想概括这种创造性就已经是一件很复杂的事了。记者/摄影师杰弗瑞(詹姆斯·斯图尔特饰)因为腿部骨折,只得终日与轮椅为伴,他通过后窗观察邻居,相信其中某位杀死了他坏脾气、爱抱怨的病妻。虽然打着石膏行动不便,他仍决定着手调查。以上这些,是本片的一条故事线。然后,我们还要介绍一下正等着杰弗瑞娶她的聪明美丽的女主角(格蕾丝·凯利饰);此外,他的邻居也一个个都出现在了院子中,包括一对膝下无子的夫妇,因为自家小狗的死亡而悲痛不已,他们相信小狗是被人"毒死"的;还有一位略微有些暴露癖的年轻女子;一位孤独的女士和一位失败的作曲家,他们两人最终走到了一起,以抵御自杀对他们共同的诱惑,而且两人很可能还会建立家庭;还有一对整天做爱的新婚夫妇;最后还有凶手及他的猎物。

我发现,当我这么概括剧情的时候,这剧情反而显得陈腐老套了,完全谈不上有什么深度。但是,我仍相信这是希区柯克十七部好莱坞作品中最重要的之一。《后窗》是那种罕见的、完全没有任何不完美之处、没有任何弱点、没有任何妥协的电影之一。例如,我们都看得出来,整部影片都围绕着婚姻做文章。凯利进入嫌犯公寓时,她寻找的证据正是被害女子的结婚戒指;

凯利把戒指戴在自己手上，院子那边的斯图尔特通过望远镜看着她的一举一动。但影片结束时，并没有什么暗示他俩最终会结婚。《后窗》已经超越了悲观主义，这真的是一部残酷的电影。斯图尔特之所以会将望远镜对准邻居，只是为了抓住他们犯错的那一刻，抓住他们可笑的姿态，抓住他们表现怪异甚至表现可憎的那一刻。

影片的架构很像在作曲：几个主题互相混杂在一起，而且相互形成完美对立——婚姻、自杀、堕落、死亡——它们全都沐浴在同一种文雅的色情之中（做爱的音效声非常精准和逼真）。希区柯克在这里呈现出一种明显的不动感情，一种"客观性"。从剧情到导演功课，从布景到演员表演以及各种细节，尤其还有《后窗》那种不太多见的电影基调，它包含着现实主义、诗歌、恶作剧幽默和纯粹的童话故事，从中，我们都能看出一种近似于厌恶人类、不愿跟人来往的世界观。

《后窗》是一部关于轻佻的电影；是一部关于私密在最不幸的时候遭人侵夺的电影；是一部讲述幸福永远遥不可及的电影；是一部关于在后院里洗刷脏床单的电影；是一部关于道德孤独的电影。《后窗》是一首由日常生活和破灭的梦想组成的非凡交响曲。关于希区柯克的虐待狂，存在不少说法。我觉得真相比较复杂，而在《后窗》里，他倒是第一次在一定程度上暴露了自己的这一面。对于《辣手摧花》(*Shadow of Doubt*)的男主角来说，世界是肮脏的猪圈。但在《后窗》中，我觉得希区柯克其实是通过人物表现自己。千万别怪我过分解读，因为《后窗》每个镜头里呼之欲出的都是它诚实的主观性，再加上影片基调（希区柯克电影的基调始终是严肃的）也和往常一样配合着让影片成为一种景观，让它在商业上具有吸引力；于是这更说明了罪不在我。

说穿了，这些都来自导演的道德立场，这是一位热衷于七情六欲的清教徒，喜欢以一种夸张的严苛正经的态度来看这个世界。

希区柯克早已是用电影讲故事的专家，过去三十年来，他早就不仅仅是一位优秀的说书人了。而他非常非常热爱自己这门手艺，不断地在拍摄新片，又已解决所有电影制作的难题。于是，没有困难，他就必须自己创造困难，自己设立新的规则，好让拍电影这件事不会变得无聊和重复。他最近几部电影里，就有许多很有意思的故意限制，而他总能精彩地克服这些难关。

这一次的《后窗》，挑战就是如何在单一地点拍摄整部电影，而且只有斯图尔特这一个人的视点。这成了新的挑战。我们只能看见他看见的东西，只能从他占据的位置看出去，而且只能在他看见的那一刻才看见。换作别人，这有可能会变成一次不带感情色彩的炫技，一次无聊的学术性赌博，结果却因为希区柯克持续的创造力变成了一部精彩大戏，将我们牢牢钉在了观众席上，和打了石膏的斯图尔特一样，无法动弹。

面对这么一部如此怪异又如此新鲜的电影，我们很容易忽视导演令人击节的精彩技艺：每一场戏都像一次独立的赌局，而且都是他赢。为求影片的新意和新奇，也顺带影响到了镜头的运动、特效、舞美和色彩。（想一想，杀人犯的金丝边眼镜，在黑暗中只靠着烟头间歇的火光，才被打亮！）

完全理解了《后窗》的观众（光看一遍肯定是做不到的），如果他愿意，自然可以厌恶这部电影，可以拒绝参加这场关于人性本恶的游戏。但是，能把自己的世界观如此精准地在电影里呈现出来的例子，实在太罕见了，面对它毋庸置疑的成功，我们必须脱帽致敬。

不妨用这个比喻来解释《后窗》：后院就是世界，记者／

摄影师就是导演,望远镜代表摄影机和镜头。那么希区柯克呢?他就是喜欢被人恨的那个人。

——1954年

《捉贼记》(*To Catch a Thief*)

美国小偷约翰·罗比(加里·格兰特饰)战前曾在法国工作,他的独门秘技令每一桩他犯下的罪行都带有其强烈的个人记号,他也因此获得了"猫"的外号。但后来罗比还是被捕入狱了,他趁着监狱意外被炸的机会逃了出来,加入法国地下抵抗组织,成为英雄。

罗比再次出现已是几年之后。他已金盆洗手,隐居在圣保罗德旺斯的别墅,依靠早年偷盗所得过着相当富足的生活。但是,平静很快就被发生在法国黄金海岸诸多豪宅与旅馆中的系列珠宝窃案打破。那些窃案的作案风格和他的一样,专业程度也是。

他成了犯罪嫌疑人,原本的退休生活就此被打乱。罗比做了决定,重新恢复平静生活的唯一办法,就是查出这个剽窃他风格并让警察犯难的窃贼究竟是谁。为找出模仿者,他用上了类似于亚森·罗宾的推理法:"为揭开这只新'猫'的真面目,我必须抓他现行;为找出他下个受害者会是谁,我要做的就是推想一下,如果换成我,我会找谁下手(因为'他'就是把他放在了'我'的位置上来想问题的);所以说到底,就是要想一下我会怎么做。"结果,罗比成功了。

我费劲地给你们如此详细地讲述《捉贼记》的故事线索,

为的是说明，抛开表象不谈，希区柯克又一次表现出了他对他那些坚持了多年的主题的绝对信任：互换性、颠倒性的罪行、两人之间的道德和体貌上的几乎一致。

无须透露《捉贼记》的结局，我也可以肯定地告诉你，布丽吉特·奥贝尔看上去很像格兰特，而且穿着同样的条纹衫——格兰特穿蓝白条，奥贝尔穿红白条——这些都非碰巧。格兰特头发右分，奥贝尔的左分。他俩看着相像却又相反，于是就有一种完美的对称贯穿于全片，渗透在了故事奇思妙计的最细微处。

《捉贼记》不是黑色电影，也没很多的悬念。它在骨架上和《忏情记》或《火车怪客》(Strangers on a Train)不同，但基本点相同，而且将人物捆绑在一起的那些关系，也都是一样的。

我之前提到了亚森·罗宾，因为希区柯克这部新片同样优雅、幽默和多愁善感到近乎苦涩的地步，会让人想到亚森·罗宾小说《813》或是《奇岩城》。《捉贼记》当然是意在让我们发笑的犯罪故事，但希区柯克的一些基本的想法，将他引向了雅克·贝克在《钱财勿动》(Touchez pas au Grisbi)里用的方程：小偷都被累垮了。由加里·格兰特优美诠释的这位主人公已经幻想破灭了、完蛋了。这是他最后一次行动，逼着他使出小偷的全副本领，但目的又是要像警察那样破案，而这又让他怀念起了过去的行动。我视《捉贼记》为一部悲观主义的电影，你们听了或许会觉得惊讶，但只要听听乔奇·奥尔德和林恩·穆瑞所做的伤感配乐，再看看格兰特不同于往常的表演，一切就明白了。

和《电话谋杀案》(Dial M for Murder)与《后窗》一样，希区柯克对格蕾丝·凯利的使用很关键：她在这里演一位美国千金小姐，最后是她成功抓住了格兰特，让他跟自己结了婚。

我看到有人批评《捉贼记》缺乏现实主义，但安德烈·巴

赞针对希区柯克与现实主义之间的关系,曾有过如下描述:

> 希区柯克不欺骗观众;无论那涉及的是简单的戏剧冲突还是内心深处的痛苦,他都不会用模糊不清的威胁强迫我们产生好奇心。他用的不是什么神神秘秘的"气氛",不是什么像黑影那样,随时可以有各种危机由此诞生的东西,他用的是失衡:大铁块由斜坡开始滑落,我们很容易算出它会如何加速向下。于是,导演要做的就是,仅仅只在由戏剧的重力中心垂下来的那一直线即将离支撑它的多边形而去时,才去呈现什么是现实。至于大铁块一开始的冲击和最后的冲撞,那些都是这种导演风格所不屑一顾的。就我而言,我当然觉得希区柯克的风格关键所在(他的风格极有个人特色,哪怕是他最平常的镜头里,一眼就能辨识出来),就是这种失衡。

为了与这种不平衡(它让全片始终保持一种令人紧张的张力)保持一致,希区柯克必须牺牲所有心理电影里必不可少的戏(连接、说明、高潮)。况且,真要是拍那些戏的话,希区柯克肯定也会觉得无聊得要死。他在讲这些神秘事情的时候,有意忽视逼真性,甚至会瞧不上可信度,尤其是因为这一整代遭到误导的观众都已经只相信在"历史上……社会学上……心理学上……"可信的情节了。

阿尔弗雷德·希区柯克和雷诺阿、罗西里尼、奥逊·威尔斯及其他一些伟大导演一样,最不担心心理学的问题。作为悬念大师,他做到现实主义的地方,恰恰是在那些最不可能的场面里,做到了忠于实际效果的精确和正确。在《捉贼记》中，观众确实会注意到有那么三四处不可信的地方，但也从没有哪部电影能做到每帧画面都可以如此精准了。

再说一段记录在案的故事：希区柯克回好莱坞去拍摄《捉贼记》棚内戏，助手都留在了法国拍摄黄金海岸的"透明景片"。他给在尼斯的助手发了一封电报，让他重拍一场戏，那出现在银幕上其实至多也就两三秒钟。电文如下：

> 亲爱的赫比：我看了汽车躲开迎面开来的巴士的那场戏。恐怕不行，原因如下：当我们——即镜头——转弯时，巴士的出现太突然，以至意识到有危险时，巴士已开过去了。两处修改：首先，沿着尽头有弯道的长直路前进，这样的话，我们提前就已知道弯道的存在。等我们开到那儿时，才会惊讶地发现巴士忽然出现，并且直冲我们而来——转弯处很窄，巴士开在左边。第二，放出来的画面里，巴士只能看到一半。我知道那是因为它当时正在转弯。所以要把摄影机放在巴士左半边，就能解决这个问题了，因为这样的话，巴士转弯时，摄影机也会同时从左向右摇过去拍摄。其余的都干得很棒。替我向全体人员致意。希区。

可见，对于自己想要什么效果，如何得到这些效果，始终只有希区柯克自己最清楚。就他整个电影生涯而言，《捉贼记》或许只能算是一部小作品，但对他所有的影迷来说——包括最爱附庸风雅的那些和最像普通人的那些——都能从中获得完全的满足，而它同时仍是他拍过的最犬儒的电影之一。格兰特和凯利的最后一场对手戏堪称经典。这是一部会让人产生好奇心的电影，因为它同一时间里既让我们看到一位崭新的希区柯克，又让我们看到那个始终没变的希区柯克。一部精彩有趣的电影，法国警察和美国游客都被狠狠地损了一把。

——1955年

《伸冤记》（*The Wrong Man*）

两年半前，我朋友克洛德·夏布洛尔和我有机会去见了阿尔弗雷德·希区柯克，我俩双双跌入圣莫里斯电影厂冰冷的水池里，而痛苦大师就那么注视着我们，目光起初带着嘲笑，随后变得同情。我俩全身都被浸透，几小时后才带着新录音机重新找到希区柯克。原先的录音机已经完全浸湿，根本没法再用了。

那是一次极其简短的访谈，我们本想说服他，他最近那些美国电影要比早期在英国的作品更好。事实上这并不是很难："在伦敦的时候，有些记者想让我说，来自美国的一切都是坏的。伦敦那些人十分反美；我不知道为什么，但这就是事实。"希区柯克和我们谈起了一部纯粹为了自己的快乐而拍摄的理想的电影，我们可以把这部电影投射在客厅墙壁上，就像在那儿挂了一幅漂亮油画。于是，我们三个一起"制作"起了这部电影。

"这部理想的电影是否接近于《忏情记》或《贵妇失踪记》（*The Lady Vanishes*）？"

"呃，接近《忏情记》！"

"《忏情记》？"

"对,绝对是。其实这会儿就有一个能拍成电影的故事很吸引我。两年前,纽约斯托克俱乐部的一位音乐家上完班,在约凌晨两点时回家。他在家门口被两个陌生人抓走,带去一连串不同地点,包括几处酒吧。每到一处,他们都会问:'是这个人吗?是这个人吗?'随后,他因为几起抢劫案被捕入狱。虽然他是完全无辜的,但不得不接受审判,最后妻子也发了疯,被强行送入精神病院,直到今天还没出来。审判期间,某位确信被告有罪的陪审团成员打断了辩护律师对控方证人的盘问;他举起手问法官:'阁下,我们难道一定得听这些吗?'这么做,稍稍触犯了法庭上应有的程序,有可能会引起误判。而就在法院为重新审判做准备时,真凶被捕,并且承认了一切。我觉得这会是一部很有意思的电影,如果我们能从无辜者的视点来展现这一切。他必须经历的那些事,他是怎么因为别人犯的罪而身陷囹圄的。整个过程,大家伙都对他十分友好,十分温柔。他坚持说'我是无辜的'。大家都回答他说'你当然是无辜的啦,没错'。这太恐怖了。我想,我希望能从这故事出发拍一部电影,那会很有意思。在这部电影里,无辜者会一直留在监狱里,会有记者或是警探想方设法把他弄出去。他们从没有从被告的角度拍过电影吧。我很想那么做做看。"

一年前,我们从美国报纸上得知,希区柯克正着手拍摄电影《伸冤记》。傻瓜都看得出来,这取材于我们讨论过的那件事。

希区柯克从没有像他在《伸冤记》中那么自我过,但这冒了让悬念片爱好者和英式幽默爱好者失望的风险。这部电影没什么悬念,幽默成分则更是几乎不存在——无论是英式幽默还是别的什么幽默。《伸冤记》是希区柯克自《怒海孤舟》(*Lifeboat*)后最为精简的电影:它是不带肉汁的烤肉,新闻故事还是生的就被端了上来——或者如布列松所说:"不带装饰。"希区柯克不是傻瓜,《伸冤记》作为他自《忏情记》后拍摄的第一部黑白电影,以低廉成本在街头、地铁及各种实景地拍摄完成;成本低廉,是因为他知道,相比自己通常所拍的那些电影,这是一部困难的、相对不太商业的电影。影片完成后,希区柯克自然也很担忧,因为这一次他放弃了在自己影片中客串登场的常规做法。相反,这一次他在片头就向我们展示了自己的侧影,目的是要警告我们,这一次他带来的作品,与以往有所不同。这是一部基于真人真事基础的剧情片。

将《伸冤记》和布列松的《死囚越狱》做比较肯定不会错。如果认定这么做会有损希区柯克的这部作品,那只能用愚蠢来形容。《伸冤记》本身就足以给人留下深刻印象,根本无须弯腰乞求什么。当我们将这种比较推向极致时,就更有意思了。因为两部电影的不同之处,反而会在它们身上各自投下一道共有的光芒。

两者的出发点是一样的:对真实事件一丝不苟的重建,忠实的描写仅限于事实范围之内。布列松的《死囚越狱》来自德维尼中校的陈述,而希区柯克的《伸冤记》则来自《生活》杂志上的报道。但对他俩来说,现实纯粹只是楔子,只是通往第二现实的跳板,第二现实才是他们感兴趣的。

既然是在讨论两人的共同点,我们应该指出,面对同样的问题,虽然他们在寻找不同答案,但布列松和希区柯克的巧合处远非一点。例如表演。和《死囚越狱》中的莱特里耶一样,亨利·方达也显得木然、面无表情,几乎没什么动作。方达只剩下一个样子。如果你觉得相比布列松电影里同样被判死刑的那个人,方达显得更加心情低落和谦卑的话,那也是因为一个是政治犯，知道自己的行动获得了全世界一半人的支持，而另一个只是刑事法庭上的一名普通囚犯，所有证据都对他不利，而且随着影片进展，他证明自己无辜的机会也越来越渺茫。方达从没显得这么优秀、高大和高尚过，而他在《伸冤记》里要做的，只是单纯地呈现出他诚实男人的样子。打在他脸上的光线也只要刚刚好就行，足以让人看到他忧伤、近乎透明的表情就行。

另一个共同点——事实上也是最突出的一个共同点：希区柯克几乎让观众不可能对主角产生认同；我们被限制在证人的角色上。我们自始至终都站在方达的身侧，在监狱、在家、在车里、在街上，但从没能站在他的立场上。这是以往希区柯克作品中未见过的革新，毕竟他以前的作品就是靠观众对剧中人产生认同来制造悬念的。

最喜欢自我革新的希区柯克，这一次想让观众经历一种与以往不同的情感冲击，相比他作品里已经出名的战栗感，这种情感冲击可要稀罕得多。最后一个共同点：希区柯克和布列松都将电影建立在了某种足以让那些小心谨慎型的编剧痛苦尖叫的巧合之上。方丹少校奇迹般地逃了出去；不怀好意的陪审员愚蠢地插手干涉，反而救了方达。而且，在这种货真价实的人间奇迹上，希区柯克继续加码，这绝对会让我那些同行感到震惊。方达（他在影片中扮演的角色是意大利人后裔，名叫巴莱斯特雷罗）迷失了。等待第二次审判时，他已没法找到任何证明自己无罪的证据。妻子去了精神病院，母亲告诉他："你应该祈祷。"

于是方达跪在基督像前，开始祈祷——"我的上帝，只有奇迹才能令我得救。"这里有一个基督的特写，然后画面溶出，镜头转到街上，一个长相类似方达的男人冲镜头走来。他一直走，直到脸部占据整个画面，然后方达的脸被覆盖上去。这当然是希区柯克作品中最优美的一个画面了，它为一切做了总结。这是罪行的转移，是替身的主题，这一主题在他最初那些英国电影中便已有过，在后来的作品中也有，而且逐渐得到改进，变得更丰富和深入。带着对天佑的坚定信仰——在希区柯克的作品里也是一样，风随着意思吹[1]——两人的共同点在此达到顶峰，也在此处结束。

在布列松的电影里，有着灵魂和外物间的对话，有着它们彼此间的关系。希区柯克的电影则更人性化，通常都着迷于无辜和有罪这两点，而且真的会因为司法错误而苦恼。下面这句帕斯卡的话，完全可以被希区柯克拿来当作《伸冤记》里的箴言："真实和正义是如此精细的两个点，要用我们手里的工具来准确触及它们，那实在是太过迟钝了。而且一旦真的触及，它们也会将这两个点掩盖住，并且压弯周围那些地方，它更多触及的都是错误的地方，而非正确的地方。"

希区柯克为我们带来一部关于被告所承担角色的电影，说的是所谓的证据和正义的脆弱性。除了外表，它和纪录片没有相同之处，看到《伸冤记》的悲观主义和怀疑主义，我相信相比安德烈·卡亚特的作品，它才更接近于《夜与雾》。无论如何，这都有可能是希区柯克最优秀的一部电影，一部在他很早以前便选定的那个方向上走得最远的电影。

——1957年

---

[1] 典出《新约·约翰福音》第三章，意喻随心所欲行事。

《群鸟》(*The Birds*)

《八部半》里,有人拦住吉多,只为向他推销一个与反核武器相关的剧本。和费里尼一样,我也觉得这种"高尚"电影是圈套中的圈套,是这一行里最鬼祟的骗局。对真正的导演来说,没什么能比拍《桂河大桥》那种电影更无聊的了:要不就是设定在办公室里的戏,要不就是一群老顽固的对话戏,再加上一些通常都是由第二摄影组去拍摄的动作场面。垃圾,给傻瓜下的圈套,奥斯卡机器。

希区柯克从没得过奥斯卡,尽管他是在世导演中唯一作品在首映二十年后再度发行时,还能获得如新片一样的票房成绩的人。他的新作《群鸟》显然并非一部完美之作。罗德·泰勒和蒂比·海德莉的搭配有些遗憾,让这多愁善感的故事(又是那种寻觅金龟婿的情节)受到了影响。尽管如此,影片总体遭受的冷遇仍让我觉得不公。没有哪位影评人喜欢这部电影的基本情节——"鸟攻击人",这一点就让我感到很失望。我相信,电影这东西之所以存在,就是为了能让类似本片的作品被制作出来。我们每天都能看见的小鸟——麻雀、海鸥、乌鸦——向海边小村庄的普通百姓展开攻击。这是一位艺术家的梦。将它化作现实需要大量的艺术,你必须得是全世界最优秀的技师才行。

阿尔弗雷德·希区柯克与合作者伊万·亨特只保留了达芙妮·杜穆里埃原著短篇小说中最基本的概念:海边小鸟开始攻击人类,首先在郊外,然后是镇上,学校门口,甚至他们家中。

希区柯克的其余作品中,没有哪部能展现出比本片更深思熟虑的渐进过程:随着情节展开,鸟群变得越来越黑,数量越来越多,越来越邪恶。它们攻击人类时,喜欢攻击人的眼睛。

鸟类对被人抓、被人放进笼子，甚至被人吃掉的命运再也无法忍受，它们的行动仿佛在说，它们已决定扭转自己一贯扮演的角色。

希区柯克觉得《群鸟》是他最重要的作品。从某种意义上来说，我也这么认为——虽然我并不敢十分肯定。从这个坚实基础出发，希区柯克知道，他必须十分小心地处理故事情节，才能令其看着不至于沦为仅仅为了将特效戏和悬念戏串在一起而找来充数的借口。

他创造出了一个十分成功的人物，一位年轻的旧金山女子，典雅、高傲。她在经历这些血腥遭遇的过程中，找到了生活的简单和自然。

确实，《群鸟》可以被看作一部特效片，但这些特效是真实的。事实上，希区柯克每拍一部电影，他对电影艺术的娴熟掌握也就又多了一分。所以，他必须经常给自己出一些新的难题才行。他成了电影世界里的一名终极运动员。

事实上，希区柯克让我们害怕或者故意让我们害怕的做法，从来没有获得过原谅。但我相信，恐惧是一种"高尚的情感"，所以制造恐惧也可以是"高尚"的。承认自己害怕过，承认自己从中获得了乐趣，这也是"高尚"的。说不定哪一天，只剩下小孩子才能拥有这种高尚了。

——1963年

《狂凶记》（*Frenzy*）

现代伦敦，一名性犯罪狂用领带勒死多名妇女。影片开始十五分钟后,希区柯克为我们揭示了凶手身份(我们早在第二场戏里就已见过他)。另一个男人,也是本片的主角,被误指为杀人凶手。他被人一路监视、跟踪,直至逮捕、判刑。我们会用一个半小时的时间看他垂死挣扎的过程。他就像一只困在蜘蛛网上的苍蝇。

《狂凶记》是两类电影的结合:希区柯克邀请我们一路跟随杀手行动的那类电影,包括《辣手摧花》《欲海惊魂》(*Stage Fright*)、《电话谋杀案》和《精神病患者》等,以及他为我们描绘无辜者受审之苦痛的那类电影,包括《三十九级台阶》(*The 39 Steps*)、《忏情记》《伸冤记》和《西北偏北》(*North by Northwest*)等。《狂凶记》是某种噩梦,每个人都能从中认出自己扮演的角色:凶手、无辜者、受害人、证人;在这个世界里,每一段对话——无论是在商店里还是在咖啡馆里——都与谋杀有关;这是一个由巧合构成的世界,这些巧合严格排列开来,在垂直面与水平面上交叉往来。《狂凶记》就像以谋杀为主题的填字游戏。

希区柯克比布努埃尔大六个月(两人今年都72岁了),他的电影生涯始于伦敦,那里也是他的出生地。他在英国完成了自己职业生涯前半本部分的电影。20世纪40年代,他成为美国公民和好莱坞导演。相当长的一段时间,影评人对其作品的观点分为了两派,一派更喜欢他的美国作品——《蝴蝶梦》《美人计》(*Notorious*)、《夺命索》《火车怪客》《后窗》《群鸟》;另一派则更喜欢他英国时期的电影:《三十九级台阶》《贵妇失踪记》《牙买加旅店》(*Jamaica Inn*)。《狂凶记》是希区柯克的第五十二部电影,在戛纳影展大获成功,获得了两派影评人的一致称赞——这或许也是因为《狂凶记》是他二十年来头一次回到英国拍片。希区柯克常说:"有些导演拍摄一段段人生,而我拍摄一块块蛋糕。"《狂凶记》看着确实也像蛋糕,由已经年逾七旬的美食家——但他内心仍是当初在伦敦刚入行的那个"小男生导演"——"在家自制"的一块蛋糕。

人人都在赞扬扮演无辜者和杀人犯的强·芬奇与巴里·福斯特的表演。但我宁可将重点摆在几位女演员的高质量演出上。在本片中,希区柯克首度弃用魅力十足的优雅女主角(格蕾丝·凯利是她们的最佳典型),转而采用平凡普通的女主角。这些演员都挑得很好:芭芭拉·李-亨特、安娜·玛西、维维恩·莫坚特与比莉·怀特罗。她们为希区柯克的作品带来了一种新的现实感。戛纳观众给予《狂凶记》的起立喝彩,为当初《美人计》(1946年)、《擒凶记》(*The Man who Knew too Much*, 1957年)和《群鸟》在这里放映时遭到的蔑视做出了补偿。希区柯克由戛纳凯旋,也让宣叙调风格获得了一次胜利;《狂凶记》是这种叙事风格的终极形式,让人眩晕的强力叙事没有片刻的停歇,扣人心弦的宣叙中,一个又一个画面迫切而又和谐地彼此紧跟着,就像冷静的乐谱上一个个快速流转的音符。

大家总爱依照希区柯克在花瓶里插的那些花朵来评价他的作品。《狂凶记》至少让我们明白了,其实花一直都是一样的花,希区柯克关心的是花瓶的形状,是花瓶美不美。看完《狂凶记》散场时,我们会告诉自己:"我已经等不及想看希区柯克的第五十三部电影了。"

——1973年

二 有声片时代：美国人

罗伯特·奥尔德里奇

《死吻》（*Kiss me Deadly*）

深夜，高速公路上。女孩想搭车，她身穿雨衣，雨衣底下什么都没有。她渐渐绝望，最终猛地冲向一辆迎面开来的美洲豹。美洲豹拼命刹车，总算没撞上她。"上车！"此时，片头字幕从银幕上方倒着滚落下来，伴随着女孩沉重的呼吸声。这是近年来最具创意的电影片头。

尝试概括《死吻》的情节，其实并没有什么意义。你只有在看过几遍之后，才会意识到这是一部结构十分严密的电影，而且它叙述了一个逻辑性相当强的故事。

年轻美丽的搭车人被杀死了。那辆美洲豹的车主、私人侦探迈克·汉默着手调查其死因。影片进展到大约四分之三处，他也被射杀。三分钟后，他又活了过来。要说《死吻》是自奥逊·威尔斯的《上海小姐》（*The Lady from Shanghai*）后最具原创性的美国电影的话，说实话，它还是欠缺《上海小姐》的那种多重共鸣，而且也缺乏值得我们关注的奇思妙想的情节设计。

米奇·斯皮雷恩的原著小说显然也很平庸，十个人为了个白色铁盒里锁着的几百万美元互相残杀。影片创作者很聪明地用到了书里所有传统意义上的细节，以展示故事抽象和近乎童话的那面。但是在片中，盒里装的不再是钞票，而是某种具有放射性的火球，任何人接触它都会被烧伤。当主人公打开盒子，他的手腕烧了起来，手上的皮肤就像广岛核爆幸存者的那样。一位警察看见了，他接下来说的话令整个故事忽然变得严肃起来："听着，迈克，记着我说的话。我要说几个中性的词，你自己好好想想它们是什么意思：曼哈顿计划……洛斯阿拉莫斯……三位一体。"奥尔德里奇用了这些托词，目的是为了不在这部以世界末日作为终点的影片中直接说出"原子弹"一词。一位好奇心过重的姑娘打开了潘多拉盒子，"太阳"烧毁了它周围的一切。主人公和他的情妇潜入海底躲过灾难，此时"剧终"两字也出现在了银幕上。

要想看出《死吻》的优秀，你必须得是一位狂热的影迷，还得对过去那些伴随《疤面煞星》《风流夜合花》(*Under Capricorn*)、《诗人之血》(*The Blood of a Poet*)、《布劳涅森林的女人们》(*The Ladies of the Bois de Boulogne*)和《上海小姐》度过的夜晚依然记忆犹新才行。我们热爱那些只有一个好点子，或是有二十个好点子，甚至是五十个好点子的电影。在奥尔德里奇的电影里，你常会发现，每一个镜头都在为你呈现一个崭新的好点子。本片的创意是如此丰富，以至我们都不知道该看什么好了——它的画面几乎已达到一种太饱满、太丰富的程度。观看这样的一部电影，是一种非常强烈的体验，我们会希望这种体验可以持续几个小时。我们很轻易便能看出，其创作者是一位充满活力的人，他站在摄影机后神情自若，让人想起正面对着一页白纸的亨利·米勒来。我们还能看出，这位年轻导演尚未开始担心各种约束，他在创作时内心有着的，是一种自由和快乐的感觉。这让我们想起雷诺阿在那个年纪，在枫丹白露的树林里拍摄《懒兵》时的样子。

毫无疑问，罗伯特·奥尔德里奇的出现，会成为1955年的影坛的一大事件。年初时，我们甚至都还没听说过他的名字。然后就有了《赎金世界》（*World for Ransom*），那是一部在类似于家庭电影的条件下完成的风趣幽默的小制作；就有了诗意且细腻的《草莽雄风》（*Apache*），有了暴力加搞笑的《黄金篷车大作战》，有了刚刚在威尼斯影展上引发巨大反响的《大刀》（*The Big Knife*），以及最后这部虽然故事是改编而来，却结合了他之前那些作品全部优点的《死吻》。

你一定要去看一下《死吻》。如果你了解现如今大伙都是在什么样的条件下拍电影，再看看《死吻》所表现出的非凡的自由度，就只有崇拜的份儿了。说来你可能会觉得惊讶，但我觉得在某些层面上，《死吻》倒是可以和科克托的《诗人之血》做个比较；后者可是各类影迷放映俱乐部里最受大家偏爱的经典电影。

——1955年

《黄金篷车大作战》（*Vera Cruz*）

《黄金篷车大作战》首先是一堂关于故事结构的出色指导课。我要尝试着尽可能清楚地去概括一下它的剧本。

1. 墨西哥，1866年。加里·库珀独自出现在沙漠，连马都没有一匹。
2. 他遇见了伯特·兰开斯特，后者卖给他一匹马。
3. 墨西哥皇帝的士兵出现，兰开斯特溜烟跑了，无处藏身的库珀只能站在那里。

4. 士兵向他开火。

5. 库珀逃了出来,重新找到兰开斯特,后者只说了一句:"你还骑在马上呢。"

6. 库珀躺在地上,他被子弹擦伤。兰开斯特以为他快要死了,于是偷走了他的钱包。但库珀又"活"了过来,拿走了兰开斯特的马,把偷来的马留给了他,随后离开。"在我们那里,路易斯安那,盗马贼是要被吊死的。"

7. 库珀来到镇上,被兰开斯特手下的匪徒抓住:"如果那是你的马,那他一定被你杀死了;如果你真杀了他,那一定是因为你俩为敌。"一个碎瓶子即将送库珀去冒险者的天堂,只要……

8. 兰开斯特及时赶到,开枪打破了碎瓶子。欧内斯特·博格宁说:"我不知道他是你朋友……"库珀回答说:"白痴,我没朋友,除了你。"

9. 镇上的广场。拉伯德尔侯爵(恺撒·罗摩洛饰)建议兰开斯特和他手下替国王去攻打胡亚雷斯总统的起义军。双方正在谈判。胡亚雷斯手下也来了一位将军,提出相反建议:"我们不像国王那么有钱,但我们更能代表正义。"兰开斯特犹豫不决。将军继续说:"无论如何,你别无选择,因为你们都是我的囚犯,包括侯爵和他的人。"镜头横移过城墙,广场已经被胡亚雷斯的士兵包围,枪都已经上膛。老百姓全躲了起来。

10. 只剩下一群小孩还留在广场上。库珀建议他们把小孩送进屋。兰开斯特感到很欣慰,赶忙让两个手下将小孩送入房中。

11. 小孩成为皇帝军队的人质。如果将军下令开火,他们也会被杀死。将军放弃了:"后会有期。"

12. 库珀和兰开斯特一班人等被带去皇帝的宫殿。皇帝和侯爵的一席谈话，揭开了他的本来面目。他答应兰开斯特一伙开出的价码，但如果等付钱的那天，他们还没死在起义军手中的话，他也会下令杀死他们。

13. 这伙雇佣军的任务是保护玛丽·杜瓦雷伯爵夫人（戴妮丝·达赛饰）去韦拉克鲁斯。

14. 路上，库珀和兰开斯特看见马车留下的车辙印很深，意识到保护伯爵夫人其实只是一个借口，车上装的其实是大笔黄金。

15. 他们在半夜亲自去马车上打探了一下，更加确信了先前的怀疑。两人同意均分财富。伯爵夫人也发现了他们的计划，建议等到韦拉克鲁斯后将黄金分为三份。

16. 韦拉克鲁斯。拉伯德尔侯爵知道伯爵夫人会在这里背叛他。

17. 伯爵夫人正计划如何除去这两个"合伙人"。

18. 兰开斯特早将她的心思摸得一清二楚，他把她打了一顿，"说服"她除掉库珀，与他平分黄金。

19. 与此同时，侯爵命令手下将马车上的黄金转移到了牛车上，随后又让马车重新上路，以引开他们的注意力。库珀、兰开斯特等人一路追踪马车，最终在沟渠里找到了它。

20. 兰开斯特的手下拿枪对准了他和库珀："你们似乎对这辆车十分关心；如果我们在里头找到黄金，那就证明你们已经准备背叛我们了。"当然，马车其实已经空了。

21. 他们被胡亚雷斯的军队包围，他们以为黄金还在马车上，他们也想要金子。为向侯爵复仇，也为找回黄金，双方答应联手。

22. 最后一战以胡亚雷斯的起义军胜利而告终，就在兰开斯特准备瞒着伯爵夫人、库珀和胡亚雷斯拿走黄金的时候，库珀将他杀死，并把黄金交给了起义军。从此以后，他将为他们而战。

我故意只保留了故事的基本骨架，为的是能让你看清楚其中的精妙。也有一些重要的剧情点，我甚至没能在这里写进去，但很明显，上述这二十二场戏里的每一场，单独拿出来都足够拍一部电影的了，因为它们中的每一场，都有其自身的戏剧结构，而且都像萨特说的那样，像手套被从里向外翻了出来一样，有着出人意料的效果。

《黄金篷车大作战》建立在主题的重复之上：起义军的两次包围；同一批财宝的两次被偷；库珀救了兰开斯特的命，兰开斯特也救了库珀的命。我上面没提到妮娜这个人物，那角色简直写神了：A.她被匪徒用套索抓住；B.库珀用他的套索抓住了那个笨蛋，放开了妮娜；C.妮娜感谢库珀，在他嘴上亲了一口；D.同时偷走了他的钱包；E.他动身离开时，她给了他一只苹果；F.他找钱包，想付钱给她；G.她告诉他："别麻烦了，免费的。"；H.稍后两人再次见面，库珀责备她不该偷钱包。"你有没有仔细找过？"他在口袋里找到了钱包。带库珀去起义军那里的也是妮娜。在倒数第二场戏里，我们看到他俩朝着对方走去。最后一场戏里没看见他俩。

本片根据伯登·切斯的（Borden Chase）小说改编，由罗兰·基比（Roland Kibbee）和詹姆斯·R. 韦布（James R. Webb）负责编剧，罗伯特·奥尔德里奇执导。光看上面这些描述，你会觉得它就像一枚瑞士手表，就像某种不辞辛劳制造出来，达到重量上各种平衡的机械装置。但事实上，它远不止于此。举个例子，第一部分结尾，兰开斯特把生平故事说给库珀听：他父亲在玩扑克时被一个叫艾斯·汉纳的人所杀，艾斯又收养了他这个孤儿。那人生平就发过一次善心，结果却要了他的命。兰开斯特长大后杀了艾斯·汉纳。艾斯活着的时候说话像哲学家："没有好处的事情，绝对不要去做。"兰开斯特的行事风格反映的都是这一种道德观。他之所以喜欢库珀，部分因为库珀有时候也是这种行事风格，尽管他是无意识的。两人的对话里充满类似"换作艾斯·汉纳，他会怎么样怎么样"或是"艾斯·汉纳要是在天有灵，他会为我们感到骄傲的"之类的话语。而两人产生矛盾时，兰开斯特也会说："艾斯·汉纳绝不会做你这种人的朋友。"库珀则回敬说："谁说我要他做朋友了？"兰开斯特相信自己才是艾斯·汉纳精神上的继承人，而非库珀。但事实上，汉纳或许正是兰开斯特的狡猾和库珀的智慧的结合体。从伯爵夫人到墨西哥皇帝，本片所有人物都是按照汉纳的标准来定义的，哪怕他们根本不知道有这么一号人存在过。所有人都在互相背叛；每个人都在说谎，也都知道如何从别人的表情中读出真假。伯爵夫人将兰开斯特介绍给一位船长，然后船长离开了，只留下他们两人。兰开斯特狠狠打了她一记耳光："那家伙看着我的样子，就像看着一个马上要死的人那样；你是不是打算除掉我了？"

《黄金篷车大作战》是不是一部聪明的西部片？从某种角度来说，它是——尽管它和其他那些十分不同：好开玩笑的《正午》（*High Noon*）、《原野奇侠》（*Shane*）或《碧血金沙》（*Treasure of the sierramadre*）里毫无保留的虚假。《黄金篷车大作战》让我意识到，即使要批评约翰·休斯顿的电影，也不能批评它的原则。它们之所以会失败，是因为缺少了风格和孱弱的导演功课。《黄金篷车大作战》恰好就是一部成功了的"休斯顿"作品。

奥尔德里奇的导演功课稍许有一些炫耀，但都很有效果。有些地方堪称完美，有些则略显多余，但全都是在为故事服务。

我有许多同行完全没抓住《黄金篷车大作战》的关键，这真让人感到遗憾。其中有些人，根本完全没看懂《黄金篷车大作战》好在哪里,还批评它拍得浮夸和孩子气。维克多·雨果问过:"这些孩子都是什么人啊?竟然没一个知道该怎么笑的。"

——1955年

《大刀》(*The Big Knife*)

《大刀》根据克利福德·奥德茨曾在百老汇获得成功的话剧改编,让·雷诺阿曾打算将它搬上巴黎话剧舞台。

故事发生在现代好莱坞,在电影明星查理·卡塞尔(杰克·帕兰斯饰)的家里,妻子(艾达·卢皮诺饰)即将离开他。几个月前,查理所属的电影公司将他从一桩丑闻中挽救出来。他载着小明星开车在外时,撞倒了过路的小孩,还从现场逃逸。电影公司公关部的头头代替查理蹲了几个月牢房,小明星的薪酬也上升了十倍。

多疑的八卦专栏作者想揭露真相,真那么做,一定会引发巨大骚动。

此外,如果查理能够放弃所有,跟着妻子一起离开,他似乎还有机会赢回她的芳心。但电影公司不愿看到这样的事情发生。老板威胁,如果这位大明星不愿和他们续签七年合同,会把车祸的丑闻抖搂出来。

就在一切眼看都成定局,已经和解的夫妻俩即将离开好莱坞之际,查理却自杀了。他要逃离这个世界——他无法面对这里的法律,他要逃离自己的耻辱。

我们可能会怀疑,将话剧改编成电影是不是一件有意思的事。特别是像本片这种情况,电影导演并没怎么考虑过要在原作基础上随便发挥。我相信答案是肯定的,既对电影技巧感兴趣,又有一定话剧经验的电影导演,肯定会受到这种诱惑,想利用电影剪辑这门技术无限的可能性,来重新形塑一部具备了一定文学质量的话剧剧本,给它盖上自己的印记,让它变得更美。

罗伯特·奥尔德里奇不仅仅拍了一部话剧,他其实是用电影手法执导了一台话剧的制作;他"剪辑"和拍摄了一部最像话剧的话剧的制作。所有那些用拳敲桌、将手臂伸向天空、全身向后转的动作,都明显来自话剧舞台。但奥尔德里奇为其加上了属于他自己的节奏,属于他自己的拍子。所以我一直都说,哪怕是奥尔德里奇完成度最低的作品,也都是令人着迷的。

他的抒情性和现代性,面对粗俗时眼里完全容不得沙子的态度,想让拍摄对象变得具有普遍性和带有风格化的强烈愿望,这些常让我们想到科克托与奥逊·威尔斯,相信这两位的作品,奥尔德里奇一定不曾错过。

《大刀》的故事推进并非依靠情感的相互作用或行动的相互作用。它的推进,完全只依靠针对各个人物内心道德结构的逐步探索——这一点,在电影中既十分罕见,也显得非常美丽。随着影片推进,制片人变得越来越制片人,小明星变得越来越小明星,直至片尾令人震惊的大结局。

配合这种电影,也需要有不一般的表演才行,幸好,杰克·帕兰斯、艾达·卢皮诺和谢利·温特斯的演出,都让我们满意得不能再满意了。特别是罗德·斯泰格尔,他将制片人整个演活了,制片人是个爱国者、民主党,既凶狠又感性,完全是个疯子。

除了对好莱坞的真实白描,《大刀》也是我们近几个月来看过的最精致和最具智慧的美国电影了。

——1955年

威廉·博丁

《陈查理和羽蛇》（*The Feathered Serpent*）

致加利福尼亚、贝佛利山的中国侦探陈先生的公开信：

亲爱的陈先生：

请你开始一次调查，带上你可敬的一号儿子和二号儿子，查一下为什么陈查理系列越拍越糟。华纳·欧兰德（陈查理角色的第一任饰演者）很有才华，悉尼·托勒（陈查理角色的第二任演员）稍有才华，罗兰·温特斯（第三任陈查理，也是《陈查理和羽蛇》的主演）毫无才华。诺曼·福斯特是值得尊敬的导演；威廉·博丁不值得尊敬，拍出来的东西老是瞎搞。玉牌上写着："愚蠢是天才的姐妹。"陈查理电影却一天比一天不愚蠢了。请立刻给出解释。我付中国钞票。愿孔夫子与你同在。

——1953年

巴德·伯蒂彻

《逍遥法外》（*The Killer is Loose*）

莱昂·普尔（温德尔·科里饰）是一个周末劫匪，业余的。他工作的那家银行发生了劫案，他也卷了进去。警察找上了门，他把自己和其实并不知情的漂亮妻子一起锁在了屋内。约瑟夫·科顿饰演的警长开枪时没能瞄准，失手打死了莱昂的妻子。为人内向的莱昂被判十年苦役，但因为表现良好，守卫对他不算很严。他杀死了劳改农场的狱警，逃了出来。回城后，莱昂心里只有一个想法：报复杀死自己妻子的警察，将他妻子也杀了。就在快要成功时，他的计划败露。为甩掉警察，他乔装成了女性。可就在他即将获得机会拔枪射击时，随意一卷的裤管，由裙子下面露了出来，暴露了他的身份。

这是一个很有意思的情节，如果能把结尾颠覆一下，如果能让这个有合理动机的男人复仇成功，那就成了弗里茨·朗最喜欢的主题，相信他应该也不会拒绝执导这样一部电影。但是，照着现在这样发展下去，故事从一开始就跛了一只脚，因为它的情节实在太过离奇了。在一部俗套的电影里，每一次大胆的尝试，都会是一次令人愉快的意外，但是在一部大胆的电影里，即便是最轻微的妥协，也足以把人气死。

这个杀手的角色最初来自约翰·霍金斯和卡德·霍金斯的短篇小说，之后经过了编剧哈罗德·梅德福德的加工。这个人物，从一开始就显得很可爱。这是一个胆小、内向的人，始终受自卑情结困扰，只有妻子从不会嘲笑他，而她对他的崇敬，也慢慢治愈了这种自卑。太平洋战争期间，他几乎没杀死过哪怕一个日本人。作为士兵，他实在太温柔了，胆小且笨拙。战友给他起了绰号"雾"。后来他在银行当柜员，但收入微薄，只能靠业余时间打劫来提高生活水平。妻子被约瑟夫·科顿杀死时，莱昂也曾有过杀死科顿的想法。对一个想法简单、内心并不复杂的人来说，对一个不受传统道德束缚的人来说，会有这样的想法也很自然。不幸的是，编剧在这节骨眼上做了妥协。编剧让莱昂不得不杀死狱警，为的就是让观众去反对他，让他的复仇欲望变得失去合理性。这下子，人物的逻辑性全都没了；好人变成了杀手，一具具尸体就那么白白地堆积了起来，而影片本身也失去了本来的意义，结果只剩少数几个疯狂时刻，尚且值得一提——你会注意到，片中还是有一些略微荒谬但其实很精彩的想法偶尔会浮出水面，例如让莱昂假扮成女人走在街头，这时候他就像一只受了惊的小鸭子，看上去是那么无辜。

但伯蒂彻终究还是一位可爱的导演，他为环球公司拍摄的那些早期作品，我们必须要忘记，因为那些都是受合同所迫，在1948年至1955年间不得不为他们拍摄的愚蠢（但偶尔也十分时髦）的西部片。

——1956年

乔治·库克

《模特儿趣事》（*It Should Happen to You*）

电影诞生后就有了各种定义明确的类型：西部片、惊悚片、细腻的喜剧片。它生来就是美国种，而且现在依然如此。我相当确信，每种电影类型都是英雄式的。因为英雄的神圣感能让我们愉快，而所谓的美国喜剧片，也吸收了这种神圣感，并以此作为它最钟爱的主题之一。卡普拉《迪兹先生进城》里的迪兹先生和罗西里尼《一九五一年的欧洲》（*Europe 51*）里的主人公伊莲娜·吉拉德，其实承受着同样的痛苦。最伟大的导演往往都会涉猎各种类型片，过去如此，现在也依然如此。而且，他们懂得在同一场戏里一边感人肺腑一边搞笑诙谐的这门艺术（格里菲斯的《真心的苏茜》、霍华德·霍克斯的《约克中士》）。伟大的演员——那些不用指导就能脱颖而出的人——也深谙这门艺术：格兰特、库珀、斯图尔特、方达、鲍嘉。

卡普拉是一位有争议的天才，但照样是天才。他懂得在最根本的问题上即兴发挥：回声（《迪兹先生进城》）、大号、耶利哥之墙、搭车（《一夜风流》）。看着《生活多美好》（*It's a Wonderful*

Life）里斯图尔特在电话亭里哭泣、咬嘴唇、撕扯手帕、把手帕绕在脖子上、猛拉电话线的画面，你不可能不落泪。同样以神圣感作为对象的喜剧，还有莱奥·麦卡雷的《好人萨姆》（*Good Sam*）。

霍克斯某些值得尊敬的影片——例如《战地新娘》或是《艳曲迷魂》（*A Song is Born*）——将喜剧向前做了推进；但库克仍在为我们带来和最初时一样的电影。我们不应因此便苛责他，因为他就是他，而且他一直都做得很好。我知道，我写的这些东西看似不太连贯，但我又该怎么做呢？"你喜欢库克，你喜欢《模特儿趣事》，写篇影评吧。"我回答："OK。"但问题在于，库克并非那种你写得出来的导演。他是那种你可以在街头巷尾或咖啡馆里和朋友聊天时谈到的导演。

有足够多的才气拿来燃烧的电影编剧加森·卡宁——但他也不是傻瓜，他懂得留点才气到冬天再烧的道理——想了个新主意：名叫葛莱蒂丝·格洛弗的女子（她绝非什么投机分子，她只是想让别人知道自己，但原因不明）花光了身上的最后一点钱，租下巨大的告示牌，在上面大大地写上自己的名字。我们不必在此解释告示牌如何发挥作用，总之，葛莱蒂丝确实一夕成名了，而且是毫无来由的那种，就像令纪德着迷的那种罪行一样的毫无来由。但是，无来由的罪行或许不用承担后果，而无来由的出名，就不可能也是这样了。在全国人民眼里，葛莱蒂丝成了美国普通女孩的代表，那就像是1953年的美国小姐。

《模特儿趣事》的主题很了不起。它不仅是一部有意思的消遣作品。仔细看你会发现，这里还涉及一整套明星机制，而且其运作的背景又十分荒诞。这故事要讲述的道德观就在于，成名可要比证明自己真的有实力容易得多，所以这样的名气，几乎毫无意义，因为这名气是在一个完全就没意识到自身何其荒诞的社会里获得的。

导演库克和编剧卡宁创造出了这个有趣且古怪,甚至有些荒诞不经的女性角色。如果说她的不断犯错会让我们发笑,那么同一时间她也能激发我们足够多的同情心,让我们安然地度过那段"死气沉沉"的时间——那是为编剧之后设计的笑料做铺垫所必需的。

喜剧片是高尚的电影类型,既然所有好莱坞电影类型都是英雄式的,那好莱坞的喜剧片自然也是英雄式的。大家都知道,让人笑要比让人哭更难。人人都了解这一点,却没人真相信这说法。你给别人解释说,拍《模特儿趣事》要比拍某些战争片更困难,他们根本不会相信你说的。他们会说你的价值观在开倒车。其实,要理解这点根本不难:你只要想象有两台打字机,一台前面坐着的人,正在写一篇关于珍珠港的长篇大论,另一台打字机前的人,则在写《模特儿趣事》。第一个人努力了几小时,第二个人却更需要仰仗于天赋。第一个人有百试不爽的程式可资套用:战争虽然恐怖,却能令人情感得到升华。而第二个人却必须既要有a)可以作为出发点的好点子,又要有b)可以作为目的地的好创意,还得有c)笑料,外加d)铺陈部分。有些喜剧只有两个角色,如果你还想给他们添上一两个娃,还想创作一些小孩的角色,还想为他们写点情节和对话,那就会花上两星期甚至一个月的额外工夫。所以,我们可以很严肃地说,《模特儿趣事》是杰作。九十分钟一刻不歇地保持着同一节奏,始终保持着笑容,哪怕是在两段笑料的间隙,也不能乱了节奏。能够按照这种方式来指导演员的表演……这不就是大师嘛。

1954年

塞缪尔·富勒

《禁止！》（*Verboten!*）

嘣……嘣……嘣……嘣。嘣……嘣……嘣……嘣。伴随着贝多芬第五交响曲，四五个美国士兵靠着简单的武器，就解放了一个德国小村庄。但观众似乎能感觉到，自己正看着二战中整个美国地面部队的行动，因为拍电影一丝不苟的富勒大帝，为我们造成了这样的幻觉。受伤的美国士兵得到了德国姑娘海尔嘉的照顾。此时，抒情、充满爱意的瓦格纳旋律，取代了贝多芬的交响曲。摄影上很有自己风格的塞缪尔·富勒，带着这对不被允许的恋人，在莱茵河上开始了蜜月。那种感觉，就像直接取自纪尧姆·阿波利奈尔的诗歌。

海尔嘉的弟弟十分崇拜尸骨未寒的希特勒。为了让弟弟明白纳粹的恐怖真相，海尔嘉带他去了纽伦堡旁听大审判。

在法庭上，我们看见海尔嘉和她弟弟的特写。他们在看……看着什么？新闻片中的回放镜头：纳粹刽子手想替自己辩解。这就是富勒聪明的地方，由这里开始，之后每两个镜头，前一个总是他拍的，后一个反切镜头则取自历史素材。但这还不够，富勒一面集中注意力于此，一面还有新的花样继续使出来：他把16毫米放映机拿到了法庭上，为参加审判的人（当然，还有正在观看《禁止！》的观众）放映了那些集中营被解放时拍下的种种如今早已出名的凄惨画面——那些雷乃在《夜与雾》中给予了终极表现的黑暗素材。

巴黎媒体对《禁止！》好一通口诛笔伐和讥讽取笑。我刚才似乎也在用类似的口吻对它作描述，但现在轮到说一下我为什么会喜欢它和我为什么喜欢塞缪尔·富勒了。

拍一部完全成功的电影，意味着要有各种不同的品质贯穿全片，而且是几乎相对的品质。这是一件很少有人能做到的难事。人们常说，一部影片"够电影感"或"不够电影感"，却往往不能清楚地说出个原委来。在我看来，导演必须要比旁人更清楚该如何将某些东西拍摄或呈现得更好。好比说，这家伙说故事不太行，但他指导演员的本事比别人强；那家伙拍戏拍不好，但个个镜头都很完美；第三个家伙能将三百个散文诗般的镜头堆积在一起，构成一部强有力的电影；第四个在摄影方面很了不起；第五个拍的东西有点难懂，但他知道如何创造真正的人物，诸如此类。简而言之，没有哪部电影各方面都能取得成功，批评它不成功的地方，那当然十分容易，但发现它哪些地方成功了，这才是我们要做的工作。

看《禁止！》的时候，我意识到了一件我在很多方面都还需要学习的事：如何完美控制好一部电影，如何赋予它节奏与风格，如何不依靠外在效果便能做到在每一场戏里都呈现出美感，如何尽可能简单不强求地呈现电影的诗意。

塞缪尔·富勒不是什么初学者，他是原始人：他的想法不原始，而是粗陋；他的电影并非单纯，而是简单。我最喜欢的正是这种简单。我们没法从艾森斯坦或奥逊·威尔斯的电影里学到什么，因为他们的天才是无法模仿的。如果只想把摄影机搁在地板上或是吊在天花板上，然后简单模仿他们，那只会让你自己显得可笑。另一方面，从塞缪尔·富勒这种具有才华的美国导演身上，我们倒是可以学到许多。他们把摄影机放在了"人眼的高度"（霍华德·霍克斯），他们"不寻找，而是发现"（毕加索）。面对塞缪尔·富勒的这部电影，你不可能对自己说："这电影不应该这样拍，应该拍得更快点，应该拍成这样或是那样。"东西该怎么样就是怎么样，必须被拍成这样或那样；这是直接的电影，让你无法批评，无从苛责，是"天生"的电影，而非学习、消化或反映出来的电影。富勒不会把时间花在思考上。很显然，他在拍摄电影时最为得意。

一位充满热忱的导演，看到在针对纳粹和集中营恶行所展开的纽伦堡大审判上拿出来的各种文件，被其力量彻底慑服，于是围绕这些题目虚构了一个故事，好将这些放在真实生活的背景之中，不再让它们只具有残酷的客观性，还要引发其道德上的教训。想一想，你就会觉得，这个拍电影本身就是一个很有力很漂亮的创意。特别是再想到当初美国发行商一直不愿购买《夜与雾》版权这件事，这种感觉就会变得更强烈了。在富勒导演的努力下，本片已拥有了和那些著名的真实史料一样的力度、力量和真实感，而这也正是《禁止！》让我感到高兴的地方。

我要再去看一遍《禁止！》，因为我常在看完塞缪尔·富勒作品后心怀羡慕和嫉妒之情。我想从他的电影里学习拍电影。

——1960年

伊利亚·卡赞

《宝贝儿》（*Baby Doll*）

叙述《宝贝儿》的方式有很多种，但我觉得，由田纳西·威廉姆斯构思、伊利亚·卡赞拍摄的这部作品，其实只是前者为描绘一幅女性肖像和后者为执导一位女演员表演所找的借口。

但是，银幕上这次还是有些相当崭新的东西的。这与今年那些让我们感到饶有兴趣的导演一直追求的某种实验配合得十分妥帖。《宝贝儿》的女主角卡罗尔·贝克占据了《巴士站》（*Bus Stop*）中玛丽莲·梦露、《上帝创造女人》中碧姬·芭铎和《艾琳娜和她的男人们》中英格丽·褒曼身边的位置。

在本片中算是新鲜且相当大胆的一点是，性是这里唯一的注意力焦点。影片所描绘的感情——基本就是卡尔·莫尔登的嫉妒心——仅仅只是为表现猛烈的故意嘲笑而存在。

可爱的宝贝儿差不多已经二十岁了，已结婚但仍是处女——这样的事情，估计也就只有在密西西比那里还会存在。她是一个孩子般的女人，那么大了还在吮手指。但她思路清晰，丝毫没有幻想，甚至已经到了玩世不恭的地步。她丈夫是面包师，揉捏面包是他唯一的梦想。[1]这时又出现了一位面包师，一个西西里人，风流成性。他是受伤的飞行员，飞机库被人放火烧毁了，他赶回来寻找真凶以图复仇。

两位创作者（他们后来都不太走运）并不希望观众知道西西里人究竟只是想对那年迈的丈夫（也就是放火者和即将戴上绿帽子的那位）复仇，还是会在复仇过程中，将注意力完全转移到对方身边的处女新娘身上。在他们的爱情两重唱里，在引诱戏和他们最终上床的那场戏之间，摄影机一度离开过五分钟。镜头转而去寻找莫尔登饰演的角色，并且找到了他。

不管是法国导演还是美国导演，如果你觉得他们中有人似乎从来没能做到将台词充分呈现出来给观众的话，那么，面对卡赞的时候，我们必须脱帽致以敬礼。他在《宝贝儿》里成功做到了有意去拍摄那些与对白完全无关的行动。人物心里想着一件事，口中说着另一件事，做出来的却是第三件事。

卡赞不是讲故事的人，他的才能在于描绘，而非叙事。他从没能成功拍出过哪怕一部完整统一的电影。他拍的，只是一定数量的戏。卡赞的电影单位，既不是镜头，也不是电影本身，而是戏。如果说从某种视点看来，会觉得《宝贝儿》比《伊甸园之东》(*East of Eden*)更强（即使不说更成功，那至少也是更大胆吧），那也是因为《宝贝儿》从根本上来说，其实就是由两场伟大的戏组成的。其中一场，其详细程度和有力程度，已经赶上《女王凯莱》整个第二幕了。（把这两部电影做对比，乍看似乎愚蠢，但你不妨再仔细想想。）

《宝贝儿》片长接近两小时，头三十分钟都是用于说明目的

---

[1] 原文如此，但《宝贝儿》的男主人公其实是干轧棉花工作的。

的戏。在第十三分钟,卡尔·莫尔登将伊莱·沃勒克扮演的西西里人介绍给了自己的娇妻,随后便转身离开了。接下来,这对看似更般配妥帖的伴侣,两人之间的第一场对手戏持续了整整半小时:他们的对话从门前的台阶上开始,在屋后继续,接着是在旧车里,然后又到门口,最后到了秋千上。

此时,沃勒克经过反反复复的狡猾质问,已经确定了纵火犯就是莫尔登;镜头推得离两人的面部越来越近,而他俩也越靠越近;两人的肢体相亲看似已不可避免,而这场戏也在这种暗示中结束。

第六十分钟,卡罗尔·贝克忽然离开,重新回到莫尔登身边,继续做他可爱的妻子,但后面还跟着一脸坏笑的沃勒克。比任何时候都更粗俗的莫尔登,打了她一耳光。(有多少戴绿帽子的丈夫是因为一个不恰当的耳光才走霉运的?)

影片的第二个小时,也由两段长戏组成:第一段发生在沃勒克和卡罗尔·贝克之间,先是在室外然后在室内;第二段则是三人在屋内的对峙。影片第三个半小时:他们回到家里,贝克描述了她的婚姻,包括给两个人柠檬汁的许诺,沃勒克的邪恶天才,宝贝儿的恐惧、着魔、有她签名的告发莫尔登纵火的信、笑、两人间的亲密,然后画面切到……

莫尔登像白痴一样从镇上回来,最后的半小时里:莫尔登的嫉妒,恐惧的猜疑,宝贝儿的转变(变成了一个女人),一顿气氛紧张的晚餐,悲喜剧式的饭后酒,一场精彩的夜间追逐戏,以沃勒克的离去告终。他,这个本片中最有意思的角色,明天还会回到这里吗?

时髦的西西里人属于一个古老的种族:他头上潇洒地斜戴着小帽子,身着白条黑衬衫,领口大大敞开;手里拿着文明棍,不时用它强调自己滑稽的语气。他发达的胸部外加那种歌剧演员乘坐的马车，一出场就给人留下深刻印象。我们首先注意到的就是他那双欲壑难填的小眼睛里隐约释放出的清澈、生动的光芒，然后是他狐狸般灵活的身子，似乎随时准备好从床单中穿过，去吃了他邻居家的鸡，也就是此处的宝贝儿。这些都是本片经常出现的元素，因为一个女人的愿望，它们被捏合在了一起。

所有伟大的电影人都渴望摆脱戏剧的束缚；他们梦想拍摄一部没有渐进和没有心理学的电影，观众的兴趣只因时间地点而改变，只因聪明的对白和人物的来来去去之外的其他手段而被激起。《死囚越狱》《劳拉·蒙特斯》《海滩上的女人》和《后窗》，都在这个狡诈的游戏中获得了相当的成功，只不过各自方式不同罢了。

卡赞在《宝贝儿》中通过一种独特的执导风格，在拍摄这样的一部电影时，几乎已经获得了完全的成功，同时，他又对传统电影中表现与分析的情感，做了一番嘲弄。

令卡赞头痛的是，他看似无法做好那些包含了几个人物的过渡性质的戏。在《宝贝儿》中，他却成功避开了这一问题（只有影片开头及西西里人开始追求宝贝儿后除外）。在这部电影里，每一个姿势和眼神，都为达到目的而存在，其精准度堪称完美。这是一部由导演自己完美掌控着的电影。

卡赞的才华，首先就带有一种美化性。相比起那些必须要撒谎的社论，它在处理此类主题时，显得更有功力（简单说，就是来自百老汇的那些类型）。

现在我们已经知道了，在编剧为他写的那些东西之外，卡赞已经没什么可跟我们说的了。同时，他正是最了解该如何让演员了解他们自己的那个人。

我们第二次看《宝贝儿》，发现的却是另一部电影，内涵比上次更丰富。无论这是一部天才作品，抑或仅仅只是有些才华，无论它是堕落或是博大，深刻或是耀眼，《宝贝儿》都是一部吸引人的电影。

——1957年

《登龙一梦》（A Face in the Crowd）

我觉得《登龙一梦》是一部伟大、优美的作品，其重要性已超越一篇影评所能覆盖的范畴。但美国观众和法国观众都对此片深感失望，我几乎可以肯定地说，那是因为《登龙一梦》和《码头风云》（On the Waterfront）恰好相反。面对自己昨天还在吹捧的人，今天，他们必须要加以攻击了。

这是否意味着巴德·舒尔伯格和伊利亚·卡赞改变了自己的颜色？不是。但《码头风云》作为一个被传来传去整整五载的剧本，最终被阉割得很厉害，以至其原有的反法西斯意图，最后呈现出的只不过是一部无意识却又在根本上具有煽动性的电影。

这一次，舒尔伯格和卡赞自己当制片人，也因此得以带给我们一部完全符合其初衷的电影。结果确实非常好。

煽动行为——因为它包含某种陶醉感，一种当好人的感觉——首先是属于美国的，如今却已缓慢又坚定地找到了在法国报刊、广播和电视上的立足之地。没办法，因为每一天，法国媒体会越来越受到美国方式的启发。

在影片中，一切都得从一位漂亮姑娘——她是小广播电台老板的侄女——想出了某个叫作"人群中的一张脸"的节目说起。节目组会让街上随便某个人,对着麦克风或说或唱上一小段。

做节目期间,她在监狱发掘出一个大胡子蛮汉来。这场戏是全片最重要的时刻,正是这一机关,触发了这个从社会底层走来的名叫罗兹的男人。她问他叫什么名字。他回答说:"罗兹。""罗兹什么……我知道了,就是罗兹。"她抓过麦克风说道,"他的名字是罗兹,但他的姓是'孤独者'。"影片的精神被包含在这句话中。一个小小的新闻技巧,令整个故事的运转就此展开。这女孩诚实且感性;但是,新闻世界所有的尔虞我诈,也都在她这句"他的姓是'孤独者'"中完全呈现了出来。我们等待着他的反应。他可能会生气离去。之后发生的事,却是他看着那女孩(帕特丽夏·尼尔饰),他沉默了一会儿,犹豫了,然后爆发出笑声。从这儿开始,无论再发生什么,无论他犯什么罪,无论她可能有多清白,我们都不会再可怜这个好女孩了。她代表了腐败,而他是被腐化了的人。有权在片尾抱怨的是他。

罗兹会在麦克风前如何表现?他结巴了,但他并未因此发窘。他开始即兴发挥地唱起奇怪的小曲,外加一些老生常谈的闲聊。这正是他的女性听众喜欢的。他和她们谈自己的母亲,谈令她们双手变粗的洗衣皂,谈必须反复洗刷的碟子;他引诱她们,用甜言蜜语哄骗她们,令她们惊讶。渐渐地,他已经稳稳捏住了美国人民的心。

他从广播转到电视,命运让他越爬越高。但他自然的反应并未完全跟上和适应。他很坦诚,他会说错话,他邀请黑人妇女上电视,他批评在自己节目中做广告的床垫品牌。在美国,政治和演艺节目总是重叠着的,正如演艺节目总是和广告重叠着一样。所以,"孤独者"很快便发现自己得到了总统候选人的支持。他为那个老政客上课的戏,绝对够精彩。他想教会对方该如何变得受欢迎：别老沉默寡言，学会如何自嘲，怀里抱着宠物再上电视——狗或猫都行。

于是，每当电梯辉煌下落，都会有着嘉年华的气氛。贴身男仆，还没铺好的床，空虚和歇斯底里的狂怒。女孩睡在他的照片下，大众对他的爱越来越多，所有生活在他强力人格之下的人，对他暗暗的恨，也就变得越多。帕特丽夏·尼尔显然已成了他的情妇，虽然每天都被他欺骗数次，却仍费尽全力地吊着他。每次她能和他单独相处五分钟，他就又会重新变回她眼中脆弱的孩子。

精心设计的结尾——罗兹的面具被公然揭穿——与影片其余部分来的一样真实，因为这些膨胀了的人肉肠子最终逐一爆炸的结局是一早就可以被证实的，正如约瑟夫·麦卡锡议员（当初创作本片时，他们心里一定想着他呢）稍纵即逝的政治生涯所证明的。

《登龙一梦》由伊利亚·卡赞执导，这一事实本身便说明了这是一部在表演上追求完美的电影。安迪·格里菲斯对人物的诠释其实本身就是一次演出——但它属于卡赞；从没有哪位演员能被导演如此彻底驾驭。

我并非否认本片欠缺一些前后统一，但就让前后统一见鬼去吧！重要的不是它的结构，而是它不容置疑的精神，是它的力量，是被我斗胆称为其必备要素的东西。"诚实"的电影，通常的问题在于它们的软弱、内向和麻醉人的中立态度。这部电影却充满热情，振奋情绪，猛烈，和罗兰·巴特的"神话"一样地坚定不移——而且，也和它一样，给人以智慧的享受。

——1957年

斯坦利·库布里克

《光荣之路》（*Paths of Glory*）

我刚看完《光荣之路》，一部因法国政府拒绝而只能在比利时拍摄的美国独立电影。我相信，制作这部电影的人，根本没想过把它交给审片机构去审核。

《光荣之路》根据同名小说改编，小说则取材于真实事件——因为事实一直被低调掩盖，这一事件的披露对平时我们认定的一战英雄史做出了严峻挑战。

影片甫一开始，我们看到两位法国将军在对话。两人分别由脸上带疤的乔治·麦克雷迪和法国裔的好莱坞演员阿道夫·门吉欧扮演［这并非门吉欧第一次扮演变节者的角色，因为虽然一起合作过《民意》[1]（*Public Opinion*），但门吉欧还是向非美活动调查委员会告发了自己的老友卓别林］。门吉欧代表总司令部，要求麦克雷迪务必拿下一个所有人都知道很难攻克的阵地，无

---

[1] 《民意》是卓别林唯一一部正剧《巴黎一妇人》（*A Woman of Paris*, 1923）在法国上映时的片名，该片为阿道夫·门吉欧确立了他在好莱坞影片中固有的欧洲花花公子的形象。

论花费什么代价。他的真正目的，其实是为平息报上对于战事的批评。起初，麦克雷迪拒绝毫无目的地牺牲部下，但门吉欧向他许诺了一些个人好处，麦克雷迪便屈服了。他明知是送死，却还是派出了一支队伍执行这项任务，带头的是他们英勇的上校，此人由柯克·道格拉斯饰演。

事实上，这块阵地确实无法攻克。无谓的进攻，演变成了一场可怕的血腥屠杀。绝望的冲锋，成了本片中最出色的一部分。将军在极度疯狂之下，下令炮兵轰炸正与敌方胶着的自己人。炮兵长官拒绝执行命令。少数的生还者回来了，但将军下令他们中的三个人抽签选出一个来，作为逃兵被送去处决。影片以处决场面告终，三人中的一个，因在监狱中袭击牧师而身受重伤，最终被绑在了担架上。柯克·道格拉斯愤怒地跑去找将军论理；他大声念出萨缪尔·约翰逊的话："爱国主义是卑鄙者最后的庇护所。"

影片在布鲁塞尔某家影院上映时，应比利时老兵的要求被撤了下来。它也永远都不可能在法国上映，只要还有士兵存在。[1]这是一种耻辱，因为从好几个角度去看，这都是一部优美的电影。库布里克展现出的导演技巧令人羡慕，《光荣之路》甚至超过了《杀手》(*The Killing*)，特别是大量的流畅长镜头。这些华丽的镜头运动，捕捉住了那个时代具有可塑性的风格——我们对这场战争的思考，就像《插图》杂志里那些照片所反映出的一样。

本片的弱点，也是令它无法成为一次不可反驳的控诉的原因，在于"恶棍"的行为还缺少某种心理层面的可信度。在一战期间，当然也有相当数量类似的"战争罪行"，包括向自己的军

---

[1] 1975年，《光荣之路》最终得以在法国上映。

队开火，但那是因为情报错误，因为不知情或是各种混乱，多过纯粹因为个人的野心。胆小是一件事，犬儒又是另一码事。这位既胆小又犬儒的将军，显得有些不太可信。如果让一位胆小的长官在惊慌失措之下，下令向自己军队开火，再让另一位长官去下令枪毙三名幸存者好杀鸡儆猴的话，这个剧本就会显得更有力得多。

相似情况，《攻击》（*Attack*）里的罗伯特·奥尔德里奇也因为心理层面上的错误而让我们感到难受。他让受惊的长官用脚把落在地上的手枪给推了过去，那可是他所背叛的中尉原本要用来杀死他的那把枪。相比之下，库布里克犯下的技术性错误，原谅起来要更容易一些。这错误来得很明显，柯克·道格拉斯饰演的上校，多次在没有戴帽子的情况下向上级敬礼！

我本该想到，斯坦利·库布里克从一开始就没想过他这部电影要在法国发行。因为他本可以在更近期的战争中找到更好的军队腐败案例。那样的例子有很多：法国军官公然抢劫的行为；法越战争中所有那些我们十分熟悉的丑闻；阿尔及利亚战争，如果根据亨利·阿莱格（法国记者，因曝光阿尔及利亚战争中法军丑闻而成为焦点）的经历去拍摄，导演本可以更有效地提出他的"问题"。

无论如何，除了心理层面的过分简化以及不够自然的戏剧效果外，《光荣之路》仍算是一部重要作品，也让我们认清了斯坦利·库布里克这位美国新人导演的才华和能量。

——1958年

查尔斯·劳顿

《猎人之夜》（*The Night of the Hunter*）

关于《猎人之夜》，至少有两个特点令它成了一部重要作品：第一，这是美国演员查尔斯·劳顿第一次执导电影——他在《叛舰喋血记》（*Munity on the Bounty*）、《英宫秘史》（*The Private Life of Henry VIII*）和《凄艳断肠花》（*The Paradine Case*）中的表演相当出名；第二，它标志着默片时代的大明星丽莲·吉什回归银幕。

《猎人之夜》的故事令人不安：父亲为一万美元犯下杀人罪，他把钱藏在布娃娃里，还让他的两个孩子发誓保守秘密，直到他们长大后才能用这笔钱。不久，父亲被捕了，被判处死刑而且很快便执行了。

父亲身前的狱友（罗伯特·米切姆饰），一个因偷窃而入狱的传教士，此时获释。为实现人生目标，建造一座礼拜堂，传教士下决心要搞到这一万美元。他只知道这笔钱的存在，却不知藏在了哪里。他娶了狱友的遗孀（谢利·温特斯饰），但拒绝和她同床。他为找出钱的下落，对两个小孩严加盘问，事态败露后，他又杀死了他们的母亲。小男孩和小女孩很害怕这位继父，带着娃娃逃了出去。一位老妇人（丽莲·吉什饰）收留了他们，与米切姆对抗。小男孩重新回忆起父亲被逮捕时的情景，打开了娃娃，当着警察的面，让那位不幸的传教士兼谋杀犯，目睹了这一切。

我还得抓紧时间补充一句，传教士右手手指上刺着"爱"的文身，左手上则是"恨"。这么一说，你就更清楚了，这可不是一部普通的电影。《猎人之夜》是一次奇怪的冒险，你必须将它看作一出残酷的闹剧，或是一则关于善恶相对关系的寓言。所有人物都是善的，哪怕是表面看着邪恶的传教士。

这么一个剧本，不能说是展开自己好莱坞导演生涯的好起点。它和商业片的规则背道而驰；所以这也很可能会是劳顿唯一的导演作品了。真如此的话，太可惜了，因为《猎人之夜》尽管有风格上的缺陷，但依旧创造力十足。它就像小孩子在复述一桩恐怖的新闻事件，虽然有着斯坦利·科尔特斯——他正是《伟大的安巴逊》（*The Magnificent Ambersons*）的摄影——的出色摄影，但影片整体上在北欧和德国风格间来回挣扎，虽然触及表现主义，却没能一直坚守格里菲斯的路线。尽管如此，这仍不失为一部非同寻常的电影，劳顿勇敢地闯了几个红灯，撞倒了几位交警。它让我们再次爱上了一部真正敢去实验的实验的电影，爱上了一部能真正发现新东西的发现的电影。

——1956年

茂文·勒鲁瓦

《坏种》（*The Bad Seed*）

这部电影来自威廉·马奇的小说，马克斯韦尔·安德森曾将它改编成话剧。我相信约翰·李·马辛的剧本更多是根据这出话剧而来，而非小说本身。影片由茂文·勒鲁瓦执导。为什么这么一个简单的东西，会吸引那么多人来改编、来创作呢？或许是因为这里面有一个相当成功的构思：看似天真烂漫的八岁女孩，其实是早熟的罪犯，杀害了一位老妇人、一个小男孩、另一位老妇人，最后还有一个和导演一样名叫勒鲁瓦的流浪汉。

如果说审片制度真有道理的话，那就该禁止这样的电影，这种裸露癖和粗俗话在互别苗头的电影。这是一辆被吹过了头的空汽车，它当然天生就很适合这个目的：让一群为了找到"好故事"而想破了脑子的制片商挣到一大笔钱，就像在说，活蹦乱跳的第七艺术的核心，就应该是一次幸运的发现或是比赛谁的点子更加聪明，但实际上今年最美丽也最令人着迷的电影，恰恰是故事中含有最少事件的那部《死囚越狱》。

《坏种》是一部没用的电影，和其他很多电影一样，但因为它将自己无价值的那一面掩藏在了一个极端严肃的情境之后，它用童年来做代价的处理手法，使其显得更加可耻。可是，尽管卑鄙，它却有着最能吸引那些喜欢附庸风雅的观众的完美设计："亲爱的，快去看《坏种》吧，拍得太棒了。"

为给影片上映铺路，借着茂文·勒鲁瓦到巴黎的机会，媒体被请去参加午餐会。我记得我吃得很好，但这也几乎就是全部了。我宁可自己根本不认识茂文·勒鲁瓦，这样至少我对他以后拍的东西，还能再有兴趣。

勒鲁瓦是先锋，他在拍电影这件事情还只是纯手工活、力气活的时候，进入了这个行业。他属于那种随时恭候等着开工的导演。没偏好，没主题，没着迷的东西，没风格，几乎也没什么脾气，他们永远都不知道自己想拍什么样的电影。他们拍喜剧，拍战争片，拍西部片，拍情节剧，拍歌舞片，偶尔也会拍一个假装自己有深度、能吸引到影评人关注的剧本，如《坏种》。

《坏种》导得很笨拙，但演得足够好。他们之前就已长时间在话剧舞台上演这些角色了，已经与人物融为一体了。小女孩演得很好。但电影还是别去看了，因为这次改编，整个就来得很粗心。电影的结尾和小说或话剧都不一样，简直荒谬。

——1957年

安纳托尔·李维克

《真假公主》（*Anastasia*）

法国人专注于自由、平等和博爱，同样，他们也专注于仪式。英女王加冕，带来的是电视机销量的十倍增长。我也永远不会忘记1948年的某一日，高蒙宫电影院里的那五千名观众，在看到由奥托·普雷明格执导的一部美国影片中，查理二世对着琳达·达内尔说了一句"安珀，你不爱我，而且你从来就没爱过"时，他们所发出的那一声声欢乐的叹息声。[1]

在《巴黎竞赛》杂志每年那五十二页封面上，能有几位不是公主、王后、女王或王侯将相？但现在已经1957年了，我们政府将会很高兴地宣布，这是"国家就是我们"的一年。而这也让我想到了《真假公主》，所有以历史谜案作为主题的电影里，最平庸的一部作品。而这主题本身，也是最愚蠢、最空虚的电影题材之一，却总能让电影院里爆满。

安纳托尔·李维克是温顺的奴隶，他这一次的《真假公主》

---

[1] 此片指1947年的《除却巫山不是云》（*Forever Amber*）。

拍得很懒惰，也缺乏想象力，而且品位差到即便用他年事已高做借口也难辞其咎。本片由新近回归好莱坞的褒曼主演，她之所以选李维克来当她的导演，也是因为之前他在《孽海情潮》(*The Deep Blue Sea*)中指导费雯丽演出，尽管指导得很差，最终却在威尼斯拿到了表演奖（再次证明了那些评委要背负的责任已经超出他们的能力）。[1]我看过英格丽·褒曼最好的那些电影，希区柯克、罗西里尼、雷诺阿执导的那些，每一部都看过五六遍。那些导演知道如何将她推向极限，尽管每个人推的方向各不相同。在希区柯克那里，是典雅和痛苦；在罗西里尼手里，是紧张和无化妆；在雷诺阿那边，则是艳丽的维纳斯下凡。而在这部《真假公主》里，她却被拍得很难看，那些服装也令她显得笨拙。这是褒曼演过的最差的角色。

《真假公主》假装将你我带入了一个"如果你也在那儿"的世界。千万别去看这部愤世和平庸的电影。安纳托尔·李维克看不起你，你也要反过来看不起他。

——1957年

---

1 该片拿到的是1955年威尼斯电影节最佳男演员奖，当年评审团并未选出最佳女演员。

乔舒亚·洛根

《野餐》（*Picnic*）

某个风和日丽的午后，穿着不佳却肤色健康、无忧无虑的威廉·霍尔登来到了堪萨斯小镇。为换回一餐饭，他答应替一位老妇人处理垃圾，老妇人则会替他洗衣。所以，当他遇见那个漂亮姑娘（金·诺瓦克饰）和她的妹妹（苏珊·斯特拉斯伯格饰）时，他的上身是光着的。衬衫洗好，他就去见了自己在校时的好友克里夫·罗伯逊，后者出身富贵，如今又和诺瓦克订了婚。

第二天是镇上一年一度的野餐日，人头攒动。霍尔登成了众人瞩目的焦点，他舞跳得漂亮，成了野餐日的主角。很快，就有喝醉了的女教师（罗莎琳德·拉塞尔饰）向他发起进攻。霍尔登抵挡了一阵，就在他将要让步之时，她却开始批评起他来。这让霍尔登对自己感到厌恶，还好诺瓦克帮了他一把，还让他在自己怀里度过了这个夜晚。然后他和罗伯逊打了一架，又打了警察，再跳上了货运列车。他请求诺瓦克去塔尔萨市跟他碰面。虽然母亲落泪恳求，诺瓦克还是坐上巴士，追赶他而去了。最后一场戏——我们从直升机上往下看，火车和巴士碰面了。

我不知道威廉·英格的话剧《野餐》[他还写过《兰闺春怨》(*Come Back, Little Sheba*)和《巴士站》]能否算是一部天才作品，但由乔舒亚·洛根（百老汇的舞台剧版本也是由他来执导的）执导的这个经由丹尼尔·塔拉达什改编过的剧本，已经很接近于天才作品了。

它拍的是生活的一个片段，罗根由此为美国绘制了一幅不带有恶意的肖像画，而且几乎完全看不到感情用事的痕迹。这种率直稍显残酷，有一点像让·雷诺阿。区别在于你必须看上好几遍《艾琳娜和她的男人们》，才能体会到其中所有的美；而《野餐》由第一刻开始，就没有什么东西是不清楚的了。这可能会让《野餐》比雷诺阿的电影更诱人。我们还可以更深入地比较一下这两部电影，它们的相似处还不仅限于上述。两部电影都超越了用画面讲述简单故事的阶段，它们给出了一种比绝大多数电影更为真实的爱情观——爱情是肉欲的，并且最终会失去其魅力。

乔舒亚·洛根让我们在观看《野餐》的时候，自行挑选你想要的情绪：既可以因为人物的古怪去笑，也可以为他们而哭；每一种见解的背后都有正面和反面，都有悲伤和幽默。如果罗根更年轻一点的话，《野餐》会变成一部更为残酷的电影，但也会更开放、更天真。可现在他已经四十八岁了，强壮、健谈、身体很好，他想掌控自己的拍摄对象，但又得跟它保持一定的距离。我觉得，这些都是好事。

在罗根身上，我们看到了一位非常伟大的新导演。雅克·里维特说他是"伊利亚·卡赞乘以罗伯特·奥尔德里奇"。确实是这样。《野餐》细致的细节处理，让人想到《伊甸园之东》，而它闪耀着的光芒，又让人想到《黄金篷车大作战》。看过他的处女作《野餐》之后，我又看了他后来的《巴士站》，我发现罗根真是有天赋（在指导演员、镜头运动、剧本修改等方面），以至于未来要是他有哪部作品拍砸了，也只能是他故意而为之了。他是纯粹的导演，我们知道他是不会让别人欺负的。[他在约1935年时离开好莱坞，当时《深夜造就历史》(*History is Made at Night*)正在拍摄。那本该是他的第一部导演作品。]

我喜欢《野餐》超过《巴士站》，这是一部处处充满创意的电影，每幅画面都充满能量。罗根希望我们能在看到伤感戏时发笑，反过来，能在看到风趣戏时忧伤。他牵着我们的鼻子走，坐满了整个电影院的观众，却只能对此感到惊异。

——1955年

西德尼·吕美特

《十二怒汉》（*Twelve Angry Men*）

这就是《十二怒汉》的剧本，我们来看一下。很聪明的剧本，这里的聪明，完全没有一点贬义，而且不是我们《电影手册》不太欣赏的那种完全建立在好点子、耍心机的情节基础之上的电影。尽管如此，因为这个脚本的关系，《十二怒汉》不太能引起影评人写文章的兴趣，这是因为：1.这是经过深思熟虑之后的剧本，严格按照时间、地点和行动的连续性来推进，观众强烈体验到的这种情感，并非来自某些已经完成的事情，而是某些正在进行过程之中的事情；这是电视风格的胜利；2.十二名陪审员各自用到的套路，彼此之间的区别十分细微，以至于那根本不是十二个"样本"，而是只有六个"样本"，各自由两人作为代表：两名知识分子、两名工人、两个偏执的人、两个烟鬼、两名小心谨慎者、两个绝对"正派"的人。每个人物都在跟那个与他几乎相同的对象交换细节，与我们常见的这一类"冲突电影"不太一样。

有许多电影（包括某些最优秀的影片）拍得十分无聊，会让你看了一半就想出去喝一杯或是找个妞。但在看《十二怒汉》的时候，随着情节展开，我们会感到越来越难下决心离开：一条人命悬在那儿呢，只有所有人意见一致，才能让他免于一死。在亨利·方达的急切维护下，陪审员一个接一个地心软了下来，只剩下最顽固的那个人依然无动于衷。你会惊讶地发现，其实自己竟然暗暗地站在了他这边。但最后剩下的三位陪审员，也都认了输。多么棒的主意啊——反而是原本最拿不定主意的那个人改变了想法，而且对另外两人产生了影响，最终才令"无罪"判决成为可能。

这是一部属于编剧的电影，这是一位多么了不起的作者啊！正义获得伸张，我们人人都是凶手。这是吕美特的第一部电影，已经能看出他身上非同一般的天赋了。我相信《十二怒汉》刚开始的时候，应该只是被当成了某种练习，结果却成为一部大胆、有力、智慧和理想主义的电影，胸怀宽广而且让人感动。我们必须要严肃对待这位导演了。

——1957年

约瑟夫·曼凯维奇

《赤足天使》(*The Barefoot Contessa*)

我最近又重看了一遍《三妻艳史》(*A Letter to Three Wives*),意识到以后绝不能再忽视约瑟夫·曼凯维奇的作品了。《赤足天使》的故事精彩、聪明又优雅,让人看了觉得津津有味,而且明显经过了千锤百炼,包装在故事之外的,是一种近乎怪诞的精准、风格化和专业精神。对于演员表演的要求,带有一种夸张的舞台剧风格。曼凯维奇不怕镜头看着太长,他在这方面有着类似本能的自信,而他使用特效的那种方式,如今也就只剩下库克导演能在这方面还让人有所期待了。这就是曼凯维奇的艺术。他掌控着属于他的这种电影类型——戏剧性的喜剧片,关于此类影片的局限性,我们暂时可以先放在一边,因为绝大多数时候,我们都没能充分意识到这一电影类型的优秀特质。

《赤足天使》让人看了觉得困惑,但我们也不深究,我们不敢确信自己每一处都看明白了,但也不敢确定是不是还有更多需要明白的东西。我们不知道创作者究竟想干什么,但我们毫不怀疑它在整体上的诚恳、新颖、大胆和迷人。一直有人批评曼凯维奇，说他是附庸风雅者最心爱的导演，但每天晚上冲着银幕上的伯爵夫人兴高采烈地发出嘘声的，也正是那些赶时髦的观众（那些让《彗星美人》取得了票房成功的人），而同一时间里，白色广场（Place Blanche，红磨坊所在地）的女性观众也在对自己丈夫解释说："那个人，对，伯爵，他是性无能。"然后丈夫们回答说："哦，我懂了。"

司汤达在自己关于性无能的小说《阿尔芒丝》（Armance）遭到冷遇之后，曾评论说："缺少风格令粗人无法欣赏这本小说，这是他们的不幸。"这番话，也可以用来回应圣伯夫对他的批评："这本从根本来说就像谜一样的小说，既看不出有什么创造力，也看不出有什么天才之处，书里的每一处细节都无真实可言。"

《赤足天使》里有一点是我们可以肯定的，曼凯维奇是在咒骂好莱坞、游手好闲者和黄金海岸的那些小圈子。它不像他那些早期作品那么肆意讽刺，他表现出的是对于庸俗的疯狂仇恨。说起来，这些也没错，但伯爵夫人又该怎么办呢？

三位美国电影制作人发现了一位非常优秀的西班牙舞娘，由艾娃·加德纳饰演的玛丽亚·瓦尔加斯。他们将她带回了好莱坞，把她塑造成了明星。制片人柯克（瓦伦·史蒂文斯饰）是独裁者、性别歧视者和观念偏执的人。他追求玛丽亚，却徒劳无功。她看不起柯克，她喜欢的都是卡车司机、吉卜赛人、吉他歌手和英俊的年轻人。

某次，为羞辱柯克，玛丽亚受邀和来自南美的百万富翁布拉瓦诺一同去了黄金海岸旅行。但布拉瓦诺（马留斯·戈尔林饰）的运气其实也没比柯克多出多少，玛丽亚发现他其实是个怪脾气的白痴，于是转身投入了文琴佐·托拉多-法弗利尼伯爵（罗萨诺·布拉奇饰）的怀抱。她和伯爵彼此相爱，结婚后伯爵却告诉新娘，自己无法"全身心去爱她"，因为战争让他失去了性功能。玛丽亚做出了大胆的决定：一个孩子，就是她能送给丈夫的最好礼物。眼看计划就要成功，丈夫却让她措手不及，他先杀死了她及她背后那个被骗的傻瓜。

起枢纽作用的那场戏发生在雨中的公墓，大明星正在下葬。全片故事线索靠着几个人物连接，其中就包括电影导演哈里（亨弗莱·鲍嘉饰），他是玛丽亚唯一的朋友和知己。虽然他早就预见了事情的结果，却没能及时挽回事情的局面。

有人指责曼凯维奇在这里同时开启了数个主题，却没能抓牢其中的任何一个。我觉得这种批评有些脱靶了，因为他拍摄这部电影的初衷，就不一定是非得要讽刺挖苦好莱坞（但这也确实是讽刺好莱坞讽刺得最狠的电影），也不一定是非得要拍一部关于性无能的电影（性无能，在这里当然是象征性的），或是一部关于黄金海岸及当地人的指南电影。他更想做的是用好莱坞最美丽的女演员艾娃·加德纳，来描绘一幅大银幕上最漂亮的女性肖像。

曼凯维奇将他的女主角——野性、自然、谜一般的——放在了各种生活境遇的四个不同的点上，让她去面对各种个性截然不同的人物，目的是要看一下她会有什么不同反应，并且呈现一下电影明星的身边，通常都会出现哪些道德水准不同的人。

玛丽亚·瓦尔加斯并非某些影评人所说的慕男狂。她对那些底层阶级的男性投怀送抱，并非因为变态，而是因为她对那些王子、制片人、百万富翁、离开祖国来到黄金海岸游手好闲的国王，有一种深深的厌恶、生理上的反胃。在她看来，他们才是"病态"的。这种虚弱，具体反映在文琴佐这个显赫家族最后一代的伯爵的性无能上。（由瓦伦蒂娜·格特斯饰演的他的妹妹，也没法生育，这样的设置，自然也非巧合。）既然命运决定了，他第一次找到真爱，就是爱上了这个"大自然的孩子"，那么，玛丽亚为确保文琴佐的幸福，想出这种与他夸张的个性十分相符的夸张办法来，也就很合情合理了。

这并非一部可以拆散开来看的电影，对其或者全盘接受或者全盘反对。就我自己而言，我完全接受它，我看重它的清新、智慧和美丽。片头字幕中介绍本片由"费加罗有限公司"负责发行，公司名字印在了让-安托万·华托的油画《冷漠的人》（*L'Indifférent*）的复制品上，背景中还能听见《费加罗的婚礼》的几段旋律。显然是曼凯维奇对18世纪的偏好，让他将这部由他亲自编剧、执导和担任制片的作品，放在了博马舍、华托和莫扎特这三位的庇护之下。（因为其情节上的原创性和对好莱坞的攻击之凶猛，《赤足天使》显然不可能是由某位扎努克或某位休斯来担任制片。）这是一次大胆、新颖和最能让创作者感到满足的冒险，曼凯维奇是用它来和好莱坞算账呢，当初他梦想着要在这里砸倒墙壁，结果好莱坞却罚他去做了保养家具的工作。

靠着他那些心理喜剧片的成功，曼凯维奇在好莱坞坐稳了位子，而这也让他这次冒险拍摄具有如此原创性的作品的行为，更值得我们衷心敬佩。可以肯定，当初那些为他那些欢乐、智慧但也更平易近人的早期作品——《彗星美人》《三妻艳史》《五指》（*Five Fingers*）——大唱赞歌的人，会很难接受这次的《赤足天使》。当香榭丽舍大道上那些影院里的主流观众，为了银幕上一个男人向女人承认自己性无能这样的情节而发出窃笑时，我们足以认识到观众对于现在绝大多数电影剧本的平庸和庸俗，究竟要负多人的责任了。同时这也再次证明了，现在还远没到能将司汤达的《阿尔芒丝》搬上银幕的时候。克洛德·奥当-拉哈没勇气在《红与黑》里拍摄于连被斩首后，玛蒂尔德将他脑袋抱在怀里的画面。倒是曼凯维奇更像司汤达。伯爵夫人最后的尝试——和司机生个孩子，然后把孩子送给丈夫——就很符合玛蒂尔德的为人。

将《赤足天使》标为影射真人真事的电影是错误的。制片人柯克那个角色身上的煽动性、偏执顽固和淫荡好色，我们很容易看出参考了哪两位好莱坞制片人，但玛丽亚不是丽塔·海华斯，正如布拉瓦诺也不是阿里·汗王子（丽塔·海华斯的第三任丈夫）。更有可能的倒是曼凯维奇在由亨弗莱·鲍嘉精彩演绎的导演这个人物的身上，投入了他自己的个性。

这是一部细腻和聪明的电影，导得漂亮，演得也出色。《赤足天使》是近期最好的电影。

——1955年

安东尼·曼

《战争中的男人》（*Men in War*）

战争片是好莱坞的特产。取得这类电影的商业成功，相比其他任何类型片都要十拿九稳；所以，拍战争片时，不必做太多妥协。而且，只要剧本写得不太具颠覆性，还有可能向军方借到人员、物资、军火、马匹和飞机等。在《大刀》的票房失败之后，罗伯特·奥尔德里奇靠着《攻击》让自己的制片公司东山再起。只要设计妥当，战争片的成本可以近乎微不足道：太阳底下埋伏在树丛里的几个人，一支小分队，几柄刺刀，一打头盔，一些道具冲锋枪；而且，如果你不需要军方帮助，大可以拿这些东西拍一部反军国主义电影，最低限度也是一部反战片。

所有上述这些，都在安东尼·曼的新作《战争中的男人》里出现了。据他最近讲述，这也是他本人最喜欢的作品。它标志着一位年轻男演员的银幕处女秀——奥尔多·雷，他很快就会用《沙漠大血战》（*Bitter Victory*）来阐明自己对战争的看法。[1]

---

[1] 《战争中的男人》并非奥尔多·雷银幕处女作，他也未参演过《沙漠大血战》。

我对《战争中的男人》评价很高,比《攻击》还要高。(某些电影,我们不得不经常观看,以修正自己的判断。)安东尼·曼有着和奥尔德里奇一样的办法,但他将这些办法推向了更极致,使用了更纯粹和更少戏剧效果的处理方式。没有虐待狂,没有无理由的东西,只有一个坚实、严谨、强力、无法做和解的故事。

罗伯特·瑞安饰演的中尉在朝鲜带领一支小分队,这是一位人性、聪明、勇敢的好军官。强悍、愤世的上士开着吉普车过来,在他身边坐着上校,一言不发,仿佛完全透明。但上士对他的态度十分恭敬,为他点烟,替他掸土,和他说话时轻声细语,像对小孩子或老奶奶那样照顾他。

上校仍保持原样,影片在中尉和上士之间展开,两个完全不同类型的战士——中尉智慧、泰然、有逻辑,上士则凭感觉行事,显得更强,或许是因为相比之下他更了解这片阵地的缘故。一有风吹草动,他会毫不犹豫地开火,根本不存在留活口的情况。一个时而令人着迷时而令人反胃的人物,阿尔多·雷演得十分出色。

影片结尾和《旗帜》(*Bandera*)相像,但更加清醒:只有两个生还者,两个主角,周围都是死尸。

除非是我搞错了,安东尼·曼应该有很久没拍过黑白片了,但欧内斯特·哈勒出色的摄影,不会让我们存有任何遗憾。此时的安东尼·曼,是最能感受到大自然的美国导演。本片中的每一片草地,每一处灌木,每一段树枝,每一道阳光,全都被赋予了如轰隆作响的坦克车同样的情感分量。不过,《战争中的男人》里并没有坦克,只有一些沿着车轮印行军的男人。

从道德角度来说,这个故事很优秀、高尚、无可指责,它仅关心人的本身,关心他的恐惧和汗水,他的鞋子和香烟。在这部优美作品显而易见的那些优点以外，我们还应再补充一点，那些通常被看作此类电影中必不可少的陈词滥调的套路的人物，如说傻话让周围人发笑的士兵，或是所有时间都用来读妻子来信的士兵，在这里一概没有，而这也是它的优点之一。

应该指出，本片编剧署名是菲利普·约尔旦，他是《荒漠怪客》(*Johnny Guitar*)的作者，是好莱坞最具天赋的编剧之一。

——1957年

罗伯特·马利根

《孺子雄心》（*Fear Strikes out*）

它被安排在假期来临之前上映，算那种"填档型"的电影，但其实是今年最出色的美国电影之一，现在即将下档，也没多少人关注。这就是《孺子雄心》了，美国年轻导演罗伯特·马利根的第一部大银幕作品。和西德尼·吕美特一样，他也是拍电视出身，但是不提及，你根本看不出。与吕美特的《十二怒汉》大有不同的《孺子雄心》，拍得很有电影感。它里面的现实主义，它的布景和各种事件的真实性，它的表演的风格化，都让《孺子雄心》成了一部"纽约派"的电影，那是伊利亚·卡赞导演近期一些作品所强调的风格，呈现出一种存心要反好莱坞的态度。

影片说的是一位父亲想在儿子身上实现自己当上职业棒球选手的梦想的故事。父亲训练儿子，将他逼至极限，逼得他早熟，直至他打上职业联赛。他从不夸奖儿子，事实上，他经常会故意找些事情来挑剔儿子。他是完美主义者，永远渴求那种不可能实现的目标。结果，这位年轻好手自然是被逼得精神崩溃了。

影片以他第一次会见心理医生的那场戏告终，这段戏拍得很长，但很详细，精确且栩栩如生，导演功力尽显无遗。

很少能看到像这样的处女作，没什么缺点，也不故作夸张之语。所有一切都显得恰如其分，每一场戏都很平均，没有强弱之分，构成了一部稳重、平静、坦率的电影，其高质量会让人误以为导演一定有着过硬的长期从影经验。

整部电影都落在了饰演父亲的卡尔·莫尔登宽厚的双肩，以及年轻演员安东尼·珀金斯"孱弱"的双肩之上。且在珀金斯的身上，我们看到了老一辈演员詹姆斯·斯图尔特和加里·库珀年轻时的那种返璞归真，同时又有着白兰度和詹姆斯·迪恩那种外表上的现代性，而且完全没有刻意求难或刻意炫技的痕迹。

这是一部苦涩和幻灭的电影，会让你打消要去美国生活的念头。但另一方面，如果法国导演也能像罗伯特·马利根这样清醒和有才，也能像他这样在电影里讲述一些不仅仅是奇闻逸事的东西，我们国家在银幕上的形象，应该不会像现在这样被过于简化了。

——1958年

奥托·普雷明格

《你好，忧愁》（*Bonjour Tristesse*）

我没法告诉你们这部电影的改编是否忠于原著，因为我根本没读过弗朗索瓦丝·萨冈的《你好，忧愁》或是她的另外两本小说。我倒是看过那些发表在报上的她的访谈，都比她的这些小说更值得我们注意：它们全都有着丰富的内容，那种清醒、圆滑和冷静的智慧，让人觉得她更像杂文家而非小说作者。

简而言之，萨冈想的东西比她虚构出来的东西更让我感兴趣；我更感兴趣的是她这个人，而非她做的什么。她的体内还浅睡着一位严肃的泰斯特小姐（参见保罗·瓦雷里的杂文《与泰斯特先生共度的夜晚》）。萨冈想杀死牵线木偶的努力，让她相比她那些用自己费劲编出来的故事来自欺欺人的小说家同行可爱无限倍。

另一方面，奥托·普雷明格倒是相反，我更感兴趣的是他做了什么，而非他这个人。他的访谈都没什么意思，即使面对真正热爱电影的采访者，他讲的也尽是教会审查制度、票房盈利、明星卖座情况等老生常谈，仅此而已。这位五十岁的维也纳人，曾是出名的商人，受人嫉妒，过去还当过演员，但他也是艺术家，而且是那种常被人称作"形式主义者"（这个词大家用起来往往略带贬义）的艺术家。但他最根本的身份，还是电影导演——不管是多紊乱的原著，他都能令它恢复秩序。

所以，如果说萨冈是"属于她这个时代"的，即20世纪和20世纪的知识分子；那么，奥托·普雷明格就是一个来自百年之前那个世界的人，他靠的是本能，他用自己富有灵性的作品向着科学解释发起了挑战。

就让小说《你好，忧愁》的狂热粉丝为这部翻拍片的背叛原著去咆哮吧。那是他们的权力。正如我也有权更偏爱这部由普雷明格单独负责的作品，而非那些由一群隐姓埋名者来集体完成的作品，就像我都不想在这里再具体点名的影片，我们都不知道究竟是应该将它归在哪一个人的名下，是皮埃尔·布勒，还是大卫·里恩、亚里克·吉尼斯或是山姆·斯皮格尔。[1]

你有没有注意到，影评人职能中那种与生俱来的乏味让他们总是更关注人物，而非扮演人物的演员。肯定也是某种自命不凡的冷漠，让他们喜欢电影剧本多过电影本身，喜欢创作意图多过创作结果，喜欢想法多过事实。简单来说，就是喜欢抽象的多过具体的。但是导演必须面对的是被军事战略家称为"人员装备"的东西。小说家谈论"他的"人物，这总让我觉得荒谬；但听导演谈论他的演员，我从不会有这种感觉。这可能就是我喜欢电影多过文学的原因吧。

电影是女人的艺术，所以也是女演员的艺术。导演的工作就是要寻找漂亮的女性来做漂亮的事。对我来说，电影里的伟

---

[1] 指《桂河大桥》。

大时刻,就是导演的天赋与女演员的天赋完美融合在一起时:格里菲斯和丽莲·吉什、斯登堡和玛琳·黛德丽、弗里茨·朗和琼·贝内特、雷诺阿和西蒙妮·西蒙、希区柯克和琼·芳登、罗西里尼和安娜·马尼亚尼、奥菲尔斯和达尼埃尔·达里约、费里尼和朱莉埃塔·马西纳、瓦迪姆和芭铎。现在,我们可以将普雷明格和珍·茜宝也加入这份名单。

当初他组织"《你好,忧愁》竞赛"的时候,找的就不是故事女主角塞西尔;他找的就是珍·茜宝。找到她之后,接下来的问题,根本不是她能否扮演塞西尔,而是塞西尔这个角色,是否有资格让珍·茜宝来扮演。所以,忠不忠于原著暂且不谈,在我看来,编剧阿瑟·劳伦茨的这次改编,目的更像是要更好地"展示"珍·茜宝。我说的"展示",是取它最正面的意义,或者你也可以说,那是为了要更多地突出她的优点,让她动起来,将她摆在背景之前。

勒芒的那些赛车手,显然不是为了看赛的观众冒生命危险的,但即便如此,他们不也干得很出色吗?普雷明格和他们是一样的:他也让我们看了一场秀,但他没有明说的是,这场秀其实只和他一个人有关系。

普雷明格并不是很商业化的导演,这或许是因为他始终都志在寻找某一种真实,这种真实隐藏得特别好,几乎让人无法感知到,它隐藏在那些眼神、姿势和态度之中。他乐于在电影里拍摄丑闻[想想他那些电影:《除却巫山不是云》《俏女怀春》(*The Moon is Blue*)、《胭脂虎新传》(*Carmen Jones*)和《金臂人》(*The Man with the Golden Arm*)],但那是因为这样才能更好地保护他的纯粹。如果说他是画家,他喜欢的就是那些并不引人注目的小细节,画布的壮美反而衬托出了那些故意不追求什么重大意义的设计。他电影里那些矫饰的片头，其实是故意在开玩笑。所以当萨冈、朱丽叶特·格雷克（影片同名主题曲演唱者）和乔治·奥里克（本片配乐）这三个名字组合在一起的时候，那简直就是一个愤世的玩笑。如果现在让普雷明格再拍一次《你好，忧愁》，他很可能会找圣罗兰来设计服装，让贝尔纳·布菲来负责舞美。

另一个笑点：大卫·尼文坐在沙滩上，打开一份《ELLE世界时装之苑》。这是对皮埃尔·拉扎雷夫[1]的亲切致敬，他借给剧组的那栋豪华别墅，是本片中除珍·茜宝外最大的明星。但这还不算：《ELLE世界时装之苑》封面上是克丽斯汀·卡雷尔的照片，她已经被福克斯选为电影《一笑缘》(*A Certain Smile*)的主演，那是根据萨冈小说《某种微笑》改编的电影，到时候肯定会被迟钝散漫的让·内古莱斯科导演拍毁。所以，淘气的普雷明格这是在跟福克斯发信号呢——"不好意思了，老伙计，但我肯定我这部电影会比你们的先上映。"

我曾看到过一些小说《你好，忧愁》的早期简评，惊讶地发现它与美国电影《魂断今宵》(*Angel Face*)有着不少相似和可以类比的地方。《魂断今宵》的导演和制片，正是普雷明格。在片中，可爱的简·西蒙斯在豪宅里过着无聊的日子，她喜欢父亲，但讨厌总是让她扫兴的继母。于是，她设计让自己雇来的司机和情人罗伯特·米切姆杀了她继母。最终，在米切姆并不知情的情况下，她亲手酿成致命车祸，不仅杀死了继母，还连累了自己喜欢的父亲。这对情侣双双成为被告，在律师建议下，他们在狱中完成了婚礼，因为这可能是他们获得开释的唯一希望。

1　Pierre Lazareff，《ELLE世界时装之苑》创办人海伦娜女士的丈夫。

我并不是暗示萨冈的小说受了《魂断今宵》的启发，但《你好，忧愁》显然甫一出现就引起了普雷明格的兴趣。小说出版仅仅三个月后，他就从雷·文图拉手里买下了版权。这个男大学生不知从哪里来的灵感，一早就拿到了该书的版权，也凭借自己的这份敏锐嗅觉好好赚了一笔。所以，普雷明格就是《你好，忧愁》的创作者，看不到这一点的人是愚蠢的。这部电影，其实只是他在翻拍过去的作品，是他用来润饰自己最喜爱的主题的借口。这个主题便是：孩子气的女人和她因年龄增长而滋生的忧伤。所以我甚至认为普雷明格1957年的《圣女贞德》(*Saint Joan*)和1958年的《你好，忧愁》其实是完美的一对。前者是英国人来到法国，贞德被焚；后者还是同样的人物，但时隔一年，她不再理睬科雄主教[1]，她为自己辩护，她攻击英国女人黛博拉·克儿，将她赶出了法国。

我并没有对影片进行真正的分析。如果这文章看起来神神秘秘、有些晦涩，那是我的错吗？普雷明格早已多次证明，他很会讲故事，但是这一次，他似乎什么都不想告诉我们。他只想把那些自己感兴趣的东西就那样展示出来，几乎不为它们强行安上任何别的东西。他并没有为了想让我们相信这个其实很难让我们相信的脆弱、简单的故事而做什么。不仅如此，他还将这个故事切碎了，把我们从彩色的过去中带出来，让我们泡在黑白色的当下之中。他片中的黄金海岸和普罗旺斯民间舞，是不是让你觉得很荒谬可笑？但别忘了，两年之前，普雷明格被任命为戛纳评审团成员时，他不得不看的是犹如"花之大战"的海边林荫道，那可比电影里的荒谬可笑十倍。他对圣特罗佩的

---

1 Pierre Cauchon，判决贞德火刑的主教。

看法其实并没有很过分。《你好，忧愁》并不是这个美国人在用天真的双眼看法国，而是在将法国展示给所有的美国人看，因为他们就喜欢借敏锐和倨傲的旁观者的眼睛来看它。

本片演员表演水平有些参差不均，但仍是全片的根本所在。只要是珍·茜宝出现在银幕上——她几乎从头至尾都出现了——你就没法分心去关注其他任何东西。她每时每刻都显得那么优美，每一道目光都是那么精准。她头部的形状、她的侧影、她的步伐，一切都是完美的；这样的性感吸引力，我以前从没在银幕上看到过。她最大限度地被她的导演所设计、掌控和指导着，以至于他们在说，他才是她的未婚夫。我对此并不感到惊讶，因为想在银幕上获得这样的完美效果，确实需要不同寻常的爱才行。珍·茜宝时而身穿边上开口的蓝色短裤，时而是海盗式长裤、裙子、睡衣、浴袍、男式衬衫——下摆拉在外面或是在前面打个结，或是穿着胸衣但行为检点（不过时间并不太久）。她有着一头金色短发，圆睁着的蓝色眼睛里带着一丝男孩般的狡黠，她将整部电影的重量，都扛在了自己那对纤巧的肩膀之上。这是奥托·普雷明格为她写的情诗。

——1958年

尼古拉斯·雷

《荒漠怪客》（*Johnny Guitar*）

七八年前，我们通过《孽海枭雄》(*Knock on Any Door*) 发现了尼古拉斯·雷。然后在"约会比亚里茨"电影节上通过那部令人眼花缭乱的《夜逃鸳鸯》(*They Live by Night*)，进一步确认了他的才华——那也是他目前为止最好的作品。之后跟着而来的是《兰闺艳血》(*In a Lonely Place*)、《危险边缘》(*On Dangerous Ground*)、《好色男儿》(*The Lusty Men*)，但这几部影片在巴黎上映时并没多少人关注。现在，又来了这部《荒漠怪客》。

要问什么叫作者导演，这位和罗伯特·怀斯、朱尔斯·达辛、约瑟夫·罗西同辈的年轻美国导演——尼古拉斯·雷蒙德·金泽尔，就是一位典型的作者导演。他所有的电影，都诉说着同一个故事：暴力的男人想放弃暴力，再加上他和那个在道德上比他更有力的女人间的关系。在雷的电影里，主角经常是表面强壮，实际只是虚弱、孩子般的成年人，有时候甚至仅仅只是孩子。他被包裹在道德的孤独之中，总是被人追杀，有时候还会被处以私刑。看过上述这些电影的观众，你们可以将这些内容自行在脑海里再补充一下，至于没看过的人，那就只能相信我说的了。

《荒漠怪客》远非这位作者的最佳作品。雷的电影，通常都会让观众感觉无聊，因为它们都有着闲散的节奏，都很严肃，都很写实——那是一种文字和富有诗意的见解上的现实主义，和科克托很相似。《荒漠怪客》由一系列过于细腻的东西组成，比真实更加真实。在法语配音版的《荒漠怪客》里，牛仔和牛仔之间滑稽地互称"先生"，也算是少见的配音版优于字幕版的案例；因为这让我们更清晰地看到了该片的戏剧性。我们早已听说，这部西部片拍得相当挥霍，令人咋舌。但《荒漠怪客》其实是一部伪西部片，可又并不是"知识分子"西部片。它是一个梦，一则童话，一部致幻的西部片。它距离弗洛伊德的梦只有一步之遥——这是我们的英国影评人同行在谈论"心理分析西部片"时用到的一个人名。但是，雷的作品在本质上却与之不同，只是这些本质，对于那些自己从没真正拍过电影的人来说，或许是无法察觉的。下面，我们要尝试追踪一下他这种电影创作的源头。与安德烈·巴赞的观点相反，我倒是相信，我们给一位导演和他的电影画肖像时，能够让他本人从中再认出他自己来，这一点相当重要。

我们可以将电影导演分成两组：思考型和本能型。我肯定会把雷放在第二类，纯真和感性的那一组。但另一方面，我们也能从他身上感受到一种知识分子的品质，可以将所有个发自自己内心的东西抽象化。电影技术上，他谈不上特别伟大，但有一点很清楚，他的目标并不是让自己的电影取得那种传统意义上的普适性的成功，而是赋予电影里每一个镜头某种情绪上的质量。《荒漠怪客》拍得相当匆忙，每场戏都拍得很长，然后再切割成十几个小段。它的剪辑也不太均匀，却有着其他一些能令我们感兴趣的东西：例如，它将人物放置在某种背景之中的具体做法就相当优美。（例如，那伙人跑去女主角店里时，像候鸟那样排成了V字形。）

在《荒漠怪客》里有两部电影：雷反复拍摄的主题——两个男人和两个女人之间的关系，暴力与苦涩——以及以约瑟夫·冯·斯登堡风格拍摄的夸张的全景戏，这种风格在雷的作品里非常罕见，出现在这里却同样很有看头。例如，我们看见身穿白衣的琼·克劳馥在巨大的酒吧里弹奏钢琴，边上是烛台和手枪。《荒漠怪客》是西部片里的《美女与野兽》，是西部片的梦。那些牛仔像芭蕾舞演员那样优雅地消失和死去。大胆、暴力的颜色〔真彩（Trucolor，19世纪40到50年代好莱坞西部片常用的彩色胶片工艺）〕营造出一种陌生感；色调生动，有时十分美丽，总是令人意外。

常去香榭丽舍大道上那些影院的主流观众，边看《荒漠怪客》边窃笑其实并没有错。但再过五年，他们就会挤在实验电影院里为它鼓掌了（正如他们对《布劳涅森林的女人们》所做的）。蒙马特尔那边的观众，倒是很欢迎配音版的《荒漠怪客》。对香榭丽舍这边的人来说，这部电影缺少了休斯顿式的眨眼。

雷拍摄《荒漠怪客》，是受命专为琼·克劳馥而拍的，正如弗里茨·朗的《恶人牧场》，也是受命专为玛琳·黛德丽而拍。克劳馥曾是好莱坞最美的女性之一，而现在的她已经超越了美丽的极限。她变得不真实，成了自己的幽灵。白色侵入了她的双眸，肌肉占据了她的面孔，但僵硬的面孔背后是钢铁般的意志。她成了一个现象。她年纪越大越像男人。她吐字清晰、始终紧绷的表演方式，在这里几乎被导演推向了间歇性爆发的地步，这本身就是一种奇怪却让人着迷的景观。

雷是好莱坞的罗西里尼。和罗西里尼一样，他从不解释，从不强调自己的意思。与其说制作电影，他更像在制作电影大纲。他和罗西里尼的另一个共同点是，都因孩子的死亡而恐惧。尼古拉斯·雷让那些不属于好莱坞的漂亮小东西变得时尚起来。打倒业余玩票的！没有哪一部雷的电影里没有黄昏戏；他是傍晚的诗人，但好莱坞显然什么都允许，除了诗意。所以，在好莱坞，霍华德·霍克斯进入某场戏中，不慌不忙地与传统调情，为的是嘲弄传统，而且总能获得胜利。雷没法像他那样与魔鬼共舞，当他试图为影片能够盈利而选择和解时，战斗还没开始，他就已经输了。

霍克斯和雷正好相反，这有点像卡斯特拉尼和罗西里尼的关系。在霍克斯身上，我们看到的是头脑的凯旋；而在尼克·雷身上，我们看到心的胜利。我们可以支持雷而反对霍克斯，或是反过来支持霍克斯而反对雷，我们可以因为《荒漠怪客》去指责《烽火弥天》，或是干脆两部影片都接受。但那些对这两部影片都抗拒的人，就不该再去看电影了。一部电影都不用再看了。因为看到灵感，看到诗意的直觉，或是看到一个带有景框的画面、一个镜头、一个好点子、一部好电影，甚至是看到电影院，他也什么都认不出来。

——1955年

《高于生活》（*Bigger Than Life*）

尼古拉斯·雷拍了那么多电影，如果说他之所以会更偏爱《无因的反叛》（*Rebel without a Cause*），是因为那部电影由他一手包办到底，我们也可以认为，他对《高于生活》似乎应该也挺满意的。因为虽然《高于生活》的片头字幕表明其剧本来自希瑞尔·休谟和理查德·梅宝姆，但实际上，克利福德·奥德茨、加文·兰伯特和雷自己，又把它彻底重写了一遍。

拍摄本片时，他享有巨大的自由度，这无疑是因为该片制片詹姆斯·梅森也是影片的主演。是梅森买下了故事的版权，那原先是一篇发表在《纽约客》杂志上的、源于真实事件的报道。一位患有动脉炎的教师，接受了医生开出的新药可的松的治疗，该药当时仍处实验阶段，却已经有了"神药"的美誉。虽然病人在服药剂量上十分小心，但最终还是在药物作用下变成了自大狂。他变得苛刻、易激动、偏执和疯狂；他全身心地疯狂投入意在改革教育制度的各项乌托邦计划之中；他成了家里的暴君，威胁周围人的安全，直至他最终被送进医院，接受新的治疗方案。

在休谟和梅宝姆的初稿剧本里，男主角看着就像化身博士的表兄弟。白天倒是很正常，晚上就会变得如野兽一般可怕，见什么砸什么。但是，雷更倾向于回归真实情况的写法，从戏剧角度尽可能地去把它推向极致。

艾德·艾弗瑞（詹姆斯·梅森饰）是一位收入微薄的教师，每周都有几晚要瞒着妻儿去出租车公司当调度。因为工作过于辛劳，他患上了动脉炎，只得接受药物可的松治疗。在各种医疗协会的压力下——他们在美国很有影响力，对于本片也格外敌视——雷被迫更换了片中的一处细节。在片中，艾弗瑞为让药物带给他的快乐感更持久，自行增加了用药量，不久之后，他已经把它当成毒品来用了。

教师的行为发生了变化：他开始感受到一种以前从没有过的自我肯定和自我满足。某天，在一家高档沙龙，他让妻子买下了两件他其实无力支付的洋装。他对人对事都越来越挑剔，他变得傲慢，而且十分易怒。

不久后，就和那个真实故事中的人物原型一样，电影里的这位教师，也声称自己找到了新的使命：改革教育制度。他写了一系列重要文章，还在自己儿子身上试验那些新的教育原则；他要把儿子变成天才。于是，这对母子的噩梦就此开始。片中的家庭戏变得越来越暴力。某日，艾弗瑞发现儿子想把他的可的松扔掉。不久，在教堂里听了一段关于亚伯拉罕的布道后，艾弗瑞相信自己也能做神学者，并决心仿效亚伯拉罕献祭自己儿子的做法。妻子想阻止他："上帝并不希望亚伯拉罕牺牲儿子。"但他兴奋地回答："上帝错了。"就在他手持剪刀，打算献祭儿子的时候，自己却一阵头晕。上帝出手了，艾弗瑞看见了如《创世纪》所描述的旋转火球——"日落天黑，有火从那些动物中经过。"醒来之后，艾弗瑞发现自己已被一位邻居制服。再之后，我们看见母子两人去医院探视他，而他也最终康复。

本片在威尼斯影展上放映之后，我有不少同行都觉得这个剧本不太能让人信服。他们觉得，不过是某个男人过量服用可的松这么一件普普通通的小事情，你怎么可以从中创造出一出悲剧来呢？但事实上，雷并没想过要把它拍成悲剧，他甚至都没想过要讲一个能让人信服的心理故事。他是把这当作一则寓言来构思的。他拍的是一种想法，是一个推理过程，是一种推想。你大可以用酒精来替代可的松。首要的考虑，并非故事前提，而是解决它的方式。

雷想让观众看到，相信医疗奇迹，相信什么"神药"，那是错误的。因为它们就像是原子弹，既能拯救，也能毁灭。科学有它的局限性，盲目相信并不明智。只有一件事情，是他没法在电影里公开表现的，那就是他本人对医生的反感。但他拍医生的时候，用的都是三人一组的构图，把他们拍得就像犯罪片里的匪徒。他让他们用卖弄、疏离且傲慢的态度说话。他要在这部电影里传递一些不同寻常的讯息，但他并未想过要把它拍得平易近人。不然，他大可以将整部电影封闭在一个梦中：教师醒来后发现，发现所有一切都是梦，包括他想杀掉儿子的举动。如果真那样，观众会更热情地接受本片，但那也意味着，雷得被迫选择梦境这种糟得不能再糟的传统电影手法，而影评人到时候照样会对他冷嘲热讽。

本片剧本聪明、细致，完全合乎逻辑。可的松无须为艾弗瑞的自大负责，它只是揭示了他这一特性。因为从一开始，创作者就在给我们暗示：艾弗瑞家的墙壁被旅游海报覆盖；还有他第一次头晕前，曾经对妻子说过："我们很无趣，你知道的。"

即使在他感觉清醒的时候，他也是一个很无趣的人，但就像醉汉有时候可以说出一些至理名言，艾弗瑞也说出了一些真相。妙就妙在，他从来都不是完全正确或完全错误，最好的例子就是他和学生家长见面的那一场戏。他起身向家长解释说，这些让他们觉得十分自豪的孩子，其实正处于黑猩猩的进化阶段。一位女士由此愤然离席。艾弗瑞则抽了一口烟，满意地笑了笑，继续往下说，而且言语之中渐渐流露出了法西斯的腔调。"真相就是，我们需要一位领袖。"听到这句话，一个留胡子的大个子走到他面前，眼里冒着火。"那正是我想要听的，太棒了！"真相，反真相，这才是这部电影要说的。细看就会发现，其实这种相当克制的黑色幽默笔触，贯穿整部电影。

在他最初的那些电影里，雷在处理暴力和暴力者的道德孤独时，其实带着一定程度的赞同。但慢慢地，他开始展示暴力的无用和清醒的重要性了。这次他呈现在我们面前的这个男人，同样也是不妥协令他走上了道德孤独的道路，这一次，虽然他让我们看到了这个男人的错误，虽然他在继续呈现暴力的无意义，但雷还想说明：清醒了其实也不是就万事大吉了；艾弗瑞是一个从理性的地狱里逃出来的人。

本片本质上更像一则寓言，而非什么心理学故事，但细节上确实做到了超级精确。与其凭空制造出什么危机，几位创作者更愿意通过主人公面对日常琐事的反应变化，来呈现其病症的日趋演变。某天早上，艾佛瑞把送奶工拉到一边，指责他也许出于嫉妒心，所以故意用奶瓶制造噪声来影响自己，想让自己没法工作。

艾弗瑞这个人物，很接近布努埃尔的《他》(El)里的主人公弗朗西斯科，而且两部电影的相似之处，还不仅限于这两个人物。有一场戏，艾弗瑞心满意足地凝视着浴室镜子，而妻子则提了一壶又一壶的热水过来给他洗澡，这样的场景，完全有可能出自布努埃尔的某一部作品。

梅森的表演有着非凡的精准度。而在雷的出色执导下，梅森在片中有那么三四个面部特写，可以说是自西涅玛斯科宽银幕出现以来，我在银幕上见过的最优美的面部特写了。雷给予本片的节奏也相当有力。简短的一场场戏相继扫过荧幕，都围绕着艾弗瑞这个人物的逐渐恶化展开。一方面，《高于生活》是那种装饰性电影的反义词；但另一方面，哪怕是它里面最小的细节——服装、道具、姿势——也都有着压倒性的美感。

雷的电影，在另一方面也拍出了深刻的真相。即使你拒绝同意作者对剧本做出的修改（但为什么拒绝呢？），仍不得不佩服一件事：这是我们第一次在银幕上看到这样一组关系——一位知识分子与相对他头脑简单的妻子之间的关系——能被如此清晰、坦率地呈现出来。我们第一次看见一个知识分子安坐家中,十分自信自己能掌握话语权,他知道自己在和妻子打交道时,他对辩证法的理解对自己有利:妻子虽然也有感受,却早已放弃将之表达出来,因为她没办法掌握话语权。和很多女人一样,她依靠直觉,受爱和感性的支配。围绕这一主题的各种变化,令《高于生活》即使没有了那本身已精彩十足的故事,也能成为一幅完美的关于婚姻关系的肖像画。

  《高于生活》是一部逻辑严密、思维清晰的电影,但它要攻击的目标,也正是这两种品质。而它的每一帧画面,全都命中了目标靶心。

  如果《高于生活》会令某些人看了觉得不满,那是因为雷的电影都很相似,以至于最新的这一部很难一下子就展现出它的真实意思。但是,在这类电影的创作者和它的目标观众之间起到桥梁作用,不正是影评人的职责吗?

——1957年

道格拉斯·塞克

《苦雨恋春风》（*Written on the Wind*）

"真实罗曼史"的出版商像拧海绵一样地拧着读者的心。"心灵""梦想""秘密""我们俩""亲密"；年轻的女士，只要花上三十法郎[1]，就能酣读六小时，外加享受自己的泪水。小孤女被教父收养，教父是一位淳朴的布列塔尼亚渔夫，住在被英法海峡巨浪拍打的巨岩之上；之后小孤女又被诺贝尔·德·拉·格罗布勒注意上了，他是名为诺贝尔先生的庄园主的儿子。多么甜蜜的一首田园诗。

这些著名的"真实罗曼史"杂志，其实也有一种特定的风格和调子，没能在更多的小制作电影里发现这样的风格和调子，这让我觉得十分遗憾。由一位不害怕情感起伏的导演拍摄的优秀情节剧，它与巴尔扎克之间的距离，相较于查尔斯·斯帕克（比利时编剧）的《罪与罚》（*Crime and Punishment*，1956）与陀思妥耶夫斯基之间的距离，要小得多。

---

[1] 法国货币单位，1法国法郎=1.1633元人民币。——编注

所有这些都让我想到《苦雨恋春风》，它是这一方向上有过的最佳作品：不管是视觉层面还是知性层面，完全相当于一本很好的彩色"照片小说"。

罗伯特·斯塔克扮演富有石油商人的儿子，有着爱酗酒的毛病。他和自己童年时的好伙伴、他父亲最信赖的顾问罗克·哈德森同时认识了由劳伦·白考尔饰演的女秘书。斯塔克娶了白考尔，她治好了他的自卑情节和酗酒的毛病。斯塔克的妹妹多萝西·马龙是个慕男狂，毫无希望地爱上了正直的罗克·哈德森，但后者爱的，自然是他好朋友的妻子白考尔了。

已经酒精中毒的斯塔克从医生那儿得知自己丧失了部分性功能，更确切地说，他间断性地失去了生育能力。于是，某晚，当白考尔告诉他说自己怀孕了时，斯塔克认定是好友背叛了他。而那位随着剧情进展变得越来越不安定的恶毒妹妹，也鼓励哥哥那样想。之后就有了斗殴、枪战、玩命的午夜追逐、喝光了的酒瓶和打碎了的酒瓶。最终，斯塔克意外杀死了自己。美丽的多萝西在法庭上说出了真相，令她过去十年的放荡生活得到了饶恕。于是，哈德森和白考尔——确实是一位很美丽的寡妇——也可以有情人终成眷属了。

结尾，道格拉斯·塞克——他可真是个坏蛋——让我们看到慕男狂多萝西身穿紧身西服，坐在父亲的火炉边，抚摸着一个油井架模型。这是她新兴趣的标志：黑色黄金固然可以代替精液流动，但俄狄浦斯会一直在那儿！

塞克不是什么新人。他原籍丹麦，世纪之交生于斯卡恩，原本在柏林执导话剧，来好莱坞之前曾在德国、西班牙和奥地利拍过电影，然后凭借一些出色的小制作逐步成熟。巴黎的影迷朋友一定十分熟悉这些作品：《夏日风暴》(*Summer*

Storm)、《香饵钓金鳌》(Lured)、《海棠春睡》(Sleep, My Love)、《防震》(Shockproof)、《野寺情鸳》(Thunder on the Hill)、《秘密潜艇》(Mysterious Submarine)、《爱尔兰英雄传》(Captain Lightfoot)。这些电影有着同样的精准度和幻想，但没有哪一部达到了他这部新作的艺术程度。这才是不为自己拍电影感到害臊的拍电影，没什么复杂情绪，没什么犹豫，有的只是优秀的手艺。

但《苦雨恋春风》真正值得我们注意的还是它的视觉风格。过去的影评人爱说："只有等画家参与进来了，才会有好的彩色电影。"这是什么胡说八道啊！电影的彩色与画家的品位毫无关系，甚至可以说和好品位也没有关系。我们看到斯塔克在蓝色卧室中，卧室有一半处于阴影之中；我们看到他冲进红色的走廊，跳上黄色的出租车，下车时对面是架银灰色的飞机。所有这些色彩都以生动且坦率的方式呈现，包裹得十分艳丽，以至于画家看到了都会尖叫。但这些都是20世纪的色彩，美国的色彩，奢华文明的色彩，是能提醒我们自己正生活在一个塑料时代里的工业色彩。

有些影迷每年只去影院看那十五到二十部公认的杰作，我不会向这些人推荐《苦雨恋春风》，因为这部电影的天真——不管是有意还是无意——和它的荒谬会让这些观众感到被冒犯。但真正的影痴，那些因为好莱坞电影是如此有活力而大大原谅了好莱坞的观众，他们看完《苦雨恋春风》后，会狂喜，会目眩，会心满意足一晚上——喜悦之情至少能停留到下一部优秀的婚姻喜剧片出现之时。

——1957年

弗兰克·塔许林

《春风得意》（*The Girl Can't Help It*）

赞扬本片的话，我就只说几句。《春风得意》不仅是一部优秀的电影，一部有趣的电影，一部出色的戏谑片，而且是此类电影之中的杰作。

在看过塔许林的《太太从军》（*Lieutenant Wore Skirts*）和《艺术家和模特》（*Artists and Models*）之后，我曾写道（请你们原谅我引用我自己写的话，我是为了接下来能提出相反的意见）："既然他无法欺骗我们或是令我们着迷，塔许林就只好用故事技巧让我们产生兴趣了。"这一次，我们可以毫无疑问地说：塔许林令我们着迷了。

我们在这里面对的是一个或多个皮格马利翁主题的变体。在本片中，雕塑家爱上了一位他拒绝雕塑的模特儿。他更像《七年之痒》里的快乐花花公子，因为爱情得不到回报而沉迷在酒精白日梦之中，帮助一个有前科的男人身边某个染了金发的小宝贝成了明星。但这里的宝贝和《宝贝儿》里的宝贝恰恰相反，她的梦想是为可爱的丈夫生一堆孩子、为家人准备好晚餐。她不会（也不想）唱歌。当她唱到"re"时，电灯泡都会碎掉。但是，最终一切都以最好的结局结束，谢天谢地，塔许林可很不喜欢不圆满的结局。

故事共由三百四十七个笑料组成——塔许林自己数了一遍——另外还有七八段编排得很好的乐曲，尽管初衷是讽刺摇滚乐的，但确实体现了摇滚乐的精神。

这是一个要点。戏谑片是电影中的小类型，只能给我们带来含有恶意的短暂快乐，感觉就像一段精彩的小酒馆演出。戏谑片充满惊奇和邀请，它邀请观众一同分享笑话。但是经不起重看，看第二遍几乎肯定会让人失望，因为它靠的是讽刺，那本就是一种不怎么悦目的夸张手法。如果我要说塔许林是一位伟大导演，那是因为我觉得他解决了讽刺喜剧片一直以来存在的问题（甚至可以说是解决了文艺批评存在的问题）。他不是用讽刺来取笑拍摄对象，而是将戏谑对象——在本片中就是摇滚乐了——的极致之处拿来做夸张处理。他挑选的曲目，都是一些愚蠢、大肆咆哮的歇斯底里、变态口味的缩影。但他用了更艳丽的色彩来包装它们，加强其节奏，省略中间部分。他是真的亲手将它们塑造了出来，赋予了它们力量，甚至还赋予了它们原本所欠缺的那种纯粹。在《春风得意》里，摇滚得到精炼，以它自己的方式变得相当宏伟。

这是霍华德·霍克斯在《绅士爱美女》中给我们上的那课的激进版本。我是故意用"上课"这个词的。这可不是用相同乐器奏出比你更好的曲子，好来嘲笑你的做法。而是，你不是想要摇滚吗？OK，这就来！而且来得十分漂亮。

他在剧本和人物上做的工作是一个整体。塔许林用假胸和别的什么东西夸大了简·曼斯菲尔德的体型，但他并没有取笑她，而是将她变成了一个可爱迷人的角色，就像《巴士站》里的玛丽莲·梦露。

《春风得意》从前到后都很有趣，从头至尾都很有魅力。海滩上的野餐，简·曼斯菲尔德穿着泳装坐在海边说话，这场戏就是一个很好的例子。

我在写下这些文字之前，一共看了三遍《春风得意》。和所有伟大电影一样，每一遍看，你都会觉得它比先前更美丽、更成功。再看的时候，你笑的频率会比之前低，但你会更爱它，会感受到更多的情绪。

——1957年

《糊涂大影迷》（*Hollywood or Bust*）

迪恩·马丁扮演倒霉的赌徒，指望能靠买彩票赢来一辆豪华敞篷车，但他靠的不是运气，而是满满一手提箱的假彩票。另一边，杰瑞·刘易斯买了一堆真彩票，为的也是那辆漂亮敞篷车。他梦想能驾驶它去好莱坞诱惑他梦中的女神：阿妮塔·艾克伯格。

最终两人双赢，一同驱车去了洛杉矶。在此期间，迪恩·马丁想把刘易斯撇下，但没能成功。刘易斯得到了巴斯康先生的保护；那是一条巨型大丹犬，它会开车，也能像人那样鼓掌。

弗兰克·塔许林的这部电影（拍于《春风得意》之前）说的是这两人的旅程，一路上发生的故事，一个比一个滑稽；真是满载笑声的凯迪拉克疯狂之旅。

我们最终抵达了好莱坞，到了派拉蒙片厂，这里有个对电影制作的极好讽刺，戏谑的是《战争与和平》。阿妮塔·艾克伯格穿着睡衣躺在床上，听着导演指挥："拿破仑就要从艾尔巴回来了，你心焦地等着，他是你丈夫，你在颤抖和叹息……"

我很担心这部电影不会获得那些喜欢"好品位"的观众的认可。但我们应该明白，镜头并不记录简单的现实，电影里的好品位和画面的好品位并无关系。在银幕上泼洒的生动颜色、出租车的车顶、悬空的大桥、一片紫花苜蓿地、游泳池、一件游泳衣，导演将它们精挑细选出来，并加以组织，形成一个整体。弗兰克·塔许林正是今天拍喜剧片的这些人里，最懂得如何精炼素材的一位。

只做到滑稽是不够的，要想赋予笑料一些内涵，必须避免庸俗，提升幽默，创造出美，建立形式和色彩之间的和谐；只有当讽刺是积极的时候，它才能真的去摧毁它所取笑的那种平庸。这部好电影为我们上了一课，也给了好莱坞的平庸狠狠一记耳光。

英语片名具有两重意思：一是好莱坞或"失败"[1]，二是好莱坞或胸（安妮塔·艾克伯格的胸）。相比这一聪明、革新的原始片名，其法国译名《真是一部傻电影》(*Un Vrai Cingle de Cinema*)可算是典型的法式愚蠢了。话说回来，在维士宽银幕已普及的今天，还在用黑白动画片当填场电影的派拉蒙公司，自打《战争与和平》（1956）至今，一直都没想出过什么好片名！

迪恩·马丁通常都是一对人物中当倒霉蛋的那一个，本片之中塔许林将他这个人物处理得很好。那些通常情况下会显得

---

[1] 英语bust也有失败之意。

像苦差事的戏码（听听他那些歌），在这里被他转化成了感性的诗意段落。杰瑞·刘易斯越来越让人开心。他是夜总会出身的艺术家，很聪明地一路走进了电影圈，就和罗伯特·赫什、雅克·儒阿诺、普瓦雷、塞罗尔一样。还有很多其他法国艺术家也能做到这一点，只不过，这些其实也很不赖的电影人，目前还没能对歌舞喜剧片产生足够多的兴趣。

去看看《糊涂大影迷》，再多看看《春风得意》，为弗兰克·塔许林鼓鼓掌。毫无疑问，他还会带着更多惊喜在前面等着我们。

——1957年

埃德加·乌默

《边城侠盗》(*The Naked Dawn*)

《边城侠盗》属于那种几乎没做什么宣传、很容易就被错过的小制作美国电影。环球公司并未着力于本片的发行，相反还起到了反作用，仿佛故意想让它离影评人远些一样。但是，我们是不会在商人面前屈服的。低成本电影《边城侠盗》拍得既诗意又暴力，既温柔又滑稽，既动人又细腻，充满了精力和生机。

片头字幕随着墨西哥边境上发生的一起火车劫案出现，两名匪徒中的一个，因为同伙手中的武器送了命，剩下的桑迪亚戈（阿瑟·肯尼迪饰）在外面晃荡了一晚上，最终遇见了年轻农夫马努艾尔（尤金·伊格莱西亚斯饰）和他迷人的妻子玛丽亚（贝塔·圣约翰饰）。影片讲述了桑迪亚戈和马努艾尔结伴去城里兜售那些从火车劫案里偷来的手表的故事，还有他们在回家路上途经一家酒店时的遭遇，以及出人意料的爆炸性结局。

重要的是这三人之间细腻而模糊的关系，那可是小说的好题材。亨利-皮埃尔·罗什的《祖与占》是我所知最美丽的现代小说之一，它讲述了两个朋友和他们都爱着的那位女性之间是如何温柔、几乎毫无摩擦地始终在一起的故事。他们之所以能做到那样，靠的是经常被拿出来重新考虑的审美道德。《边城盗侠》是我看过的第一部这样的电影：它让我意识到了，《祖与占》其实也可以被拍成电影。

毫无疑问，埃德加·乌默属于那类最不为人所知的美国导演。我的影评人同行里，很少有人可以自夸说看过乌默少数几部在法国也能看到的电影。这些电影，都让人感到出奇的新鲜、诚恳和有创意：《陌生女人》(*The Strange Woman*)（莫里亚克配搭上朱里安·格林）、《性感巴格达》(*Babes in Bagdad*)（伏尔泰式的嘲弄）、《冷血如冰》(*Ruthless*)（巴尔扎克）。这个出生在20世纪初的维也纳人，先是给马克斯·雷茵哈特（Max Reinhardt）当助手，后来跟了伟大的茂瑙。他在好莱坞没什么好运气，可能是因为他不知该如何融入体制。他随意的幽默和快乐的态度，他对自己描写的那些人物的温柔情绪，都不可避免地让我们想到让·雷诺阿和马克斯·奥菲尔斯。但另一边，爱去香榭丽舍大道那些影院的主流观众，也对他这些电影产生了好感，正如几个月前他们也喜欢罗伯特·奥尔德里奇的《死吻》一样。

谈论《边城侠盗》就像在为它的作者绘制一幅肖像，因为我们在每一帧画面背后，都会看见他的存在，都会感受到我们与他之间似乎有相当亲密的关系。聪明而任性，好玩而沉着，活力而清晰，简而言之，那是一个好人，就像我上面拿来和他做比较的那些人。

《边城侠盗》属于那种电影：我们一看就会知道，它一定是在快乐的情绪中完成的，每一个镜头都呈现出对电影的爱，以及拍摄电影时的愉悦。能够再次观看这部电影，能够和朋友谈论它，那也是一种愉悦。这是一份来自好莱坞的小礼物。

——1956年

查尔斯·维多

《爱我否则离开我》（*Love Me or Leave Me*）

这是一部来自美国的心理音乐剧，或者说是带有唱歌部分的正喜剧。看完《爱我否则离开我》离开影院时，我想到的是，让·雷诺阿这话确实说得对："美国电影里没有现实主义。没有现实主义，却有着某些更好的东西：伟大的真实。"

确实，在那些最传统的好莱坞段落里，往往也注入了一些灼热闪耀着的真实和诚意毋庸置疑的细腻处理，和各种各样具有创意的精彩模仿。有时候，电影结构、气氛或类型越虚假和人造，真实元素反而会变得更有力。

在一部根据严肃小说改编的心理电影中，当情侣分手时，那自然是伤感的，但这就是生活。可是，当同样的戏出现在《一个美国人在巴黎》（*An American in Paris*）或《雨中曲》或《爱我否则离开我》中时，反而会显得更残酷，会带来更悲伤和更令人不安的共鸣：因为它听上去更真切。

《爱我否则离开我》是电影拍出来的真实人物传记，它的文学基础很真实，这或许是让它优于很多同类电影的关键。这出戏剧说的是人和人之间的冲突，同样的事情反复上演，一边是多丽丝·黛饰演的歌手，她在本片中的样子相当撩人；另一边是她的保护人，他起初是她的朋友，后来是她的未婚夫、她丈夫，最终他依赖于她。这人就是詹姆斯·卡格尼了，他表现出来的那种精神，那种快乐、天真和狡猾的说服力，真是精彩。多棒的演员啊！

多丽丝·黛饰演的露丝·艾廷是一位渴求浪漫的伴舞女郎。詹姆斯·卡格尼饰演的施奈德则是令人讨厌的小流氓，他控制了她，成为她的经纪人，靠着自己的拳头，替她在几家夜总会里找到了一些工作。但问题在于，露丝唱歌很有天赋，所以各种邀约很快便如潮水般涌来，她不再需要施奈德了。

从此开始，两人就经常互相看不顺眼了。施奈德多少是靠着强迫手段，让露丝嫁给了他。他们动身前往好莱坞。一位温柔的音乐家也默默爱上了这位美丽的歌手。随后有一场出现了手枪的三角关系戏。最终，施奈德牺牲了自己的欲望，允许妻子采摘生活中不那么棘手的玫瑰花。

美国歌舞片的好处已经不用再夸下去了，在它轻松的表面底下，处处都流露出现实主义。如果非得列出影史最震撼、最动人的那些戏码，我敢肯定，其中有许多都会出自这一类好莱坞"歌唱喜剧"。几段音乐和几段舞蹈过后，你就会看到赚人眼泪的突变，而且流下的泪水也会比别的电影里的更加严肃。

《爱我否则离开我》由查尔斯·维多执导，是一部十分优美的西涅玛斯科宽银幕歌舞片，也完全符合上述特征。它讲的是一位歌手和她经纪人的婚姻生活，可信而且睿智，故事的技巧性和真实性都是在其他电影里少见的。

故事发生在1930年，这也就意味着其服装、歌曲和车辆，都更加会为影片增光添彩。戴是一位很吸引人的女演员，而耐着性子一瘸一拐走路的詹姆斯·卡格尼，也演活了这个既可爱又脾气坏的男人。

相比战后让我们记住查尔斯·维多这个名字的第一部作品《吉尔达》(*Gilda*)，本片的情色程度与严肃程度都有所减少。《爱我否则离开我》是一部能勾起你同情心的作品，应该去看一下。

——1956年

比利·怀尔德

《七年之痒》（*The Seven Year Itch*）

被夸大的隐喻。无须七分钟，我们就能看出《七年之痒》远非什么淫秽放荡的作品，它能带领我们超越邪恶的极限，让我们看到什么是折磨人的悔意、什么是善意的幽默、什么是善良。

一个"普通"美国人（汤姆·伊维尔饰）送妻儿去了火车站，母子要出门度假去了。男人独自回到家中，决心不能出轨，听医生的话不喝酒，或许还得遵循牧师的话。

但是一个姑娘——你只能在梦里见到的那种姑娘——搬入了他楼上的公寓，为本就因为暂时单身而有点失魂落魄的伊维尔带来了痛苦的折磨。

剧中最重要的人物、全场关注的焦点，就是这个平庸的男人，他的体力和智力甚至都有些低于平均水平。之所以这么设定，是为了确保所有男性观众都能代入这个人物，并为女性观众带来更多快乐——施虐的快乐，"高人一等"的快乐，也可能有眼红别人的快乐。随后，影片重心渐渐转移到了女主角身上，转移的原因很巧妙：当她出现在银幕上时，除了她的身体，我们根本没有别的东西可看。从头一直看到脚，在此之间目光至少要停顿一千次。她的身体，就像磁铁吸引金属，将我们从座位上吸引到了银幕前。

在银幕上，我们没有思考的机会。对屁股、脖子、膝盖、耳朵、手肘、嘴唇、手掌、侧影的关注，掩盖了对影片运动镜头、构图、全景、溶出画面的关注。应当承认，这里面并非没有庸俗的成分，但那都是预先设计好的庸俗，仔细衡量过的庸俗，最终也见效了的庸俗。比利·怀尔德，这好色的老狐狸，一路上不断给我们各种暗示，以至于影片开始十分钟之后，我们就已经没法再确定所有那些东西的本来意思或字面意义究竟是什么了：水龙头、冰箱、下面、上面、肥皂、香水、短裤、微风、拉赫玛尼诺夫。

如果我们对此感到喜爱多过于心烦，那也是因为影片的神韵和创造力，因为它的活力和淘气，都在要求我们做它的同谋。

这部电影拍得很诚恳，而且不仅如此。它的淫秽并非来自你或我，而是来自怀尔德。他真是非常之大胆，甚至以极高的精确度拍摄了几个纯色情的镜头（当然，也因为这些镜头极具风格化，所以98%的观众其实并不会注意到）。例如，伊维尔蹲在半开的门前时，他双腿中间夹着那只牛奶瓶。

本片另一个有趣之处便在于，这或许是我们第一次看到在电影里以电影方式对其他电影做出评论。雅克·里维特说过——我也很同意他这个观点——《疤面煞星》的第一场戏，夜总会的员工愤怒地抛出彩纸、飘带和被人遗忘的一只胸罩时，当时霍克斯内心想的就是，这部电影和一年之前由约瑟夫·冯·斯登堡执导的那部同样由本·赫克特担任编剧的《地下社会》的异国情调，是完全没有任何关联的。《地下社会》和《七年之痒》是两部带着笔战性质的电影，而且不仅如此。

我们可能还记得《战地军魂》(Stalag 17)里,有一名欢乐的战犯做了一系列模仿动作,包括相当不错地模仿了加里·格兰特。而在《七年之痒》里,我们也第一次看到有导演在自己作品中故意引用其他导演的戏,一模一样的构图、拍摄角度和演员站位。卡赞、金尼曼、鲍沙其等导演的戏,或多或少都被直接引用到了这里。不过,被怀尔德提及最多的那部电影——以至相关的每一场戏看着都像在报复性地抽其耳光——还是大卫·里恩的《相见恨晚》(Brief Encounter),那里面流淌的泪水及爱得笨拙的那一对——这也是让我们看哭过的最不露骨和最为深情的电影了。有些人甚至只要想到《相见恨晚》就会落泪——英国的鳄鱼啊,流不完的泪。"拉赫玛尼诺夫!他的第二钢琴协奏曲永远不会失效。"伊维尔宣称,仅仅只是因为他看过《相见恨晚》,因为他知道拉赫玛尼诺夫在处理心灵和肉体这档子事时绝对靠谱。

如果说《七年之痒》是瞄向英国电影的一件武器,光凭这一点,光是它为祛魅做出的尝试,就已经值得我们尊敬了。

写到这里,我还没提这位女演员的名字呢。我从《飞瀑怒潮》(Niagara)开始就已经爱上她了——甚至还要比那更早。

她是上天对我们的恩赐,她处在了位于卓别林和詹姆斯·迪恩中间的某个位置上。一部有玛丽莲·梦露的电影,又有谁能抗拒呢?

——1956年

《战地军魂》(Stalag 17)

比利·怀尔德在当上导演之前,曾是一位出色的美国喜剧片编剧,写过《蓝胡子的第八任妻子》(Bluebeard's Eighth Wife)和

《火球》(Ball of Fire)等片。作为导演，他之前其实只拍过三部喜剧片：美妙的《大人与小孩》(The Major and the Minor)、有价值的《柏林艳史》(A Foreign Affair)，还有《璇宫艳舞》(The Emperor Waltz)。此外，他还执导过四五部受到法国"心理写实主义"启发的电影，其风格介乎德国表现主义和纯粹美式电影之间。

让我佩服的《战地军魂》，既是一部心理电影，也是喜剧片，但其喜剧成分远远弱于我适才诋毁过的那种"心理学"成分。本片中的"心理学"成分，很不寻常而且很细微，这也让《战地军魂》成了我心目中最优秀的一部怀尔德作品。

《战地军魂》是怀尔德美妙电影生涯中的一个异数，为说明这点，请允许我简单地介绍一下剧情，因为这很有必要。

似乎有人给位于奥地利某处的美军战俘营第四营下了毒咒。（第四营和其他几营有着明显区别，很多著名的派拉蒙演员都驻扎在这里，而其余几营里只有群众演员。）无论何时，只要这个战俘营里的人坏了规矩——试图越狱、谋杀、怠工、偷听敌台——就立刻会被卫兵抓住，哪怕那些卫兵其实并非十分精明。塞弗顿（威廉·霍尔顿饰）也是这些战俘中的一个。他为人特立独行，却又克己本分，从不参加他那些头脑简单的同伴想出来的可疑和不成熟的计划。塞弗顿并不粗俗，但这似乎让人难以相信；他很聪明，这令他与众不同；他独来独往，这让其他人感到不安。

两名战俘（他们一定都没看过《大幻影》）为越狱而挖了地道，只有塞弗顿不鼓励他们这么做。他俩刚一消失在地道，他就打赌说他们定会失败。其余人为了面子，只能接受赌注，将各自从红十字会分来的定量香烟都压在了赌桌上。几分钟后，枪声传来；大家惊讶地面面相觑。塞弗顿则把香烟放入口袋，一言不发地上床睡觉去了。

某天，附近营地里关进了一些苏联女兵。塞弗顿用一些简易材料，做了一台临时望远镜，租给别人用来偷看女兵洗澡。

一名被单独捉住的美军中尉被送进了战俘营，他告诉周围人自己如何炸毁了一辆德军列车。这件事立刻就被德国人知道了，中尉被战俘营指挥官"请"去了办公室。他们并没有折磨他，只是简单地告诉他，他什么时候想好要开口了，什么时候就能坐下、就能睡觉了。

显然，第四营有人告密。但如果负责指挥调查的人自己就是白痴，谁越聪明，谁就越危险了。塞弗顿很快就成了被怀疑的对象：骗钱的塞弗顿，每个星期天组织大家拿老鼠赛跑来赌钱的塞弗顿，买进卖出赚取差价的塞弗顿，与敌人搞合作的塞弗顿，傲慢多疑的塞弗顿。

某天，塞弗顿忽然消失了。于是别人说道："一定是他，他一定就是告密者。"但他又回来了，原来，他在看守的帮助下，和苏联女兵快活了两小时。于是，他们更确定塞弗顿是个罪人。他们决定一起对付他，二十个对一个，把塞弗顿打得够呛。

同时，筋疲力尽的中尉终于承认了自己破坏火车的行为，他很快就会被处决，除非有谁能帮助他逃跑。第四营里受人信赖的领队自愿指挥逃跑行动，但塞弗顿已看出这人其实正是告密者。他当众揭穿其真面目，并决定自己出马来帮助中尉逃跑。大家伙都知道塞弗顿是清白的了，他们希望能获得他的原谅。

塞弗顿和中尉走了，临走前，他转身告诉祝福他的那些战友："如果我走成了，如果我们战争结束后哪天还能再见面的话，别来和我握手，你们最好只管走自己的路。"《战地军魂》真是一部苛刻的、毫不妥协的电影。

谁是塞弗顿？外表看来，这是一个以自我为中心的人，是一个骗子。他对狱友的轻视，令他显得"自负"和"高高在上"，所以他们才要反对他。他和德国卫兵保持着友好关系，和他们"做生意"。他也可以算是某种意义上的通敌者。对于这些头脑简单的人来说，对这些即使曾有过些许思维能力，但也因为被俘而彻底丧失其能力的人来说，这家伙肯定就是告密者。但当他们一起对付他，二十个打一个，把他打得头破血流时，其实更多是出于嫉妒（他刚和苏联女兵一起快活了两小时），而非真的相信他就是告密者。这不就象征着让我们感觉自己问心无愧的所谓的就地正法的做法吗？

塞弗顿是聪明的，所以他的行事风格就会如此。在这里，我们第一次看见了一个银幕上的孤独者，他的人生哲学能被如此详尽地描写出来；这部电影是为个人主义做的辩解。（孤独者这一主题在电影中当然早已有之，例如卓别林及其他许多喜剧演员。但那通常是一个不怎么适应社会的人一心想要适应社会。）塞弗顿之所以孤独，是因为他自己想要孤独。他有着当领队所需要的素质，有着能让他成为战俘营领袖的所有条件。在他揭穿那个领队的真面目之后，我们也有理由怀疑，塞弗顿之所以要逃出去，是为了避免被推举为新的领袖，因为他知道，那些战友接下来一定会那么做，因为那既能让自己的良心过得去，也是因为他们终于发现了，塞弗顿是唯一有可能做他们领袖的人。

可以肯定的是，塞弗顿之所以逃走，与其说是为了逃离这个他已经习惯了的战俘制度，逃离这些他已经能够操控的看守，还不如说是为了要远离那些让他看不起的战友。

塞弗顿需要那些被他鄙视的人也回过头来鄙视他。如果他留下，会成为英雄，但那是一个他无论付出什么代价都要拒绝的角色。他已经失去了自己的道德孤独，只有通过成为逃犯，才能将其重新找回来，哪怕这会带来危险。

各种电影里，频繁出现类似这样的群众。有关私刑的故事里，十次有九次，受害者会被判有罪，而可敬的民众却在卑鄙的领袖的带领下，当上了处决者。还有什么能比一群手持正义大旗的好人更可怕？还有什么能比这种仿佛自己生来就有着良心和清白的道德优势更糟糕？在这里——相比平民、士兵或战士的故事更有优势——创作者选择了战俘这一群体。类似这样的群体，只要是一大群人，或者哪怕只是十个好人聚在一起，结果都总会是错误的，哪怕他们原本的出发点都是正确的——而且，特别是在他们出发点原本都正确的情况下，只要是聚到了一起，就会更容易变成错误。战俘总能激发我们的同情心，因为在捉拿他们的人看来，他们是错误的；他们的处境，能够引发我们的同情。这是一个十分聪明的好点子。简单地说，愿意与人分担不幸的想法，激发出了我们身上最好的一面，也带来了我们与这些人物之间的亲密感。

一群人的堕落、对抗一个人的道德孤独，这样的主题还不够宏大吗？人只要活着，就有一些基本需求，这些需求能让乞丐都转过身来，成为他原本谴责对象的帮凶。如今，有一部电影却大胆地与这些基本需要背道而驰，并且让我们看到答案其实就在我们自己身上，而且只有我们自己拥有答案，向这样的电影致敬有什么不对吗？所以，请原谅我不再坚持自己电影口味的做法，暂且先让我随大流，把《战地军魂》和《一九五一年的欧洲》与《忏情记》归在一类吧。

——1954年

罗伯特·怀斯

《宁馨儿》（*So Big*）

由简·怀曼饰演的塞利娜年轻时就成了孤儿。父亲穷困潦倒，最终选择自杀。她也在1898年离开学校，在新西兰的一个小村庄里当老师。[1]她把全部的人生都建立在了对美的热爱上。来到村里之后，她看着一片片的农田，惊喜地说道："那些卷心菜多漂亮啊！"看见她的喜悦，也让我们感同身受。塞利娜从父亲那里继承了一套相当奇怪的理论。事实上，这是一套有关伦理道德的理论。在她看来，世界分为两类：一是小麦，一是钻石。属于第一类的人，弯下腰去，从地里取走生活资料，喂养自己的同胞；他们就是麦子，或者说小麦的叶片。第二类则是创造和谐与美的艺术家；他们是钻石。

塞利娜为一户农民家的小儿子洛夫（沃尔特·科伊饰）上钢琴课，他显示出了很好的天赋。塞利娜确信自己能将他变成一颗高品质的钻石。与此同时，她自己嫁给了一片麦叶——由

---

1 作者笔误，新西兰应为新荷兰，美国地名。

斯特林·海登饰演的年轻农夫——并和他生下了儿子德克（史蒂夫·弗罗斯特饰）。丈夫去世，塞利娜成了寡妇，再加上洛夫也开始"独立生活"，她将全部心血都放在了教育自己的孩子身上，希望能把儿子也培养成为钻石。

光阴荏苒，德克很争气，取得了建筑师学位。他可以成为建筑师，既是麦叶，又是钻石。不幸的是，德克落入了一位世俗女子之手，与她订下了婚约。宝拉（玛莎·海尔饰）为人虚荣、肤浅、轻浮而且野心勃勃，整天只想着让德克多挣钱。她把德克变成了一个商人。另一边，洛夫却成了伟大的音乐家。他爱上了画家达拉丝（南希·奥尔森饰），达拉丝也爱他。德克其实也喜欢达拉丝，但知道自己配不上她。塞利娜想方设法地安慰儿子，德克最终也和宝拉分了手，放弃了对物质的野心，争取还能变成母亲一直希望他能成为的钻石。

这部电影属于那种可以被称为"肖像"电影的范畴。那是一种典型的美国电影类型，从出生或青春期开始拍，一路拍到主人公死。我们可以把《宁馨儿》和其他几部此类影片互做比较：泰·加尼特的《帕金顿夫人》(*Mrs.Parkington*)、约翰·斯塔尔的《天路历程》(*The Keys of the Kingdom*)、亨利·莱文的《第一夫人》(*The President's Lady*)。这些都是其中最为成功的，而且全都是根据那种五百页厚度的长篇小说改编而来。

罗伯特·怀斯是一位重要导演，最初做的是剪辑（他是奥逊·威尔斯的《公民凯恩》和《伟大的安巴逊》的首席剪辑师）。怀斯执导的第一部影片是《出卖皮肉的人》(*The Set-Up*)，当时就引起了相当的关注。现在回过头来再看，他之后的那些电影——《天生杀手》(*Born to Kill*)和《月宫浴血》(*Blood on the Moon*)或许都没能得到足够的关注。怀斯有他独特的力量，能够将这部长篇情节剧拍成某种堪称杰作的电影。他作为导演的那种力量，令我们忽视了对于剧中人过于简单的内心描写。塞利娜是一个堪称楷模的人物，伟大的母亲，自尊自爱；她让我们想起了朱昂度（Marcel Jouhandeau，法国作家）笔下的母亲形象。从头到尾，《宁馨儿》的情绪都被妥善包容着，这种保留反映出了导演的明智。他精心计算着这么做，为的是鼓励观众席中的女性观众落泪，因为她们显然无法克制自己。关于这部电影，剩余可说的并不多。电影发展了五十年，积累下来的知识和技能，为本片带来一种完全的技术高度，包括剧本构建、演员指导和精彩的镜头运动。《宁馨儿》将经典、传统的好莱坞风格提升到了最佳的效果。

——1954年

《沙漠突围战》（*Destination Gobi*）

1945年6月：美国海军的一位指挥官和七名水兵受命去戈壁沙漠执行任务。一队蒙古大篷车队的领袖答应与美国人合作，条件是换回六十个马鞍。他们的命运会怎么样，他们要如何再去换到八匹骆驼，之后又怎么卖出去，怎么被偷，怎么重新找回，怎么又再次被没收，他们最终又是如何救了那七个人的命的？以上这些，正是这部优秀的、充满活力的电影所要讲述的故事。

这是一部冒险片，心理片，抑或是喜闹剧？它都是，但又不仅限于此。每过十分钟，你都会以为自己弄明白了，结果却又发现自己搞错了。因为，又会有新的转折出现，让你重新大开眼界,让你再次迷惑,并顺势将故事推进下去。

埃弗里特·弗里曼的这个剧本,是过去十年里好莱坞出产的最佳剧本之一。剧本创作最重要的就是要打破类型的局限,《沙漠突围战》的剧本在这方面做出了贡献。

这里所有的人物,美国人和蒙古人,全都演得很好。查尔斯·G.克拉克用特艺色彩将本片拍得如此优美,将曾在亨利·哈撒韦的《飞瀑怒潮》里便已略显端倪的那种技艺,提高到了一个完美的程度上。理查德·韦德马克扮演的士官山姆·迈克黑尔,那是他电影生涯里演过最好的角色之一。《沙漠突围战》是一部打着转一般地远离正剧而去的冒险片。我们肯定会想起约翰·休斯顿的电影来,但本片的玩心和随意,更多地体现在银幕之上,而非镜头背后。怀斯的作品,全都非常严肃、智慧、有品位、直接和精确。

通常情况下,一部一个女性角色都没有的电影,会比什么都更让我感到心烦。但在看这部电影时,事实上,直到别人向我指出这一点时,我这才意识到它一个女性角色都没有。这已经充分说明了我有多为它着迷。

——1955年

三 有声片时代：法国

克洛德·奥当-拉哈

《穿越巴黎》（*La Traversée de Paris*）

导演的最大责任，就是让演员认清他们自己；想做到这一点，导演首先要对自身有清晰的认识。拍电影之所以会产生问题，绝大部分时候是因为导演的性情和自己的各种野心之间，存在很大的差距。

从《肉体的恶魔》到《魔鬼之手》（*Marguerite de la Nuit*），包括两者之间的《红色客栈》（*L'Auberge Rouge*）、《魂断黄河情未断》（*Le blé en herbe*）和《红与黑》，我一直在攻击克洛德·奥当-拉哈，我一直在批评他喜欢把所有东西简单化、弄得像白开水一样的做法。我不喜欢他"浓缩"司汤达、拉迪盖、科莱特原作时那种粗糙的做法。他无论改编谁的作品，都会扭曲人家的本意，都会往里头大量掺水。我一直觉得，他明明就是屠夫，却非要老想着织花边。

但我毫无保留地欣赏《穿越巴黎》。我觉得这是一次百分百的成功，奥当-拉哈终于找到了他一直都在等待的拍摄对象。《穿越巴黎》的剧情，正好是他可以用自己那些画面来构成的；它的故事，正好适合他喜欢夸张的倾向，正好适合他粗暴、粗糙、庸俗和暴烈的拍摄方法，这些不仅完全没令它受损，反而还将其提升到了史诗的高度。

二战沦陷时期，全城灯火管制，两个法国男人摸黑行走在摄影棚内搭建出来的巴黎城中。他们带着一头猪，要将它偷偷带去黑市。本片只是简单地再现了他们的旅途和对话，这是既平庸又像是话剧的对白，但也是很长时间以来法国电影里最好的对白了。法国电影就这么绕着《穿越巴黎》兜圈子，已经兜了十年了，过去却一直没能发现它。

它更像一部用胶片拍摄出来的话剧，就像那种在活动背景板前面走上好长一段路的话剧。到了电影里，活动背景板，变成了一系列的透明胶片。《穿越巴黎》改编自马塞尔·艾梅的短篇小说。对白听着相当大胆，但那也仅仅只是针对电影而言，毕竟，如果放在话剧舞台上，放在《等待戈多》这样的话剧里面，这对白根本算不上什么。可是，法国电影很少让我们能有机会听到"普通"法国男人是怎么说话的，因为，大家总喜欢在电影里捧着法国男人这个角色，毕竟他们正是花钱进场看电影的人。

布尔维尔扮演的角色，是一个被生活压垮了的小人物，一个倒霉蛋。他既无辜同时又有罪，他代表着一种绝对的真实。让·迦本演的则是他自己，（带着马塞尔·艾梅风格的）画家让·保罗（Gen Paul）和雅克·普莱维尔（Jacques Prevert，法国诗人）的综合体，又有着让·奥朗什（Jean Aurenche，法国编剧）和克洛德·奥当-拉哈的无政府主义野心。这人物身上多少仍保留着一些文学性和人造痕迹，但这并不妨碍他拥有强大的力量。

创作者本可以将这种对邪恶的描绘再深入一步，可能他们也确实想过要么做来着，但这种想法，我们也只是在事后才回过味来的，在我们的惊愕情绪彻底平息之后。控制整部电影的，是一种类似于塞利纳作品的神韵，是一种没有中断过的残暴。将它从这种彻头彻尾的邪恶中拯救出来的是片中那几处让人动情的地方——尤其是在影片靠近结尾的几场戏里。如果说这部电影作为一个整体，给人留下的细腻和有力的印象，要超过克洛德·奥当-拉哈的电影、马塞尔·艾梅的剧本、奥朗什和波斯特（Pierre Bost）的对白这四者简单组合在一起的效果，那是因为这四人以一种特别幸运的方式融合在了一起，他们为了同一个目标努力，这一目标成了他们的公分母。影片描述的情境，将奥当-拉哈的左派无政府主义思想和艾梅的右派思想调和在了一起，并让奥朗什和波斯特来确立基调。感谢他们，《穿越巴黎》没有因为被贴上政治、社会或意识形态标签而变得平凡。

看《穿越巴黎》的时候，别笑得太大声，首先，这样才能让你的邻座听清台词，但更重要的在于，片中的马尔丹和格朗吉尔，很可能就是观众席里的你和我。

——1956年

《不幸时刻》（*En Cas de Malheur*）

《不幸时刻》是西姆农最出色的小说之一，也是克洛德·奥当-拉哈最优秀的电影之一。这并不是一个新鲜的主题；和《娜娜》《母狗》的主题一样：成熟男人对一个于他而言太年轻也太轻佻的女孩的爱，对他来说，这女孩象征着永恒的女性。我之所以会想到《母狗》，是因为雷诺阿设计的那段出色的电影开场。雷诺阿让木偶歌唱："这是永恒的故事：她、他和别人。她叫露露，一个好姑娘；她总是很真诚；她每句话都在撒谎。"这些描述，放在由碧姬·芭铎饰演的《不幸时刻》女主角伊芙特身上，也很贴切。

伊芙特在朋友帮助下抢劫商店。被捕之前，她想到了找巴黎著名律师（让·迦本）来替自己辩护的好主意。第一次去他办公室，她就想勾引他。她拉高了裙子，好让律师看见她里面什么都没穿。律师拒绝了她，但还是答应为她辩护，而且凭着三寸不烂之舌令她侥幸过关。两人成了情人，他让她住在自己那儿，也得到了妻子的默许。他能有今天的成就，靠的都是他妻子。伊芙特终日无所事事，于是处处留情，很快就爱上了一个热情却奇怪的男生——"白天是工人，晚上是学生。"男生试图让她明白那些道德准则是不可逾越的，未果后，他便将她杀了。如果律师年轻三十岁，面对同样的情况，很可能也会做出相同的事情。我还想强调一下《不幸时刻》剧情大胆的地方，伊芙特发现自己有了律师的孩子，她很高兴，哪怕同一时间里，她还和负责照顾自己的年轻女佣保持着同性恋关系——律师也在场，甚至会帮着她们那样做。

奥朗什和波斯特改编小说时，往往会把它们改成更像话剧的剧本，而非电影剧本。他们用的是最标准的话剧手法：剪切和总结、省略、三幕形式、灵巧的闪回、评论，等等。相比原作的质量，导演的野心和制作人的欲望会带来最差的平民话剧式的电影（《魂断黄河情未断》《肉体的恶魔》《红与黑》），也可以拍出像左岸前卫戏剧一样的电影（《穿越巴黎》），又或者像本片这样，拍出某种位于上述两者中间的东西来，某种香榭丽舍喜剧。

《不幸时刻》的改编剧本，像让·阿努伊（Jean Anouilh）有可能会写出来的那种话剧。看完影片，我们会有一种既恶心又喜欢的感觉，一种足够真实但不完整的满足感。这倒是百分百的法国电影，有着法国电影所有的优点和缺点：细腻却狭隘的分析，掺杂着恶意的技巧，针对污秽做不懈观察的精神，在影片结尾传递自由信息的天才魔术手法。

多年前，换作二十多岁的我，对一切还比较懵懂，我有可能会愤怒地批评这部电影。今天，当我发现自己喜欢聪明的电影多过优美的电影，喜欢灵巧的电影多过高贵的电影，喜欢艺术的电影多过感性的电影，我感到一丝苦涩，这多少让我自己都有点吃惊。但如果说我的酒里掺了点水的话，那奥朗什、波斯特和奥当-拉哈也在自己的水里加了点酒，令那水变得更烈了一些。如果他们的名字可以永驻电影史的话，那并非因为他们做了什么让电影进步的事，而是因为他们让观众进步了。英格玛·伯格曼这样的导演，拍摄和《不幸时刻》一样大胆、坦率的电影，都已经拍了十五年了；不妥协、不庸俗的电影。但想让更多的普通观众能够理解伯格曼，可能还是得靠《不幸时刻》这样的电影。

和阿努伊一样，奥朗什和波斯特也掌控住了精巧的省略手法，这可以让导演放心拍上十五场具有同等重要性和趣味性的戏，不必把时间和精力用在那些死板的情节、吃力不讨好的过渡和乏味的转场上。他们这一次写的对白，也像阿努伊写的那种，简单而又诱人，但同时又会让人觉得很熟悉，很能打动观众。此外，从简单的观赏角度来说，他们实现了某种完美。

奥当-拉哈是他们的理想合作者。他们的所有想法，他都会毫不犹豫地接受，甚至一个标点符号都不会动。他和皮埃尔·波斯特一样有责任心、勤勉、正直，和让·奥朗什一样锋利、狭隘、有仇必报。处理人物的时候，他毫不回避，直截了当地强调他们全部的弱点和错误。在西姆农的原作中，我相信我见到的某种善意，某种能让哪怕是最烂的无礼行为都能被柔化的同情心，在本片之中却完全找不到；本片充满了复仇。如果说即便这样我仍喜爱这部电影，仍愿费劲为它辩护，那是因为我认为它在对抗某种自鸣得意时站对了阵营。

让我再给你举个例子，芭铎的另一部作品，《巴黎妇人》(*Une Parisienne*)。奥朗什、波斯特和奥当-拉哈在《不幸时刻》里要对抗的，恰恰就是启发了《巴黎妇人》的那种创意及它的影迷。让我看看能不能再说得更具体一点。《不幸时刻》从一段关于英国女王来访的电视新闻画面开始。巴黎警方为此忙碌不堪，而芭铎趁此机会抢了一家店。我们不断听到电视里的报道：女王到了这儿，女王在做这个，在做那个……晚上，律师和由艾薇琪·弗伊勒饰演的他的妻子，在爱丽舍宫参加了为女王举办的晚宴。律师的秘书——严格以《奥尔尼夫勒》(*Ornifle*，阿努伊创作的话剧)中那位秘书作为原型，而且都由玛德莱娜·巴尔比莱饰演——一边看着女王坐的观光轮经过，一边在自己嘴里塞了一个巨大的三明治。

这背后的想法很简单，但也很强烈：一颗顶戴皇冠的脑袋，正在镁光灯聚焦下逛遍巴黎，象征的似乎就是典雅、美丽、女性、财富和幸福；与此同时，一个真正美丽但一文不名的姑娘，却为了区区几块手表击倒了老人。让我们感兴趣和为之担心的是那个姑娘，而不是什么本来就不该在这个时代存在的女王。芭铎却能够绝对忠实地反映她所处的时代，正因为她是这样的一个姑娘，所以她要比任何女王或是公主都更有名。也正是因为这个，想到她还出演了《巴黎妇人》或是《惹火娇娃》(*Les*

Bijoutiers）这样的电影，那可真是太糟了。也正是因为这个，《不幸时刻》是她自《上帝创造女人》以来最优秀的作品。《上帝创造女人》，那是一部反《龙凤配》（*Sabrina*），反《罗马假日》（*Roman Holiday*），反《真假公主》（*Anastasia*）的真正共和制的电影。

关于《不幸时刻》的大胆之处，我们还可以列出许多——尽管每一次大胆的举动之后，都会用小小的妥协来做些平衡。但重要的在于，在本片中，你会听到关于流产、关于宾馆卧室门上的小眼、关于安于现状的妻子、关于不是四角至少也有三角的"游戏"和偷窥行为的各种对白。事实上，所有能让人想到原罪的东西，这里都有了。（我估计奥朗什相信原罪，但拉哈应该不会。）

关键的事情都说得很清楚，没有什么含糊不清和情绪先行，也没有那种十有八九会让一部电影变得无法忍受的纯粹的肉体诱惑。《不幸时刻》的妥协都在什么地方呢？只要将电影和小说比较一下，就会注意到了。例如妻子这个角色，电影里显得太情绪化了，在书里要务实得多。不过这些妥协基本都是视觉上的，而非口头上的，是奥当-拉哈的，而非两位编剧的。例如他们没敢拍摄芭铎和迦本嘴对嘴接吻，这实在堪称是丑闻了；因为剧情发展到这一步，还有当时的对话，都需要这样一个画面才对。他们是不是试了一下，但随后又犹豫了？因为担心那太过刺激？如果答案是"是的"，那光凭这点，就足够好好批评一下这部电影了。如果答案是"否"，那我想知道他们究竟为什么要让步，这样一个与本片精神恰恰相反的自我审查行为，其原因究竟是什么？

技术上，奥当-拉哈在进步：当他跟着那些不断变换位置的人物拍摄时，镜头转起来了。他拍的不再那么像是话剧时，技术上的问题也变少了。在芭铎和迦本身上加速,在艾薇琪·弗伊勒身上放慢,堪称完美。算上《穿越巴黎》和《不幸时刻》,奥当−拉哈已经超越了亨利−乔治·克鲁佐和雷内·克莱芒。但和他们一样,他也拒绝了诗意,于是也就等于拒绝了真正伟大的电影。

——1958年

雅克·贝克

《金盔》（*Casque D'Or*）[1]

在恩斯特·刘别谦的《你逃我也逃》里，一群德国军官互相拽胡子拽了几分钟，为的是找出他们中间的冒名顶替者。《金盔》里的人物就完全没有必要经历这样的测试了：在这部颂扬真实性的影片中，塞尔吉·雷吉亚尼的每一根头发和每一根胡子，都是货真价实的。

作为导演，雅克·贝克大多时候都会过分讲究、注重细节、像是有了强迫症一样地躁动不安，偶尔他还会对自己缺点信心，而《金盔》却是他唯一一气呵成，很快速地便从头至尾完成了的作品。影片对白就像是大白话，听着十分自然，而他写这些对白的时候，也是惜墨如金，以至于会让人觉得雷吉亚尼在片中说过的台词，都没怎么超过六十个单词。

我们之中喜欢《金盔》的人心里都很清楚，西蒙妮·西涅莱和塞尔吉·雷吉亚尼在这里饰演的角色，都是他们各自生平最佳，但大部分法国观众看到这充满了矛盾性的一对情侣时（更

---

[1] 写于1965年的本文，并非《金盔》的影评（1952年上映），而是旬舍本片剧本的文集《自口》出版时收入的引言。——原注

细腻一些的英国观众就不一样了），都无动于衷。一个小个子男人和一个大个子女人，正是因为两人对比鲜明，才愈显出这种组合的优美；一个是除了胆量大别的什么都没有的小野猫，一个是压根看不上残羹冷炙的大胃口的食肉植物。

如果你也关注电影故事的结构究竟是怎么搭建起来的，那就不可能不佩服本片剧情的奇思妙想，特别是当"金盔"在午夜时分走入一家声名狼藉的旅店时，在这场既优美又神秘的戏里，影片忽然以一种强烈、倾斜、意料之外的方式，猛然就切到男主角芒达被行刑的情节的做法。我和我那些同样当编剧的朋友，每每遇上麻烦的时候，常会互相问一句："要不用《金盔》的办法来解决？"

《金盔》首先是一部有个性的电影，但也是视觉上的有力展示：跳舞、后院的争斗、乡间的醒悟、芒达在神父支持下来到了断头台前——这些画面就像是杂志的封面。这种视觉上让人心醉的魔力，更让我确信了电影其实是一门流行艺术，那些尝试将名师油画变活过来的电影，其实是在自己欺骗自己。

时而风趣、时而悲剧的《金盔》证明了我们可以超越戏谑；在同一部电影里，通过对基调变化的成功运用，就能让我们看着风景如画和血雨腥风的过去,带着温柔和暴力将其重现在银幕上。

——1965年

《钱财勿动》（*Touchez pas au Grisbi*）

关于雅克·贝克,不存在什么理论,什么科学分析,什么论文。他的作品，正如他的个性一样，都不鼓励我们那么做。而这绝对是好事。

雅克·贝克没有要为任何人戴上神秘光环的意图，也没想过给任何人祛魅；他的电影既非什么声明，也不是什么控诉。他游离于所有风格之外，所以我们应当将他放在法国电影主流的对立面上。

雅克·贝克的电影是属于他自己的，他的电影只讲一个点，却是重点。人们通常认为，自己导的电影由自己来写剧本的做法更为可取，对此给出的解释理由却往往很平庸，而且不知怎么的我们也照样继续崇拜那些编导的组合与团队。雷诺阿、布列松、科克托和贝克，他们都会参与自己影片的剧本和对白创作，这不仅让他们到了现场之后更有信心，更重要的还在于，这能让他们避开那些剧本家最爱写的场景类型，让他们写出那些典型的剧本家所不可能想象的场景。需要举例子吗？例如贝克的电影《爱德华与卡罗琳》(Édouard et Caroline)里，伊莲娜·劳波蒂尔有一场装出"迷人眼神"的戏。想知道这样的戏能不能成立，你首先就得真的见到过，然后才能从导演的立场去思考怎么拍。我不知道这场戏应归功于编剧安妮特·韦德芒(Annette Wademant)还是导演贝克，但我可以肯定，换作别的导演，肯定会在后期剪辑时将它删去。因为这场戏对故事推进一点作用都没有。它就是在那里，似乎为影片增添了一些并非现实主义而是真实的笔触；而且，之所以将它保留下来，也是出于某种喜欢给自己找麻烦的偏好。

从对白里面，最能看出他对于这种越来越明确的基调的寻找。例如在《金盔》里，雷蒙（雷蒙·比西埃尔）走进芒达（雷吉亚尼）做木匠的地方，对他说："所以就是刮啊，刮啊，削啊，削啊，是吧？"这种台词是不可能写出来的，只能是现场想出来的；

但这并不妨碍这句话背后显露出的智慧（那种朋友之间的理解），也让我每次听见时都会觉得十分困惑。

让贝克与众不同的，与其说是选择拍什么对象，还不如说是选择怎么拍，选择哪些场景来加以诠释。对白的话，他只保留必需的那些，哪怕是不必要的部分里必需的那些（他有时甚至会保留拟声词）。其他导演有可能最严肃对待的一些场景，他却有可能会跳过，以便把篇幅节约下来，用在慢慢拍摄剧中人吃早饭、抹黄油和刷牙这些动作上。按照惯例，银幕上的爱侣从不拥抱，除非是在叠镜里。在一部法国电影里，如果看到一对情侣脱下了衣服，在卧室里走来走去时身上穿着睡衣，其目的肯定是为了要开他们的玩笑。你可以认为，这些心照不宣的规矩，出自优雅方面的顾虑。但是贝克遇到这种情况时，他会怎么做？正如我之前所说，他就是喜欢给自己找麻烦，所以他会和这些规则对着干。在《金盔》里，我们看见雷吉亚尼和西蒙妮穿着睡衣；在《钱财勿动》里，也看到迦本穿着睡衣睡裤。

他的电影是对庸俗的持久挑战，而且这场赌博，也一直都是他在赢，因为他的电影总是那么的优雅和高贵。

对于贝克电影里的那些人物来说，事情发生在他们身上的方式，比发生了什么事更重要。他电影里的基本情节，几乎差不多就都是些借口，而且一部电影比一部电影来得更简单：《爱德华与卡罗琳》不过是发生在人间某个夜晚的故事，电话和晚礼服就是主要配件；《钱财勿动》只是记录了九十六公斤黄金的转移。贝克说过："我感兴趣的是人物的个性。"所以《钱财勿动》真正要说的是衰老和友谊。这个主题在西姆农的原著里很清晰，但知道如何将它突显出来、如何将暴力和风景如画的那些东西推到背景里去的编剧，却是少之又少。西姆农四十九岁，贝克四十八岁;《钱财勿动》说的是五十岁。在影片结尾,麦斯和贝克一样,"为看东西"戴上了眼镜。

《钱财勿动》的人物之美,超过了《金盔》,这种美来自他们的静,来自他们一举一动上的能省则省。他们说话和做事,都只说只做必需的那些。和保尔·瓦雷里的《泰斯特先生》(*Monsieur Teste*)一样,贝克让木偶全都停了下来。杀手最后剩下的,不过是面对面的两只公猫。在我看来,《钱财勿动》就像是两只疲惫、失败却依然相当结实的大肥猫,正在清算彼此之间的欠债。

对于我们之中那些二十岁或是稍微比这再大一些的人来说,贝克的例子既有教育意义也很鼓励人心。我们知道雷诺阿的时候,他已经是电影天才了,而贝克却是在当初我们刚开始发现电影的同时,开始拍摄属于他的第一部电影。我们见证了他最初的尝试和实验。我们看着他的作品越拍越多起来。贝克的成功是年轻人的成功,那是一个眼睛里只能看到这一条路的年轻人,他选了这条路,他对电影的奉献精神也已经得到了回报。

——1954年

《亚森·罗宾》(*Arsène Lupin*)

如果《亚森·罗宾》能在1954年拍摄且上映,它一定会成为一部重要的法国电影,一部必须系统地夸奖一番的电影,哪怕这意味着假装不承认它的缺憾。但几年过去了,现在的我们正处在法国电影的转折期。《夜与雾》《劳拉·蒙特斯》《死囚越狱》

《穿越巴黎》和《短头》(*Courte Tête*)等电影的出现，让我们在电影拍什么和怎么拍这两个问题上，都已变得更加挑剔。《亚森·罗宾》确实是一部让人愉快的电影，能给你带来一个愉快的晚上。但是除了这份愉悦，它还能剩下些什么，这着实是个问题。

该片的弱点自然是剧本。贝克是一位私人化的现实主义导演，喜欢逼真的东西和日常生活中的现实。过去以彩票或晚礼服那般轻巧的东西做借口，为我们奉上了《安东与安东妮》(*Antoine et Antoinette*)和《爱德华与卡罗琳》这样的电影。还有那部《钱财勿动》，它实至名归的成功，靠的是把焦点放在了骗子麦斯渐渐变老的过程上：他的疲惫，他的第一副老花镜，他的小习惯，高级餐厅，一个梦想着能金盆洗手跻身受人尊重的中产阶级行列的年老的江湖浪子。

贝克最好的电影还是《金盔》，他在那里面超越了自己的极限，但很不幸，《金盔》在法国从未得到过理解，这是一部快速、悲剧、有力量的电影，每一刻都充满力量与智慧。

说到亚森·罗宾，这是一个不容易改编的人物。贝克当然有权觉得原来的亚森·罗宾已经过时，他应该按照自己的方式来重建这个形象。但是，他所做的只是简单重建了这个人物的个性吗？

莫里斯·勒布朗笔下的亚森·罗宾，是一个强大、疯狂的人物。他爱起来，什么事皆有可能。他根本做不出卑鄙和庸俗的事情，他比话剧里的圣地亚哥的主人［《圣地亚哥的主人》(*Le Maitre de Santiago*)，法国剧作家亨利·德·蒙泰朗作品］更高傲、轻蔑和戏剧化。他受人爱戴，也让人害怕、令人尊敬。

贝克用骗子马克斯的变体代替了我们童年记忆中的亚森·罗宾。但是，《钱财勿动》的风格，让勒布朗笔下的主人公"缩水"

了，让他原本强大的个性变得脆弱、模糊、朦胧——我几乎就要用"不存在"这个词来形容了。

亚森·罗宾回到家中，把唱片放上留声机，脱衣服，看着镜子里的自己，或许还在跟着一起哼唱，和蔼地对待自己的仆人……这一切，在《钱财勿动》里也有过，出现在《亚森·罗宾》里时却让我们感到无聊。很显然，之前贝克将他自己的很多东西，都注入麦斯这个人物身上。这一次，他又对影片里的主人公产生了认同，但是这一次的结果，却看起来让人觉得沮丧。因为贝克只想描画一个小人物，一个法国小人物，一个五十岁的孤家寡人，一个怪脾气的无辜者，一位宽容的父亲。贝克成了他自己温柔的受害者，而且冒着只能被五十岁的观众理解的风险，事实上，应该说是只去香榭丽舍大道上那些电影院的五十岁的观众。

我后面应该要再谈一下罗伯特·拉莫洛克斯，他倒是将亚森·罗宾演绎得十分可爱。但在这里，我要先批评一下这个人物的概念。在我看来，反倒是《金盔》里的芒达和《装饰》（*Falbalas*）里的裁缝，更接近于我们心里的罗宾。

既然他自己创造出来的这个主人公完成度不够，于是贝克只好有意或无意地，经常将我们的兴趣引向配角，可惜，他们之中也只有极少数几位能够"奏效"。既然原本的绅士大盗已经变成了小毛贼，一个狡诈的同伙，一个小坏蛋，更像"骗子亚森"，我们可以看见这种以善良、淘气、嘲弄、怀着阴谋的眼神、哥们义气为基础的局限性，我们可以看见这种过于刻意的幽默的局限性，像榔头一样的幽默，更接近英国风格的幽默。

本片主要情节包括三段冒险，三次"下手"，在原创性上十分不够。第一段说的是偷画，其刻意程度令人反感：1.罗宾来到城堡。2.城堡主人告诉他："我为自己的油画感到骄傲。"3.灯灭了，罗宾偷走了油画。4.主人说："我的画被偷走了。"5.罗宾付钱给同伙。没什么省略，没什么东西可以让你自己去猜测。这段故事让我们想到那种"风趣"故事，将所有细节一个不漏地告诉你，以至于反而让人感到无聊。第二段是从墙上开的洞去偷珠宝，如果恩斯特·刘别谦（《欲望》）或者萨卡·圭特瑞〔《骗子日记》(Le Roman d'un Tricheur)〕没拍过这类故事，那它勉强还能算原创。第三段故事里，罗宾和德国皇帝的故事是全片最长的一段，也是相对最好的一段。故事说的是寻找某个躲藏地，电影从这里开始，终于走上了正轨。布景、服装、色彩都很出色，表演也有进步。但即使在这一段，情节的缺陷仍损害了叙事的智慧。倒是影片的结尾，发生在马克西姆餐厅里的那一段小故事，拍得相当成功。但我们早就知道电影会以这样构思和方式结束——电影从一开始就有明确的基调。

在这些过于平缓的主要情节里，至多只有七八个好点子。主要情节从引入到推进，始终相当笨重，以至于贝克和编剧阿尔贝·西莫南只好想出四十个外围场景来做补充，结果反而让本就因缺少从容和轻松而严重残疾的影片，变得更混乱和沉滞了。

《亚森·罗宾》由四五百个镜头组成，一个比一个拍得仔细，全都很美，构图也好。结果却成了一部没有线索、没有节奏、没有呼吸的电影。观众坐在那里，注意力都用在了那些珍本书、家具、洗澡、留声机、服装上。整个效果就是软趴趴的，缺乏活力和力量；该重要的地方太轻巧；该轻巧的地方又太笨重。

《亚森·罗宾》是一瓶矿泉水；清凉而且还在冒泡，它倒是很真实，但我们更喜欢喝香槟。好的地方也应该谈一下。莉泽洛特·普尔韦尔很有魅力，奥托·哈斯（Otto Hasse）也非常好。但真正拯救了影片，赋予它意义的，还是罗伯特·拉莫洛克斯。这是罗伯特·拉莫洛克斯第一部彩色片，他在电影中光彩照人。看看他那张紧张的脸，他清澈和深邃的表情。因为他展现出来的气愤和绝望、活力、紧张、凶狠、感性、复仇和残酷，即便让他扮演真正的亚森·罗宾，应该也完全没有问题——那个令人喜爱的罗宾，属于他的电影，只能有待后人去拍了。拉莫洛克斯可不只是娱乐家。我确信他可以演话剧，可以打动我们，让我们着迷。他既能暴力也能抒情。如果让他来演《伯诺一帮》（*La Bande à Bonnot*）或是扮演悲剧性的无政府主义者，一定会很出色。他演《金盔》也没问题，他配得上好角色。选他来演《亚森·罗宾》，给他机会展示自己的气质，这要归功于贝克。

——1957年

《洞》（*Le Trou*）

雅克·贝克的电影常让我想起瓦莱里的一句话——"偏爱是由一千种厌恶组成的。"当贝克谈起自己将要拍摄的下一部作品时，他最常用到的一句话就是"注意了"。不久之前，他在电话里告诉我说："我准备开拍《三个火枪手》了，但是请注意了，等钻石被找回来后，影片也必须要结束了；此时电影已开始两个小时了……"这段陈述为贝克做了一个概括：这句"注意了"，还有对于电影时长的关心。

《洞》是一部出彩的电影，构思、编剧、执导、剪辑和录音，全都十分出色。很幸运，这是贝克最优秀的作品——说它幸运，是因为这一次，影评人都将自己当成了律师，正在阅读他最后的遗愿。

这确实是一篇遗嘱，也很少有这样的电影，能让我们从中感受到艺术家在整个创作过程中的全部反思。

贝克是他这一代里最具反思精神的导演，也是做事最认真的一位，最爱向自己提问。假设说电影评论没法让他学会任何新东西的话，那也是因为他早就在脑海中反反复复地考虑过所有问题。他曾长期担任让·雷诺阿的助理导演，后者喜欢让他客串片中的小角色。在《布杜落水遇难记》里，年轻瘦弱的贝克坐在长凳上，双手抱头，思考着什么，他将双手伸向天空，慷慨陈词："诗人，拿走鲁特琴，给我一个吻。"在《大幻影》里，他演的是英国军官，不愿让德国人没收自己的手表，宁愿愤怒地将其砸坏。

这就是伟大的展示者雷诺阿为我们展示出的那个贝克：不安、痛苦、优雅、抒情、紧张、受尽了折磨。

在构思、拍摄和剪辑《洞》的时候，贝克必须始终十分小心；我们在每个镜头中都能感受到这一点。他将拍电影当作在丛林深处的某种"激战的探险"，每一步都充满障碍和陷阱。对他来说，这一次小心提防的又是什么呢？首先，他提防的是"一小群人组成的小集体"，这是他不少同行都曾遇到过的一个致命陷阱。第二个陷阱："硬汉身上的刻意"，这可能会带来各种清澈目光的交流和相反的多愁善感。第三个陷阱，也是最难避开的一个，"监狱里的词汇"或者说"充满诗意的贫民区言谈"。

贝克避开了所有陷阱，《洞》不管是细节还是整体构思，似乎都没让影评人失望。或许还是会有人批评它的局限性，但这样的指责毫无根据。贝克本就是一位有局限性的导演，而且他有意如此：他知道自己的局限，他让自己有这样的局限；有时他会尝试超越它们，但更多时候他选择尊重它们。不管什么时候，他总是能感觉到它们，而他作品中那些最佳时刻（树里的古比·东甘、《装饰》中雷蒙·鲁洛的自杀、《爱德华与卡罗琳》里的迷人眼神、《金盔》里的断头台），也都是拜此所赐。

天真的导演根本不会有什么剧本问题需要解决，因为他很容易就相信了自己要讲述的这个故事；他成了第一个受骗上当的人，第一位观众。而喜欢表现那些一般看法的哲学派导演，显然也必须先构建出属于自己的故事来，这样才能承载他的想法。对于他们来说，也几乎不存在什么剧本问题。但贝克既非前者也非后者：他是纯粹和简单的导演，只为自己艺术上的问题担心。

从本质上来说，他最想做的是让作品的基调具有某种精确性，使其不断精炼，直至它变得明显和清晰。和所有反复质问自己的导演一样，在此过程中，他会越来越清楚自己究竟想避开哪些东西，这甚至超过了他对自己想获得什么东西的了解。他讨厌那种或许我们可以称之为粗暴的电影：华而不实、性剥削、暴力、机械地拔高嗓门。

既然他一直都很小心地提防着各种例外情况发生，所以他会经常将自己想象为剧中人。于是，很自然地，他在一部又一部的电影里描绘着自己的肖像。但是说到这里，我又要说"注意了"：我们常说，想拍出只有你清楚了解的东西，前提就是必须对你自己清楚了解，这话没错，但这样也不代表就万无一失。贝克其实并没意识到他就是骗子麦斯，《钱财勿动》的力量反而来源于此；当他尝试用"《钱财勿动》的方案"解决"《亚森·罗宾》的问题"时，因为他自己变软弱了，所以也让影片里本该坚强的人物变得虚弱了。

罗宾是一条路的尽头，是一个人物的死亡，这个人物的事业由《最后的王牌》(*Dernier Atout*)开始（有着雷蒙·鲁洛的特征），继之以喜欢恶作剧的古比先生，和善、可爱，但对于贝克电影的主人公来说，可能有些太过讨人喜欢。贝克被迫从零重新开始，开始展望别的领域，结果就是《蒙巴纳斯19号》了。那一次，他在描绘一个坚强得甚至有点过分的人物时，自愿接受种种限制。酗酒的天才莫迪里阿尼之所以喝酒是因为他是天才，还是因为他喝酒所以才是天才？

这样一部电影，制作上的问题肯定会有很多，但贝克更多的是避开它们，而非解决它们。《蒙巴纳斯19号》是一次障碍滑雪，一部十分消极的作品，以至于戈达尔曾写道："这不是一部电影，这是对拍电影的恐惧的描述。"

尽管如此，事实就是《洞》的完美，很大程度上要归功于《蒙巴纳斯19号》，正如贝克的后一部电影是之前一部的积极面。因为《洞》的出现，我们不用再说贝克是什么小心翼翼的天才了，他就是天才，他做到了其他导演未曾做到的某些独一无二的事：一种完全的简约，配上精准的基调，而且从不会运转不顺。《洞》里只有确切的目光、生动的动作、面向中性的墙壁的可信表情、十分自然的说话方式。"各个击破"是贝克镜头的座右铭。它的敏捷犹如它的细心；这是一部被始终平稳掌控着的电影，过程中需要面对的每一个难点，镜头都将其一个接一个地彻底分离了。

掌控的概念，在我看来十分重要。电影不一定非得由导演来掌控；有时候甚至可以由电影来掌控导演——但是拍电影时花下去的功夫,特别是电影的片长,都必须要有掌控。《洞》就是围绕着这些有关片长的著名问题所展开的。什么时候该拍?什么时候又该省略?在贝克的所有作品中,在他写、拍和剪的时候,都必须要面对剪辑、概括、缩略上的问题。

所以《洞》对他来说真是一个完美的拍摄对象,因为这里没有省略的必要——所有东西都有着同等的重要性,同等的力量。看的时候我们会忘记自己已经坐了两个半小时,因为影片推进毫无停滞或离题之处。每个动作、每幅画面都在将影片向前推进。对于《洞》的五个人物来说,他们只有一个目标,而且只有一种方式去实现它。他们向着自由前进,正如贝克也向着纯粹纪录的表象前进一样。

这种纪录片的假象,外加对其传统比例的颠覆——这里又出现了片长的问题——是现代电影人的重要标记,贝克本身也是一位笔战家,他的作品从部分意义上来说,本身就带有批评的性质。和最近的一些最优秀的电影一样,《洞》有它的实验性。且让我们抱着感激的心情,感谢这实验得到了结果,最终带出的是一部完美的作品。

贝克是一个热爱电影的人,即使入行二十年,你仍可以从他身上感觉到那种不改的初心:就是要实现自己青春时候的电影梦。所以在《洞》的结尾,看到他儿子让·贝克(Jean Becker)忽然出现,就像爱德瓦·德米特/科克托在《奥菲斯的遗嘱》(*Le Testament d'Orphée*)里忽然现身那样,真是让我们百感交集。

——1960年

雅克·贝克,去世一年后

他发明了自己的节拍。他喜欢开快车和慢食。他把只需十五分钟说完的事情拍成了两小时长的电影。他会一打电话就说上很久。

他很谨慎,喜欢反思,追求细致。他的电影喜欢拍摄充满细节的普通事物——一件放错地方的衣服、一张彩票。但有好几次,他也曾愉快且大胆地跨越自己的极限:《金盔》的结尾,还有《蒙巴纳斯19号》和《洞》。

他十分关注新电影和新导演;从不吝啬对同行的钦佩与喜爱。所谓同行相轻,他绝对是个例外。他会毫不迟疑地承认别人也能拍出和他一样的作品来。可是,他生命的最后几年却始终忧心忡忡!

他是慢工出细活的人,喜欢反思,所以拍摄经常超预算。他最后的三部影片,更是因为生病关系导致拍摄中断,令上述情况变得更加严重,并影响到了他和制片人的关系。

人生最后一个阶段,他原本漂亮的面孔已经变成钢块一样的灰色,像汽车上刷的金属漆。

我认识他的时候,我的第一部电影刚好上映不久,而他正为《洞》在收尾。他对我说:"听着,千万记着,自己要存点钱下来。"

我一直都没有勇气复述我和他的最后一次对话,那是在电话里,在他去世前的两星期。是弗朗索瓦丝·法比安[1]接的电话。我问她他情况怎么样,有什么事情需要跑腿,我都可以。她说:"他病得太重了,没法和你通话。"我听见他说了一句:"什么事?"然后他接过了听筒,很艰难地说出了一句:"嗯,确实如此,我情况不太妙,但别告诉他们。不然,他们就不会再给我工作了。"

原本,把这件事说出来我有些犹豫,但我还是决定这么做,为的是让你们知道我们这一行的残酷性。事实上,所有演艺行业都是这么残酷。

——1961年

---

[1] Francoise Fabian,法国女演员,雅克·贝克的妻子。

罗伯特·布列松

《布劳涅森林的女人们》（*The Ladies of the Bois de Boulogne*）

不到十年前的某个下午，我费劲地想着怎么才能不用待在教室里而是翘课去看电影。语文老师走进教室，告诉我们："昨晚我看了世上最愚蠢的一部电影，《布劳涅森林的女人们》。那里面有个人物，他解决自己的爱情问题，靠的是以时速128公里的速度飙车。我实在想不出还有什么能比这更可笑了。"影评人的意见也没比这强多少。观众都没去看这电影，或者即使去了，也只是为了去嘲笑科克托写的每一句台词。制片人劳尔·普洛昆（Raoul Ploquin）被毁了，他花了七年才缓过来。

实验电影院（Cinema d'Essai）最近办的作品回顾展里，也放映了布列松的这部电影。我听说现场观众要比放其他任何一部电影时都多。他们看的时候十分安静，有时甚至还会鼓掌。用科克托的话来说，《布劳涅森林的女人们》"在上诉法院赢回了官司"。想当初，《布劳涅森林的女人们》虽然经历了惊人的票房失败，但随后在各大影迷俱乐部里放映时，几乎让所有影评人改变了自己原本的看法。再加上《乡村牧师日记》这最后一个堡垒，如今也已经攻克了下来，我们可以放心地说，布列松已经成为最伟大的那三四位法国电影导演之一了。

他的第一部影片《罪恶天使》（*Les Anges du Peche*），剧本来自雷蒙·布吕克贝尔杰神父（Raymond Bruckberger），让·吉罗度（Jean Giraudoux）写了对白。影片在1943年上映，获得了一致赞许。在《布劳涅森林的女人们》里，布列松由狄德罗的《定命论者雅克和他的主人》中某一节——宝姆蕾夫人和侯爵的冒险——出发，其改编既忠实原著又十分节制；其忠实程度之高，几乎所有狄德罗的原始文字都被原样保留在了剧本中。我们常会低估科克托所扮演角色的重要性，其实，他为《布劳涅森林的女人们》剧本做出了天才的改写。举个例子，狄德罗："你心的历史，一字一句都是我的历史。"科克托："你心的历史，一字一句都是我的悲伤故事。"如果我们将这两句话大声读出来的话，必须承认，科克托在狄德罗的基础上做了改进：他增添了乐感。

在狄德罗的故事里，所有的人物都具有基础性。宝姆蕾夫人就是复仇的同义词，那是一个纯粹的拉辛式的人物〔这种纯粹，与"费德拉（拉辛同名悲剧主人公）是纯粹的"中的"纯粹"同义〕，而杜克诺瓦夫人和她女儿，这两位虔诚的女士，忏悔的时候都还在担心侯爵是不是会贿赂听她们告解的神父，由此获知她们的秘密，也真是把口是心非这四个字做到了极致。在书中，当老板娘说完她的故事之后，雅克的老师说道："我亲爱的老板娘，你的故事说得很好，但在戏剧艺术上还有很长的路要走。如果想让你的年轻女孩变得有趣，你必须教会她坦率，并且把她塑造成她母亲和宝姆蕾夫人逼迫下的无辜牺牲者，必须以最残酷的手段逼使她……当你将一个人物引入一场戏的时候，他的角色必须是独一无二的。你现在已经犯下了过失，违反了阿里斯提德（Aristides）、贺拉斯（Horace）、流浪汉小说和《驼子》（*Le Bossu*）的规则。"科克托和布列松这一次的改编工作，最让我惊讶的一点在于，它既忠于原著同时又不忠于原著，因为他们在改编的时候，心里想到了雅克老师的那些观察：在影片里，阿涅斯的立场是毫不含糊的，她就是海伦手里的无辜受害者。这主要要归功于科克托，由第一段对话开始，科克托的痕迹就无处不在了："我没成功让你分心吗？你痛苦吗？"之后的："根本不存在爱这东西，只存在它的证明。"还有："我爱黄金，它就像你：热、冷、清晰、沉重、不容腐蚀。"但对于本身不了解狄德罗原始文本的观众来说，上述这些就很容易被错过了。正如吉罗度给了《罪恶天使》活力，科克托给了《布劳涅森林的女人们》生命。想到科克托自己1945年后拍摄的那些电影和本片之间的相似性，我们不可能不被其打动。《布劳涅森林的女人们》里保罗·贝尔纳和伊莲娜·劳波蒂尔之间的关系，和《美女与野兽》中朱赛特·黛和让·马雷之间的关系，完全是一样的。他们之间的那种爱情，导致了完全的屈从和奉献。而当《布劳涅森林的女人们》里的玛丽亚·卡萨雷斯说着"首先一点，别谢我"那种标志性的科克托语句时，也不可避免地会让我们想到《可怕的孩子们》中的妮科尔·斯黛芬。

大家平时喜欢往科克托身上贴的那些标签，实在是太千篇一律了，为跳出这种惯性思维，我们应该要好好想一想他作品里的现实主义。首先就是他那些对白里"口语化"的一面，有时候这会让我们一想到就笑。"我没法接你，请进。"现实主义的尖锐被推到极致时，会让我们感到古怪。《恐怖的孩子们》过去二十年了，科克托重拍这部电影的话，对白可以一句都不用修改，演员讲出来的台词，照样会显得无比真实。举个例子，玛丽亚·卡萨雷斯下楼和坐电梯逃走的保罗·贝尔纳尔说话的那一场戏："为什么要走啊？我不喜欢钢琴……"已经近乎巴洛克了，但又不会显得滑稽。

但是，布列松的功劳也不能忽视。本片在法国解放前就已开始筹备，但之后半途而废，随后才重新启动，正儿八经做准备工作，几个月后才算是真正开拍。虽然当中隔着那些年，但导演工作留下的痕迹依然十分抽象。科克托就说过："这不是一部电影；这是一部电影的骨架。"更为诱惑我们的是布列松的想法，而非这些想法的具体执行。《布劳涅森林的女人们》是一次风格练习，就像是小说《伯爵夫人的耳环》。但是，如果我们对路易丝·德·维尔莫兰的敬佩很容易就会被激发出来，布列松这边就正好相反了，他在精雕细琢时的顽固和苦工，最终才赢得了我们的敬意。

我觉得《乡村牧师日记》是布列松最好的电影，那里面每一个镜头，都像一捧黄土那样真实——属于它原著作者乔治·贝尔纳诺斯的黄土。我们只有看到他翌年拍摄的《克莱芙王妃》(*La Princess de Cleves*)[1]后，才能最终知道布列松自己的真正个性，才能评估他的才能。因为这一次他只有一个人，没有了吉罗度、科克托或是贝尔纳诺斯。

——1954年

---

1 后来布列松并没有拍摄《克莱芙王妃》，该片由科克托负责改编和写对白，最终由让·德拉诺伊（Jean Delannoy）导演在1961年完成。——原注

《死囚越狱》（*Un Condamné à mort s'est échappé*）

1

这部电影的重要性，让我们有必要在接下来的几周内将其反复观看。我并不指望靠这些只看了一遍后就匆匆草就的文字来说明本片的重要性。

在我看来，《死囚越狱》不仅是布列松最美的电影，也是过去十年里最重要的法国电影。（在我写下这句话之前，我在纸上列出了自1946年以来所有雷诺阿、奥菲尔斯、科克托、塔蒂、冈斯、阿斯楚克、贝克、克鲁佐、克莱芒和克莱尔的电影。）

几个月前我曾写过："布列松的那些理论始终相当令人着迷，但它们实在很个人化，以至于仅仅适合他自己。哪怕是最乐观的布列松观察家，应该也不会相信未来会存在某种'布列松学派'吧。这么一种如此理论化、数学化和音乐化的电影概念，最重要的是，这还是一种苦行僧式的电影概念，根本无法带来一种普遍的认识。"现在，我很后悔我写过这些，我要收回这些话。在我看来，从写剧本到当导演，许多统治电影创作领域多年的定论，如今都要因为《死囚越狱》的出现被彻底打破了。

在现在的很多电影中，所谓"大胆尝试的一笔"早已屡见不鲜了。它的意思是指，导演尝试着在一两场戏里超越自己，大家就会觉得这人很勇敢了。如果要这么说的话，《死囚越狱》，这部由一位顽固的奥弗涅（Auvergne）人拍摄的、讲述顽固的顽固电影，成了第一部"大胆尝试"的电影了。下面我们就要来看一下，相比我们这些年来看过的所有那些电影，《死囚越狱》究竟有什么不同。

布列松那句"电影是内部的运动"频繁被人引用。外界太过草率地将这句话当作他在宣誓自己的信仰,但是他当初说这句话,其实是不是故意领着那些理论家逛花园,耍耍他们,好从中获得乐趣啊?做电影点评的那些人早已认定,布列松最关心的是自己剧中人的内在生命,是他们的灵魂。但事实上,他最关心的,很可能是某些更细微的东西:影片的运动,影片的节奏。让·雷诺阿常说,电影是一门比绘画更神秘的艺术,一部电影仅仅只为三个人而拍。我绝对有理由相信,全世界都找不出三个不觉得布列松作品神秘的人来。日报上那些影评人说什么《乡村牧师日记》的演员身上有弱点,完全是这些影评人毫无觉悟。话说回来,布列松作品里的演员表演,确实已经超越了"对"或"错"的概念。他们的表演,首先是要让我们想到一种永恒,想到某种姿态,想到一种"活着的艰难",想到一种遭受痛苦的品质。布列松很可能是一位逆转的炼金师:从动开始,目的是达到不动,他筛掉的是金子,收集起来的是沙子。

对布列松来说,过去和现在的那些电影,都只是话剧被歪曲后的画面,而演员的表演也只是一种表现癖。他觉得再过二十年,大家得去电影院,才能看到"当年的演员是怎么演戏的"。我们都知道,布列松指导演员的方式就是,不让他们做"戏剧性的"表演,不让他们强调什么东西,他要逼着演员由"艺术"中撤退出来。为达到这个目的,他扼杀演员自己的意志,反反复复不断重拍,几乎让他们陷入了被催眠的状态,以此来耗尽演员的精力。

拍他第三部作品《乡村牧师日记》时,布列松意识到自己更愿意使用非职业演员,而不是职业演员,哪怕是刚入行的新人演员,也不如素人好。他选择这些素人时,看的是他们的外形——还有他们的"精神"。这些新人的身上,不会带有任何表演习惯，不会有假的自发性。事实上，他们身上完全就没有什么"艺术"。如果布列松所做的，只是扼杀每个人内心渴望表演的那一面，扼杀他们的活力，让他们仅仅只是在镜头前面有意识地朗诵一些中性的词句，那么，他的电影至少也会是一次有意思的试验。但事实上，他走得还要比这更远。靠着这些对戏剧一无所知的业余演员，他创造出的是终极真实的人物，其一颦一笑、一言一行——他说每句话的音量都是一样的——都是精华。随着所有这些渐渐成形，这部电影也就诞生了。

他作品里没有心理学和诗歌的位置。他的作品关乎的就只有，在互相影响的许多不同元素之中（它们也由此制造出数量上无穷无尽的一组组的关系来：表演和声音之间的关系、表情和噪音之间的关系、布景和照明之间的关系、评论和音乐之间的关系），取得某种和谐。这也给布列松的电影注入了某种奇迹般的无法加以分析的成功，只要能达到这种完美和谐，就能让观众感受到一种崭新的纯粹情绪。

布列松走的方向，十分不同于他的同行。所以，相比同行那些靠着没那么高尚的取巧手段和更戏剧性的办法来激发观众情绪的电影，布列松的作品，想跟观众联系上，也会更难一些。对布列松来说，正如对雷诺阿、罗西里尼、希区柯克和奥逊·威尔斯来说，电影当然也是一种景观，但那还得是一种非常特别的景观，有其自身法则的景观，无须遵从那些从别人那里借来的法则。

《死囚越狱》是对一位囚犯越狱过程详细到每一分钟的记录。事实上，这是对一次真实事件入迷般的重建，而十三年前的当事人德维涅中校，也始终都在现场。布列松不断向他提问，让他给那位扮演他的无名演员演示，在监狱里究竟要如何拿调羹，如何在墙上写字，如何睡觉。

但这实际上并非一个故事，甚至不能算是一种记录或者戏剧。它只是对越狱过程的精心重建和细致描述。整部电影由物件的特写画面和挪动这些物件的那个人的面部特写所组成。

布列松原本想将影片命名为《风随着意思吹》(*Le Vent soufle ou il veut*)，这原本会是一次危险的实验，但靠着布列松顽固的天才，结果它成了一部成功、感人的电影。他设法拒绝了所有电影制作现有的形式，用一种新的现实主义，实现了一种新的真实。

悬念——本片确实也带有某种悬念——是自然产生的，靠的不是刻意拉长时间，而是让时间自行蒸发。因为每个镜头都很短，每场戏进行得都很快速，我们从不会觉得这是在观看一部九十分钟的电影。相反，我们和他一起在监狱里住了两个月，而非九十分钟；这真是一种神奇的体验。

简洁的对白和主人公的内心独白互相交错；从一场戏到另一场戏的过渡，由莫扎特的旋律承接。片中的声音也有一种致幻的效果：铁路、门栓、脚步，等等。

此外，《死囚越狱》也是布列松第一部具有完美同质性的电影。一个拍坏的镜头都没有；从开始到结尾，完全符合创作者的意图。"布列松表演风格"这个伪命题，也在本片中变得比真实更真实，在最不起眼的小角色身上也都有所体现。凭借本片，十一年对《布劳涅森林的女人们》发出嘘声的那些人，正在为布列松喝彩。

——1956年

2[1]

《死囚越狱》与所有的传统导演风格都大大不同,以至于在我看来,相比那些并不喜欢电影,但经常去看电影的观众,反倒是那些偶尔去一次影院(比如说一个月一次吧)的观众,会更欣赏《死囚越狱》一些,前者的鉴赏能力很可能已被美国电影的节奏给带偏了。

第一次观看本片时,最打动我们的地方便在于,我常会拿它来做横向对比:如果是由另一位导演来拍的话,这段戏会变成什么样。我相信他们首先会看到这里面的缺陷,然后会试图重新做剪辑,再加入额外的镜头,好让影片看着像是"电影该有的样子"。

确实,所有人都指出了,《死囚越狱》里缺少定场镜头,我们永远都没法知道方丹由小窗口看出去或是在监狱屋顶上看出去,能看见什么。所以,第一次看完《死囚越狱》,你内心的惊讶,或许会胜过对它的钦佩。而安德烈·巴赞看过后也深受触动,以至于他会觉得有必要解释一下,与其描述《死囚越狱》这部电影究竟是什么,还是描述它不是什么会更容易一些。

真的一定要再看一遍,才能完全体会到它的美。看第二遍的时候,不会再有什么东西来挡道,我们可以一秒不落地跟随着电影的运动———它令人难以置信的轻灵——沿着莱特里耶或布列松依然新鲜的脚印(具体是由他俩哪一位留下的,这都一样)向前进。

布列松的电影是纯粹的音乐:它最基本的丰富特质,就在于它的节奏。一部电影从某一点开始,最终都会达到另一个点。

---

[1] 第二部分的文章是在第一部分完成的三周之后写成的。——原注

在此过程中，有些电影会搞迂回，有些电影会安安静静地在某个地方反复徘徊，好满足自己把某一场能给观众带来愉悦的戏细细描绘的愿望，还有些会留下明显的空白。但是说到《死囚越狱》这部电影，由它正式踏上那条完全笔直的线路开始，便一头扎进了夜色之中，而且节奏始终保持一致，就像是车前玻璃的雨刷器那样的节奏；那些叠镜，有规律地在每一场戏的结尾，将画面的雨水从银幕上抹去。它就属于极少见的那种电影：全片一个无用的镜头都没有，或者说一场可被删除或缩短的戏都没有。它就是那一类看着像是"拼贴"，像是画面组合的电影的对立面。

《死囚越狱》不仅严谨，而且自由，不具系统性。布列松只关心地点和行动的统一；他不仅根本没想过要让观众对莱特里耶产生认同，事实上，他故意令这种认同变得不再可能。我们和莱特里耶在一起，我们在他身边，但我们无法看见他能看见的所有东西（我们只看见与他的逃跑有关的东西），至于那些他看不见的，我们更是无法看见了。

这么做的结果就是，布列松打破了经典的剪辑方式——某人看着某件东西的镜头，只有在它后面跟上那样东西的镜头，前一个镜头才算是有效果——打破了这种让电影和戏剧艺术画等号，和拍成电影的话剧画等号的剪辑形式。

在传统导演方式和布列松的导演方式之间，那种区别，就像是人物对白和人物内心独白之间的区别一样地明显。

我们对于罗伯特·布列松电影的钦佩，还不仅局限于他敢于赌博——敢将整部电影放在一个人物身上，而且整整九十分钟都在监狱之内。这样的壮举，还不能算是全部。因为也有许多电影人——兑甞佐、达辛、贝克，等等——拍出来的电影，也许会比布列松的电影更紧张刺激和"人性"十倍。但重要的在于，布列松的情绪，要比别人的电影更加稀有和纯粹——哪怕这种情绪，二十个观众里只有一个人能感觉到。而这造成的结果就是，他的影片仍旧高尚，但这种情绪又赋予了影片一种我们最一开始时并未能看出来的伟大。

影片高潮处出现了几秒钟莫扎特的旋律。在这里，c小调大弥撒的第一段旋律并非如众人所说的那样是要象征自由，而是让冲马桶这一日常行为，有了礼拜祷告的那一面。

我不觉得布列松会认为方丹是一个很可爱的人物。刺激他越狱的并非勇气，仅只是无聊和无所事事。设监狱，这原本就是为了要让人来逃跑的。此外，主人公的成功也要归于运气。我们只是看见了正在经历人生中某个特别有意思和特别走运的阶段的方丹，除此之外，关于他，我们就没有什么是应该要知道的了。他谈论自己时总带着某种保留，有点像是电影课的讲师在评论他带来的那些默片时，顺便给我们讲起自己的一次远行："四日，晚，我们离开了营地……"

显然，布列松的伟大贡献在于那些演员的工作。詹姆斯·迪恩时至今日依然打动我们的那些表演，或是安娜·马尼亚尼的表演，说不定再过几年就会让我们看了发笑了，正如皮埃尔·里夏尔-威尔姆的表演，现在在看就已经让人发笑了。而《乡村牧师日记》里莱杜的表演，还有《死囚越狱》里莱特里耶的表演，只会随着时间流逝越变越有力量。时间总是站在布列松那一边。

在《死囚越狱》中，布列松的导演风格实现了最好的效果。我们不再听到昂布里古的小教区牧师的平静语声，不再看到"神圣痛楚的囚犯"的温柔目光，取而代之的，是方丹少校清晰、干脆的发音。当他像老鹰扑小鸡那样扑向献祭的哨兵时，他的凝视就像是猛禽那样的直接。莱特里耶的表演与莱杜的全然不同。布列松要求他:"就像是在和自己说话那样地去说。"他全力地在拍他的脸,或者更确切地说,全力去拍人类面容的严肃。

"艺术家的成功,很大程度上要归功于人类自身的面容;拍摄人物面容时,假如你无法拍出那天生的自尊,那至少也要尝试隐藏一下其肤浅和愚蠢。有可能地球上其实一个愚蠢或肤浅的人都不存在,有的只是给我们留下了这些印象的人,那是因为他们觉得不很自在,他们还没能在这宇宙中找到一个让自己感觉舒服的角落。"约瑟夫·冯·斯登堡的这番妙论,在我看来正是对于《死囚越狱》的最佳点评。

布列松会不会对当代法国和外国导演产生影响?似乎极不可能。但《死囚越狱》的优点,让我们更清晰地看到了其他电影的局限。这有可能会导致的风险就是,再看到克鲁佐的残酷、雷内·克莱尔的风趣、雷内·克莱芒的仔细时,我们有可能会变得比过去更加苛求。电影艺术还有许多东西亟待发现,其中有一些,我们可以在《死囚越狱》中找到。

——1956年

雷内·克莱芒

《相逢》（*Monsieur Ripois*）

相当一段时间以来，观众已不再对那些根据名著改编的电影带有偏见了。如今，他们已经可以接受不逐字逐句翻拍原著的做法了，同样，也接受了不忠于原著精神的拍法[《肉体的恶魔》《田园交响曲》（*La Symphonie Pastorale*）]。改编文学作品为电影，已经是默认不会有什么问题的事情了。但在我看来，倘若哪位导演宣布自己受到某书启发，想拍点"相当不俗的东西"出来，那么他拍出来的电影里，就应该有着和原著同等的野心程度（就像是《乡村牧师日记》那样）。把自己改编的原著拉低层次的做法，绝对是无法允许的，这也是我在这方面唯一要求的标准了。

第一个想到要把路易·艾蒙（Louis Hemon）的小说《里布瓦先生和复仇女神》（*Monsieur Ripois Et La Némésis*）拍成电影的人，是雷蒙·格诺。后来雷内·克莱芒也读了这本小说，并不是很喜欢，犹豫半天之后还是决定要拍，并将改编工作委托给了让·奥朗什。很不幸，我现在不知道，以后估计也不会知道，奥朗什究竟是怎么改编的。克莱芒不喜欢他交上来的剧本，决定自己重写，再加上英国编剧休·米尔斯（Hugh Mills）的帮助，至于对话部分，则交给了格诺编辑。在此过程中，小说的名字被切掉了一半——复仇女神被赶进了壁橱，只留下了里布瓦先生。

剧情是这样的：法国人里布瓦先生（杰拉·菲利普饰）生活在伦敦，正准备离婚。趁妻子凯瑟琳（瓦莱莉·霍布森饰）不在家，他说服她朋友帕特丽夏（娜塔莎·帕里饰）来家做客。帕特丽夏拒绝了他的调情，于是他开始对她坦白自己过往的感情经历。安娜（玛格丽特·约翰斯顿饰）是他的办公室经理，他勾引她,只是为了能在工作时间享受安宁。然后是梅宝（琼·格林伍德饰），他许诺和她结婚，但是在订婚后三天就搬了出去。再然后是法国妓女玛塞尔，她是个好姑娘，两人一起生活了一段时间，直至某天他卷走了她的积蓄。之后还有邻居戴安娜（黛安娜·戴克饰），随后才是凯瑟琳。他为了钱与她结婚，最后就是帕特丽夏了，她仍在拒绝他。就在她即将屈服之际，里布瓦假装自杀，却无意中真伤到了自己。他让凯瑟琳以为自己要死要活都是为了她。剩下的岁月里，凯瑟琳会为他推动轮椅，而他也只能坐在轮椅上看看路过的女人解馋了。

艾蒙的这本书算是某种杰作，它让我们想到格诺，巅峰时期的格诺，写《奥黛尔》（Odile）时的格诺。阿梅戴·里布瓦究竟是谁？他是唐璜的反面：他不吸引女人，本身也没有花花公子的本钱，但他有许多的艳遇。里布瓦是皮埃尔·德里厄·拉罗谢尔（Pierre Drieu la Rochelle）笔下的吉勒的相反面。吉勒是一个疯狂和执迷不悟的最典型的花心男子。吉勒对女人所采取的行动，是建筑在引诱机制之上的行动；性生活于他而言，像杀人件事之于凡尔杜先生。他们不是用心灵在思考,而是用电脑，用严格组织好的分类系统来记录自己的情感。另一方面,路易·艾蒙拥有足够多的心灵和灵魂。在那背后的，是他书里的肮脏、无情和残酷，外加一些甚至比宽宏大量更加伟大的东西：一个男人的善，一个同时也是一位伟大作家的男人。这种善，艾蒙真实的感觉，还有他的观念，都通过一个出色的人物表现了出来，一个名叫艾拉的年轻女孩。她的自杀令里布瓦意识到自己的人生是多么失败。或许是因为自己看不起情节剧，担心被人说是把它给拍成了情节剧，克莱芒拿掉了艾拉这个人物。他显然是觉得，采用亚历克·吉尼斯那种讽刺喜剧的基调，会让《相逢》显得更不落俗套。

正如道林·格雷的形象随着他的画像失去纯洁而变得越来越丑陋一样，随着被里布瓦羞辱的女性数量的增加，他自己的问题也变得越来越多和越来越严重。《里布瓦先生和复仇女神》是一本关于本质上的正义的书：面对穷苦和挨饿的威妮弗雷德，他没法让自己同情她，所以他也不会知道挨饿是什么感觉。

看见伦敦的奢华，里布瓦问他自己，"怎么没有我的份呢？"之后又是："你已经获得了超出你应得的爱，你是怎么对它的呢？"我可以举出很多例子来，以说明《里布瓦先生和复仇女神》就像《红与黑》一样，以两个部分来建立结构：第一部分中的主题，在第二部分得到重新检验。一次仔细的阅读，就能很有说服力地证明，如果没有这第二部分的话，小说就会丧失它的所有意义。

克莱芒只忠实于小说第一部分，他犯了一个致命错误，就像将一首诗两句话里的某一句删了一样。他扯下了苍蝇的翅膀，还为苍蝇无法再飞下去而感到惊讶。他的第一个错误是将人物名字改了。当阿梅戴·里布瓦变成了安德烈·里布瓦，他就失去了关系到他的力量和真实的关键。艾蒙笔下的里布瓦是魔鬼，而克莱芒的里布瓦则是犬儒的小丑。[它让人想起那部令人愉快的《仁心与冠冕》(*Kind Hearts and Coronets*),但克莱芒有些太过明显地受它启发了。] 克莱芒把残酷和犬儒搞混了,将载体当作了内容。他画出了一个男人的肖像,但是这人没有灵魂,而且他也忘记了将自己任何一部分的灵魂植入这个男人。《相逢》(在美国上映时叫作《红桃J》)是一部里布瓦电影;就像它的主人公一样,这是一部没有灵魂的电影。

这样的故事不再有锋芒,但也和这部影片的整体风格十分匹配。小说的风格是优雅、敏锐、快速的,而影片的风格则是笨重、缓慢的,有时还是刻意的。(我想到的是在书里,作者专门用一个出众的章节,对伦敦的诗意做了一番描绘,然后还有关于妓女玛塞尔的那一部分。)

克莱芒的才能是属于模仿者的才能。《铁路战斗队》(*La Bataille du Rail*)是在模仿清醒的状态[马尔罗的《希望》(*L'Espoir*)乘以十倍],正如《玻璃城堡》(*Le Chateau de Verre*)是在模仿严苛和优雅的状态一样(第二个《布劳涅森林的女人们》),而《禁忌的游戏》模仿了孩提时代的残酷。

改编的时候,克莱芒将艾蒙原著里所有感人的东西都抑制住了。他的做法,就像法国影坛处处遍布的那些伪知识分子一样,像未接受过完整教育的所谓学者。对这些人来说,天才的高度,就是要将艺术中所有发自内心的东西都剔除掉。结果,就出现了好一阵浅灰色的流行风潮:《奇异的爱情》(*Les Orgueilleuxs*)、《禁忌的游戏》《红杏出墙》(*Therese Raquin*)、《魂断黄河情未断》这种类似于清汤的电影——缺乏形式的电影,缺乏指导性创意的电影,不可能被我们的评论家冠以现象级的、祛魅的、控诉的、无情的社会调查这样的标签的电影。

和那只想要让自己变得比牛还大的青蛙一样,雷内·克莱芒并没有尝试要去纠正那些记者的错误观点——他们视路易·艾蒙为二流作家，只是靠着他那本著名的民间传说《玛丽亚·夏德莱纳》(*Maria Chapdelaine*)才出了名。艾蒙的《路易·艾蒙日记》并未在法国出版，但是在英国发行了，他还写了另外好几本书，包括《战斗的马隆》(*Battling Malone*)和《柯兰-迈雅尔》(*Colin-Maillard*)。我相信《里布瓦先生和复仇女神》是这位爱酗酒的忧郁法国人的杰作。最终，他在加拿大乡间卧轨自杀了。

克莱芒背叛了艾蒙，也背叛了格诺。他只将格诺写的少数对白放入了影片——主要是一场里布瓦给英国学生上法语课的戏，他没注意到，那位学生已经能直接引用马拉美的话了。

没有读过艾蒙小说的观众，可能会觉得这是一部令人愉快的出色作品，但他们无法对比两者在细腻程度和智慧程度上的差别，最主要的是，他们意识不到让小说原著和改编电影产生差距的那种细腻情感。他们不会知道，导演在这里所做的，只不过是在对着一部杰作小修小补。

——1954年

亨利-乔治·克鲁佐

《毕加索的秘密》（*Le mystère Picasso*）

这次在戛纳放映的这两三部法国电影里，亨利-乔治·克鲁佐的《毕加索的秘密》自然是最棒的一部了。

克鲁佐热爱绘画，也一直都想和他的朋友毕加索一起拍部电影。之所以一直都没拍，因为两人担心自己必须要遵守"艺术类电影"的那些陈规：爱说教，对绘画做分析，叙述画家的轶事，反复呈现的先是画家在工作、然后是他完成后的作品的无聊且重复的循环。

朋友为毕加索寄来一种美国制造的特殊墨水，解决了他们的疑虑。靠着它，克鲁佐可以把摄影机放在毕加索的画布之后，而非他的背后或是身侧。这样，我们也不必再像是出现在他工作室里的访客那样，旁观他绘画的过程。取而代之的是，他完成这种最纯粹的创造行为时，我们就在现场，不受其他任何外部元素打扰。这种纯粹，这种对于画家及其作品的尊重，在《毕加索的秘密》里被推向了一个极致，以至全片之中根本没什么评论部分来"指导"我们或是分散我们的注意力。伴随着画布的，只有乔治·奥里克写的配乐。《毕加索的秘密》原本的计划是要拍成一部长度十分钟的短片，最终却扩充到了一个半小时。影片刚开始时，是普通尺寸银幕上的黑白画面，然后有了色彩，最终银幕尺寸也变大，变成西涅玛斯科宽银幕，好呈现那些巨大的画布。

整部影片从构思到执行都是独一无二的，摄影师是克洛德·雷诺阿（Claude Renoir）。那是他自他叔叔那部让人难忘的《黄金马车》之后，目前为止拍的最漂亮的一部作品。

克鲁佐故意将自己从影片中抹去了，但这一点一般观众并不会注意到，因为影片本身的力量实在是太强大了。在这里，他自己的电影专长和辛苦学来的电影技术全都成了配角，全都服务于我们伟大的画家。

这部电影就是为绘画而服务的，再确切一点，就是为现代绘画而服务。看过之后，那些毕加索的批评者可就再也没法像以前那样，说什么"我也画得出来"或是"优秀的制图工，但不能算是画家……"了。

毕加索即将作画的画纸，变成了我们面前的大银幕。事实上，观看本片的过程，像这位艺术家在电影院里当着我们的面，在银幕的背后作画。还有这样一个事实：克鲁佐在指挥摄影机拍摄的时候，他自己都不知道毕加索接下来会画些什么，不知道他会用画笔去碰触画布上的哪块区域。这样子，也就让我们的上述这种体验更为强烈。仿佛那就不是在看一部电影，而是正在注视一次进行中的艺术创作行为。

对克鲁佐而言，当他发现自己可以设法剔除银幕上除画布外的任何其他元素，甚至就连毕加索，连他的臂和手也都可以剔除掉的时候，克鲁佐有可能会觉得，这么做是加强了本片的纪录片价值。其实恰恰相反，这么做其实是与纯粹的纪录片背道而驰的，与"艺术类电影"背道而驰的。他让我们看到的，其实是和诺曼·麦克拉伦作品一样抽象的各种画面的集合。

从影片第一幅画面开始，最打动我们的便在于，我们看到的是活动的绘画，它要比寻常的绘画更美丽、更非凡、更有诗意，但也更不真实。这与我们原本预期会看到的东西，与影片原本宣传的东西，与任何我们已知的与这位大师有关的东西，全都毫无关系。毕加索的秘密，其实仍未被揭开。所以，我们看这部电影时会觉得很入迷，但看完后又会有些许受到了欺骗的感觉。毕加索就在我们面前完成了一幅作品，这是一个奇迹。如果有必要去证明电影之伟大，那么《毕加索的秘密》便是一个明证。看他作画，动作是那么坚决，创造力是那么连绵不绝，那么有神韵，有幽默感；看着毕加索把旧的擦去，从头开始再画、再改、再加东西上去，这对我们来说是何等享受啊。我们可以想象科克托写诗的时候，也是这样：划掉，用别的词代替，喷涌而出的话语，画面浮现在眼前，犹如在画布上添加了的色彩。这部电影其实也和诗歌有关，让人目醉心迷。

意识到这一点之后，我们不禁要问，如果克鲁佐当初把这部电影当成纪录片来拍，那《毕加索的秘密》会不会更加令我们着迷呢？乔治·奥里克也是《诗人之血》的配乐，克鲁佐怎么没让他按照那种程度来写《毕加索的秘密》的配乐呢？怎么让他写了这些吵吵闹闹的喜歌剧小调呢？

克鲁佐说他之所以拒绝添加评论，是因为绘画"没法用语言来解释"。这很好，但是，如果能在全片九十分钟的时间里抽出十分钟，专门展现一下毕加索更早期或更近期的画作，会显得更明智一些。那会是一些他更仔细完成的、更成功的画作，可以和毕加索在本片里不得不在镜头前仓促完成的画作形成一种对比。

同样的道理，克鲁佐催促毕加索，让他"抓紧时间"画完的那一场戏——要赶在胶片用完之前画完，也让人觉得有一点不是滋味。那是在音乐会当中又加了一场马戏表演。

抛开这些保留意见——这些也只是在事后才回想起来的，而非看电影当时就想到的——《毕加索的秘密》仍是一部伟大作品，因为主人公的天才，因为影片拍摄对象之美，也因为导演的独创性。

电影节上，《毕加索的秘密》共放映了两场，分别在七点三十分和十点三十分。第一场结束后，我们听到了一些带着敌意的笑声和口哨声。因为担心在十点半的主映场次可能会遇上更多的嘘声，电影节宣传部门的负责人，在九点时给圣保罗德旺斯（Saint-Paul-de-Vence，法国蓝色海岸度假胜地）打了电话，请求毕加索能赶来支援。他本已穿好睡衣，准备就寝，但还是答应来了戛纳，来的时候还戴着一顶淡红色的帽子。

第二场放映时，观众的态度谦恭有礼但又有些冷淡，不过克鲁佐和毕加索离场时，还是赢得了长时间的掌声。

——1956年

让·科克托

《奥菲斯的遗嘱》（*Le Testament d'Orphee*）

我们还有必要去证明让·科克托是一位多么重要的导演吗？我要先提醒你想一下，想想科克托面对别人的作品和面对观众时的态度。

他愿意在各种请愿信、宣言书上签名，愿意替人撰写前言和序，甚至愿意替任何一本优秀作品打广告做宣传，这一点真是了不起，有时甚至会让人觉得震惊。大体上，我觉得这是一种为人谦逊的标记。骄傲的人不太愿意经常展示自己，骄傲的人很少出门，很少让自己名字曝光，更喜欢待价而沽。

科克托却相反，哪儿都有他，什么事都能让他感兴趣。他谁都愿意帮，为各种各样的作品提供帮助。这会不会让人觉得他的评判缺少了价值呢？我倒是不这么看。不管是他的口头宣传还是写下来的宣传语，全都有着诗的精准；那可不仅仅是说明性的文字，那都是受到他支持的作品或艺术家的真实写照。

因为科克托很明白，来寻求他支持的人里，大部分都是一些小人物，但我可以想象他会告诉自己说："即使是最平庸的艺术家,也要比最优秀的观众更有价值。"所以他经常让自己的名字曝光,他有意选择了这么一个角色。

这是一种纯正的犬儒,外加做人最基本的宽宏慷慨。一位彻彻底底的艺术家,决心要无条件地去支持其他的艺术家。你会问,这怎么叫犬儒呢?要知道,他对大众和评论家,其实有着非同寻常的蔑视(从来不会明显表现出来)。真的,蔑视剧场里坐着的所有人,所有观众,所有面向着舞台或是银幕的人,所有那些可以妄作评判,却又无须承受任何风险的人——那是面向着他们的艺术家每天都要承受的风险。

他对所有人都很友好,也希望所有人都能对他友好。最轻微的批评,也会令他受伤。"我不要求他们诚恳,只要求他们礼貌。"

针对科克托最后一部作品《奥菲斯的遗嘱》的评论意见,全是好评——大多是基于纯粹的善意。这些意见也全都很不诚恳。最终,影片的票房反倒更像是一部遭影评界全体炮轰的影片会有的票房。这也让人觉得,观众似乎早已看透了影评人的话中有话。和总是尊重大众意见的电影生意人不同,科克托总觉得观众是错的,而这一次观众对于该片的抗拒,或许看着也像是他们的一次无意识的集体报复。但是这一次,观众真的错了。《奥菲斯的遗嘱》值得赞赏——这是一部值得赞赏的电影。

这是一次翻拍,三十年后对《诗人之血》进行的翻拍,是有关诗意创作的同一篇散文。只是这一次写的时候,带着新鲜感和一些修正。毋庸置疑,《奥菲斯的遗嘱》里最优美也最成功的一场戏,就是诗人和俄狄浦斯(让·马雷饰)的相遇。但我更想指出影片后十五分钟里接连出现的三场短戏,也都值得关注。因为从中它们可以看到,和所有伟大导演一样,科克托创作时想的就是要让自己满意,而这也是拍出好电影来的唯一途径。执导电影是对剧本做出批评,而剪辑又是对导执导结果做出批评。

第一个例子:和我自己的相遇

诗人:我见到了那个人,他们把我变成了他,那人只在我背对他时才会看我。我在养子面前抱怨那个人,他却有点取笑我。
赛杰斯特:你一直在抱怨说,如果遇到他的话,你都不会想跟他握手。
诗人:他恨我。
赛杰斯特:他没什么理由去爱你。他为你承受的侮辱和打击够多的了……
诗人:我会杀了他。

这场戏很美,按照导演自己的说法,当诗人遇到替身时,这可是全片的"枢纽",全片的脊柱所在。起初打算要去滨海自由城(Ville tranche)的城墙拍这场戏,但因为天气原因,换去了暗街(Rue Obscure,滨海自由城内一处景点)那边淋不到雨的地方。

这例子完美地说明了创新或许真的可以让艺术家陶醉其中。这是一个强烈且优美的创意。不管导演究竟是在影片开拍之前的一年还是八个月或者一星期时才想到这个点子的,那都会给他带来巨大的满足感,哪怕此时电影都还没开始实际拍摄。

但是等到最终开拍,遇到了拍摄工作中每天都会碰上的各种现实问题,这样的点子,实拍起来可就没那么愉快了。需要考虑的,也就只有拍出来的结果了。因为你拍摄的时候,必须把整场戏分解开，只有那样才能充分表明自己的意图，才能不至于老是让演了一半的演员停下来，让拍了一半的摄影机停下来，让演员的视线停下来，不至于为此焦头烂额。而且，科克托还得和替身演员（一位名叫贝洛耶的气象学家）交换衣服。那实在是无法让人满足的艰苦工作。

拍摄这样一场戏时，根本没有即兴发挥的余地，没有什么是可以放手让运气好坏去决定结果的。你要做的就是，把计划好的八个或十个镜头拍完，以最干脆利落的方式拍完。

这时候你要应付的，是那种讲究效率的电影——希区柯克那种电影。把你在画面上的想法，把那一连串事先决定了的并且已经画好草图的东西，给完美地执行完成。事实上，那并不难。你可以想象一下希区柯克的间谍片里是怎么拍摄这种"遇到自己替身"的戏的。

因此对科克托来说，快乐时光并非在开拍之时，而是在好想法诞生之际……"哈，我打算拍一场让诗人遇到自己的戏。"

当作文学概念来看，这想法没多大意思；当作造型艺术来看，那就有意思了，会让我们想到达利的那些画，但说到底，只有放在电影里，才会觉得这个想法伟大。而且它在大银幕上出现时的效果，也能让导演重温自己当初萌生这一想法时的那份喜悦，它在银幕上的美，也足以弥补导演拍摄时所历经的苦劳。

第二个例子：知识分子情人

诗人和赛杰斯特的特写画面。然后我们看见他们所看到的东西：一对热情拥抱的年轻人。两人都在自己的笔记本上写下各自的印象。

又是一个唯美的想法,但单用文字表述,很难说清它有意思的地方。相比之前说的那一场戏,这场戏拍起来就让人兴奋了,因为拍的时候,相比剧本,实际的效果可以增强一千倍。

首先是选谁来演这一对,选对了的话,原本的想法会变得更为可爱。然后是布景。最后是那些小的肢体语言和能够增添幽默感的模仿动作。同样道理,把想法清楚表达出来是关键,但这一次,相比每一小段戏之间的互相关系,更主要还是靠它们各自的独立建构。而且原始想法呈现得怎么样,清不清晰,对不对应,当场就能确认,不必一星期后等到上剪辑台才知道。

这也是一个来自造型艺术的点子,但和油画无关。因为它的神韵和具有讽刺性的那一面,倒是会让我们想起某种诙谐的素描。巅峰时期的弗兰克·塔许林拍过这样的电影——最早做到的则是让·雷诺阿——一种欢庆的电影。拍这种戏的时候,第一次排练往往都是模糊不清的,只有排到大约第五次时,情况才会开始变得清晰,变得更加纯粹,同时还有了深度。整个团队围绕着导演,跟着他拍,共同参与,理解内容。理解它。这时候可以即兴发挥了,这场戏也会越拍越有活力。

第三个例子:诗人之死

密涅瓦拒绝了诗人给她的被重新救活的花。他向后退:我很抱歉……我……我很抱歉。就在诗人还没能离开的时候,密涅瓦便挥舞着她的矛扔了过去。一个诗人行走的镜头。矛从后面刺穿了他,刺在双肩之间。

一个正面镜头。矛刺穿了他的身体,从胸口戳了出来。他双手抓着矛,双膝跪地,然后侧身倒下,重复着呻吟说:真叫怕!

真可怕……真可怕……

这场戏的想法根本没必要讨论：它是整部电影的根基。《奥菲斯的遗嘱》的结尾，诗人的血必须要流。

这场戏拍起来也没法让人高兴，是全片拍摄过程中最让人难受的一场戏。首先，似乎是受了蛙人服装的启发，密涅瓦的那套服装就不简单。然后是矛的特效。那是由重量仅60克的纸卷成的，两卷纸一内一外固定在一起，当它击中目标后就会缩短四十厘米，而这目标就是科克托的背部。他则在外衣里面安了片金属用于保护自己。扔出这矛的是它的发明者，米·杜兰先生（Michel Durin）。

拍摄无休无止，工人加班加点，也产生了焦虑不安和情感起伏。类似这样的工作，全部结束之后，可能也会有人因为计划里的镜头全都成功拍完而觉得满足，但是，绝不会有什么深层的满足感。像这种戏拍完之后，见证整个实拍过程的人不可能忘记其中的特效效果，所以他们会让导演感到痛苦，至少也是自我怀疑：这管用吗？会不会看上去很蠢？

最终令这场戏成功的点睛之笔，在于声效的添加。伴随长矛扔出，我们听见了飞机起飞的巨大轰鸣。诗人就在这机场边人人都很熟悉的非人类的噪声中死去。

我并非暗示科克托是拍摄完成之后才想到这个创意的；相反，和所有伟大导演一样，科克托也深知光有创意是永远不够的，创意还必须被"强迫"——被"引导"，心里始终要装着观众。所以，在诗人进入女神宫殿之前，我们听到空姐的声音："请系紧安全带，掐灭香烟。"飞机的创意已经在那里了——我们可以说，它已经无处不在了。

所以，既然我们在这里讨论的是拍电影时的满足感，我认为，当科克托进入剪辑室，当他得以看见长矛伴着飞机轰鸣声飞出的时候，他从这场诗人死去的戏里得到了自己最大的喜悦。这种音画配合的品质足以令他对这场戏的情感力量的任何怀疑都得以平息。那时候的他应该是快乐的；他应该要快乐，我也相信他确实如此。

——1964年

朱尔斯·达辛

《男人的争斗》（*Du rififi chez les hommes*）

《男人的争斗》是美国电影人朱尔斯·达辛的首部法国片。他原本是话剧导演，后来才进入影坛。本片在结构上像一出经典悲剧。第一幕：盗窃的准备；第二幕：盗窃的"圆房"；第三幕：惩罚、复仇、死亡。

在我说我喜欢这部电影之前，在我赞扬一下它之前，其实并没必要指出《男人的争斗》拍摄成本有多低。但补充这一点，可能还有一些别的作用，这会说明一部电影的成功与否，更多地取决于其导演，而非浩大的制作资源或有无世界级明星的加入。

那是我所读过的最糟糕的犯罪小说，可朱尔斯·达辛在此基础上拍出了我所看过最棒的犯罪电影。事实上，犯罪片并非电影里的一个小种类。达辛冒着凄风苦雨在街头拍摄本片，将巴黎呈现在我们法国人的面前，正如他将伦敦呈现在了英国人面前[《四海本色》（*Night in the City*）]，将纽约呈现在了美国人面前[《不夜城》（*Naked City*）]。公平起见，我们也不能忘记摄影师阿格斯蒂尼（Philippe Agostini），他在很不寻常的条件下真正实现了奇迹：光线昏暗的真实小酒馆里的内景镜头、没有照明的夜间室外戏、皇港站的月台、细小的布景细节，等等。

《男人的争斗》里的所有一切都是智慧的——剧本、对白、布景、音乐、演员的选择。让·塞维斯、罗伯特·曼努埃尔和朱尔斯·达辛都很完美。不过它也有两个错误：女演员的挑选、专为影片写的那首很糟糕的歌。

达辛的导演工作是一次技术和创意的展示。影片由三个发展严谨的炫技段落组成。每个镜头都回答了观众的问题，"怎么办？"达辛始终忠于他将纪录片手段与诗意相结合的风格。过去的一星期里，巴黎人在街头巷尾谈论的唯一热点就是那一场无声的盗窃戏。它伴着华丽的配乐，其目标、行动和目光，围绕着一把置于珠宝店天花板上钻出的小洞上的雨伞，营造出一场非凡的芭蕾舞蹈。

此外，影片真正的价值在于它的基调。片中人物并不可鄙。法国审片机构相对宽容，让达辛可以毫不妥协地完成本片。这些人物或许不讲道德，却是高尚、悲剧、温暖和具有人性的。在三位演员的笑容背后——让·塞维斯的苦涩笑容，罗伯特·曼努埃尔的灿烂笑容和达辛时而悲伤、时而快乐的笑容——我们也能大致估摸出导演是怎样的人。他为人体贴、宽容、温和，并且愿意信赖人。再给他一个机会，他也可以再为我们讲述一个不同的故事，一个主人公遇上更好的时运，更有尊严的故事。这是我们不应忘记的，我们必须因此而感谢朱尔斯·达辛。想到这一切，你就会知道《男人的争斗》能在戛纳参赛，绝对是实至名归了。

——1954年

《该死的人》（*Celui qui doit mourir*）

朱尔斯·达辛认为《该死的人》是"属于他生命的电影"，是第一部真正由他自己选择拍摄且完全自由地完成的电影，他在片中做到了完全成功地表达自我。由于达辛在好莱坞、伦敦和巴黎时，常能凭借他对那些命题作品电影所施行的"拯救"、凭借他赋予那些小型侦探故事不同寻常的高尚而获得人们的尊敬，所以，本片的失败更让人烦心。

这一次，电影里除了高尚，还是高尚，只剩下了高尚——对一部展现知识分子困惑的电影来说，这实在是太多的高尚了，很少有哪部电影里的高尚能与之相当的。

让我们来理一下头绪：在被土耳其人占领的希腊小村庄莱克弗里西，村民正在筹备一年一度的宗教受难剧演出。神父（费尔南·勒杜饰）指派了各角色的扮演人选：当地的妓女将饰演抹大拉马利亚，口吃的牧羊人演基督，铁匠演犹大，地主的儿子、马鞍商人和咖啡店老板分别饰演彼得、雅各和约翰。

另一个村子里的人来了，带头的是他们那里的神父（让·塞维斯），他们村最近刚被土耳其人焚毁。这些人又累又饿，费尔南·勒杜却将他们赶走了，声称他们患了霍乱。于是，那些人只好在附近的沙拉基纳一地住了下来，计划在那里建村，而莱克弗里西的几位村民，也向他们伸出了援手——他们在宗教剧中饰演的角色的个性，对他们产生了影响。一切都像我们从一开始便能预见到的那般收场，基督被犹大刺死。这唤起了人们的良心，令他们渴望一个有着正义与和平的更好的未来。

我必须承认，这样的故事——普通人与自己饰演的角色产生认同，从而超越他们自身——让我感到了不舒服，因为它太过于戏剧化，目的太过明显。我们预先就知道会发生什么，知道犹大会背叛基督，于是我们只会注意铁匠将如何背叛牧羊人。而且因为这一过程以特写呈现，所以它变得更加明显，我们不可避免的失望也就被放大了。如果让我自己来认出哪个人物扮演的是基督，那故事会让我感兴趣得多。而在本片之中，这些人物的对照一早便昭告于天下，但那又能证明什么呢？证明善意比恶意更好？证明组织完善的仁慈是从别人身上开始的？

事实就是，达辛是一个孩子。孩子更有灵性，有更生动的幻想，比成年人更有直觉，所以好莱坞电影比我们的电影生动一百倍。但是，当孩子模仿成年人的时候，结果有可能是莫扎特，也有可能变成米奴·德鲁艾（Minou Drouet，八岁成名的法国文学神童）！

本片由朱尔斯·达辛和本·巴兹曼（Ben Barzman）根据尼柯斯·卡赞札基斯的小说《希腊受难曲》（The Greek Passion）改编而成。它超越了天真、简单和多愁善感的界限。这是对能量、勇气和宽容的多大浪费啊！而且这部电影又是多么地缺少差异性，它受到了普多夫金的影响，我们随便从马尔罗的《希望》里找个构图出来，《该死的人》里一个能达到它水准的都没有。

在这部悲伤痛苦的作品里，多愁善感已经多到快要滴下来了，已经到了一种不合适的地步，正如某人尝试要强硬，事实上却在后退一样。朱尔斯·达辛说过："我觉得每个人应该想吃什么就吃什么。"但他没有意识到，这么说是一种猥亵。我很清楚达辛会怎么回答："在今天这个世界上，每天都有男人、女人和小孩因饥饿死去。"我也相信，拍摄反映仍有人因为饥饿而死去的电影，确实十分重要，但我坚信，我们不应带着"装饰性"去拍摄不幸，而应如实地拍摄，尽可能地残酷和残忍，无须任何《圣经》的借口，无须评注和举证。但是，达辛并未直接拍摄不幸，反而是用说教，狠狠打了我们一记耳光，这耳光是如此之重，以至于在某一时刻让我们觉得这部影片因为其愚蠢而变得更加可恨了。例如当莫里斯·荣内特饰演的富有地主的儿子为准备开战的那些伙伴提供了一些用木盘装着的奶酪时。这等于是让一位公主登记注册为共产党员。

在这部我看了两遍的电影里，我注意到了这句台词："人脑是一台脆弱的机器；开得太多，它就要坏。"但朱尔斯·达辛开动他的电影也开得太多了一些，他将所有东西都混在了一起，任它们互相纠结：说教、可塑性、镜中的反射、不够吃的面包、被抛弃的爱人、因寒冷而死去的孩子。

在巴黎，对，在巴黎，有男人和女人，整个冬天都睡在人行道中央的下水道栅栏上；每年，都有老人在面对他们根本无法理解的税收时被迫选择自杀；一家六口住一间屋；生病的孩子因缺少照顾而死去。移民来巴黎的美国电影人朱尔斯·达辛，身为温柔化身的达辛，因为一次温暖的握手便会热泪盈眶的达辛，当他手里有了三十五万法郎来拍摄属于他生命的电影时，便来到希腊拍摄了一部有关那里的人间不幸的电影，身边还带着一些雷内·西蒙戏剧艺术学校的毕业生。他拍摄了一部充满着符号和民谣的电影，一部超越了摩尼教的电影，一部好人瘦小、结巴或者生着结核病，而坏人却肥胖、健康、笑声洪亮的电影。

整件事情慢慢地推进，严肃且沉重，充满着抱怨。安德烈·奥佩（André Obey）写的对白很戏剧化，也经常显得很通俗——"圣雅各，你给邮局开个账号"，或者"你的演说在精神层面上是完美的"，又或者"霍乱……一个象征"。

几乎所有演员演得都很糟，不是演过火就是选错了方向，仅有特迪·比利斯（Teddy Bilis）、瑞奈·列费夫尔（René Lefèvre）和吕西安·蓝波（Lucien Raimbourg）除外。这三位为各自的角色注入了一些生命力。朱尔斯·达辛对皮埃尔·瓦内克的角色都没怎么下功夫，我很担心这位年轻演员今后将会继承杰拉·菲利普所有那些恐怖的角色：柔弱的嗓音和迷离的眼神。那将会是让人伤心的浪费。马克斯·杜伊（Max Douy）的布景非常成功，雅克·纳杜（Jacques Natteau）的摄影十分沉重。显然，大白然——青草、石子、树木、云朵和水流——拒绝在本片中扮演角色，令影片因为缺乏肉欲、色欲，缺乏血和肉而受损，正如它因为过于知识分子倾向和理论化而受损。

许多缺乏清醒意识的艺术家，靠着良好的本能和性情，超越了自己的极限。但当他们的某部作品是基于清醒意识而来时，它便散了架，它的错误便是彻底的错误了。

——1957年

萨卡·圭特瑞

《杀手和小偷》（*Assassins et Voleurs*）

《杀手和小偷》的不朽地位牢不可破：它愤世的剧情是不朽的，这剧情美化了通奸、偷盗、不公和杀人；更厉害的还是，它在商业和艺术上的双重成功是不朽的，我们以往的经验和预感，在它面前全被颠覆了。正如我们将要看到的，它的成功是一种自相矛盾的、近乎可耻的成功。

和我们《电影手册》那些人捍卫的电影不同，《杀手和小偷》并不具有任何美学上的野心。在它身上，我们也看不到一丁点职业良心：一场按理说应该在海上发生的船上戏，看着明显是在沙上拍摄的；旅馆电梯的上升幅度还不及水面上船只的漂浮幅度大；同一个布景被当作不同场景的地点使用；普瓦雷和塞罗尔之间的漫长的对话，被分成了十或十二个片段，而且显然是在某个下午用两部摄影机草草完成的。更厉害的是，仔细听的话，你还能听见摄影棚外开过的公交车的声音，以及隔壁棚里剧组工人边吃午饭边愉快聊天的声音。

影片剧本由一位被迫坐上了轮椅的老人匆匆写就，然后由导演、导演的助手及制片人一起执导（换句话说，也就是没人执导）。《杀手和小偷》是在几星期时间里匆匆拼贴起来的，被那些巴黎电影发行人认定根本没法放映："我们没法在这儿放它，那绝对没法看啊。让我们把首映安排在维希吧。"维希的影院老板起初还为此倍感荣幸，但他看过影片之后，便愤怒地拒绝把"那东西"放给"他的观众们"看了，而且谁都知道，维希的观众可是全法国最宽容的观众了。结果，巴黎的人老板拔高了嗓门，维希的首映只得进行，影片获得了成功。它打破了各种外省票房纪录。至于巴黎的放映，他们决定安排在外省各地的放映全部结束之后，以免那些肯定不会放过这部烂电影的影评人，妨害到《杀手和小偷》缔造的奇迹。

之后发生的事情，大家都知道了。它原计划在六家首轮电影院上映两周，结果却获得出色的影评意见，一放就是四周（比它在香榭丽舍大道上那些电影院的映期还要长），它的票房收入超过8000万法郎，成为当年十大最卖座影片之一，击败了卡罗尔·里德的《空中飞人》（*Trapeze*）、让·内古莱斯科的《暴雨晴天》（*The Rains of Ranchipur*）、亨利·德库安的《风流牧羊女娱乐场》（*Folies-Bergère*）、伊夫·奇亚姆皮的《暴雨樱花》（*Typhon sur Nagasaki*），以及多部国际大制作。

自相矛盾的地方，也就是上述这些了。萨卡·圭特瑞这部电影或许确实是草草拼凑出来的，但这并不意味着它没有那些大成本、大野心作品所具有的神韵、想象力、灵动和丰富的创造力。

某些电影因为来得正是时候，因为它们身上兼具了某些不同的品质，于是就被影评人当成了具有某种象征意义的模范作品，哪怕创作者自身或许并没有那样的企图。《杀手和小偷》正是在十部精心打磨（过分打磨）、耗资不菲（成本过高）、野心勃勃和自我放纵的法国电影上映之后，才出现在我们面前的。尽管它有诸多不完美的地方，却恰好象征了以清醒头脑来制作、构思和执导出来的电影。它的魅力弥补了它在方法上的缺陷。和如今的许多烂片不一样，它靠的并不是故意夸张。

它拍得十分熟练，如果不考虑其必要性，每场戏都能有三十六种拍摄方法。顽固到过分谨慎、太多的犹豫不决、对细节的痴迷、太多的彩排和重拍，还有太多的候补镜头，这些东西能将电影里的滑稽感全部扼杀。电影想显得轻松随意，拍的时候就必须轻松一些、随意一些。所以《杀手和小偷》能获得成功，而马塞尔·卡尔内的《我来的那个国家》(*Le Pays d'où je viens*)、杰拉·菲利普的《乌兰斯匹格传奇》(*Les Aventures de Till l'espiègle*)和雅克·贝克的《亚森·罗宾》却失败了。

这部让人大跌眼镜的电影证明了成功的电影不一定非得是复杂的。一部真正有趣和傲慢的电影，并未过分庸俗，由并非明星的好演员来演，他们就像在执导自己表演一样，一部在几乎没有任何导演的情况下拍完的电影，一部精简到节俭地步的电影，相比那些羞涩、胆怯、有着自大的幻觉、附庸风雅、令观众不信任的电影，更受欢迎。

——1957年

坏人萨卡·圭特瑞

巴黎的时髦人士不喜欢混搭、串行、玩票：让·雷诺阿写了一出话剧？它会被称作电影的、反戏剧的。同样，让·科克托只能是杂技演员，一个多面手。此外，据传，小说家让·吉罗度曾被人威胁，他差点就没机会能写成话剧。这些禁忌和禁止，这些狭隘的标签，都出自平庸之辈，那些为自己的小小专业领域而妒忌别人的大傻瓜。至于电影，鉴于拍电影需要复杂的设备，于是就更有人总爱以此为借口，劝说那些来自其他行业的艺术家打消拍电影这个念头了。

萨卡·圭特瑞没有这种想法，这对法国电影来说是件幸事，因为差不多有一打的好电影，都来自他的贡献。其中最好的是（当然也是在我所能看到的范围之内）：《那些我们的国土》（*Ceux de Chez Nous*）、《骗子日记》《追梦人》（*Faisons un rêve*）、《欲望》（*Désiré*）、《回到香榭丽舍大道》（*Remontons les Champs-Elysées*）、《九个单身汉》（*Ils étaient neuf célibataires*）、《德布罗》（*Deburau*）、《杀手和小偷》，以及他最后的那部《三个臭皮匠》（*Les Trois font la Paire*）。圭特瑞拍戏很快速轻巧；他不喜欢在一部电影上面花费太多的时间。他满足于手头的剧本和演员；他喜欢尽可能快速和便捷地去拍，有时还会采用双机作业，他认为既然是用胶片拍下来的，那么拍下来的东西，肯定算是电影。所谓的"不过是拍成了电影的话剧"这种说法，是用来污名化那些敢于在电影里不插入任何街景场面、楼顶追逐戏、汽车飞驰和脱缰野马的画面的导演的。朱尔斯·达辛的《该死的人》根据小说改编，完全在室外拍摄，但相比《追梦人》更像是拍成了电影的话剧。

总有人爱说："电影就是电影，不是别的什么东西。"多愚蠢啊！仔细想想你就会发现，意大利新现实主义电影（在那不勒斯的小巷里公开洗濯着脏衣服）的直系祖辈，并非卡尔内或费代尔（Jacques Feyder）这两位很讲究"逼真写实"的导演的电影，而是马塞尔·帕尼奥尔那些拍成了电影的话剧。

1936年，圭特瑞拍了四部电影。想想看，一年四部。好在这四部我都看过。《新约》（*Le Nouveau Testament*）是风尚喜剧（comedy of manners），说的是一名舞男和他不成功的约会，我们发现原来在巴黎有三处圣女贞德像，而这也成了影片中那一大堆令人捧腹的误会的来源。《骗子日记》是圭特瑞公认的杰作了，这非常正确。这是一部流浪汉电影，三分之二是评论，充满着未曾剪辑或是从未被再剪辑的头脑风暴结晶。《追梦人》我上面已经说到过了，萨卡·圭特瑞、杰奎琳·德吕巴克（Jacqueline Delubac）和雷姆都演得很棒。《冈布洛纳的话》（*Le Mot de Cambronne*）是一部中等长度的电影，其创意和幽默都很值得我们注意。

今天再回看这些电影，将它们与同一时期的伪杰做比较，会让我们受益匪浅。圭特瑞才是真正的导演，他要比杜维威尔、格莱米永（Jean Gremillon）和费代尔更有天赋，比雷内·克莱尔更风趣，没他那么郑重其事。

圭特瑞穿梭于电影的历史长河，嘲笑着一时的风潮和倾向；

他从没搞过诗意现实主义、心理现实主义或是美国风格的喜剧。他始终都是萨卡·圭特瑞自己；也就是说，他润饰那些主题的时候，总能加上一些有他个人特色的东西，而且带给我们一些令人忍俊不禁的新发现：爱情的易变也有各种好处；游离于社会之外的那些人，小偷、杀人犯、舞男、妓女，对于社会也有用处。在他的电影里，我们总要面对生活的自相矛盾，但生活确实本就是矛盾的，所以萨卡·圭特瑞其实才是现实主义导演。

电影靠着那些陈词滥调活下来，但也可能被那些陈词滥调杀死。它们的存在，让编剧的工作变得更加复杂，因为他们总是由一开始就被困在了陈词滥调的框框之中。现在的电影里，你不可以把小偷写成可爱人物，除非他是劫富济贫的那种，就像芒德汉（Louis Mandrin，人称法国罗宾汉）、卡图什（Cartouche，18世纪初的法国侠盗）或亚森·罗宾。同样，通奸的女人也必须写得让人反感才行，除非她的丈夫是垃圾货色或是不值一提的小人物，又或是她的情人是影片的主人公。之所以有那么多电影从一开始就注定是烂片，那是因为电影人在奴性地服从某套规则，他们以为这些规则是由观众的习惯决定的。事实上，观众不必具有颠覆性，只要有文化，就能产生反作用，对创作者希望我们觉得可憎的人物产生同情，而那些所谓值得同情的角色却是如此矫揉造作。

圭特瑞，和雷诺阿一样（他在某些地方和雷诺阿很相似，都越来越具有一种带有爱意的厌女心理，觉得这世上唯一重要的东西，就是自己钟爱的女人的柔肤），根本不考虑什么值得同情的人物或是让人反感的人物的概念，他们对于人生的看法，相比之下更为宽容，也更为聪明：那是有一百幕不同戏剧的喜剧，大银幕十分适合，它能为之提供最确切的反射。

雷诺阿的秘密是同情心，圭特瑞的秘密是顽皮。但他们的电影在原创性和对待首要的普遍问题（男人和女人之间的关系），以及次要的巨大问题（主人和仆人之间的关系）的坦率上，有着很多共同点。圭特瑞和雷诺阿都有一种返璞归真，这令他们的幻想都有了道理，这种现实主义会在他们的随意中增添某种诗意，他们从不放弃其中任何一种，一种坚实的、很少被隐藏的悲观主义，如果没有了这种悲观主义，那公开的对生命的爱就会令任何作品都变得可疑了。

大部分电影的对白、爱情戏和情感关系都虚假到让人无法相信。但在圭特瑞的电影里，每一场戏的结尾，真实都会忽然跳到我们面前，其力量之巨大，会让我们几乎从座位上跳起来。在《新约》里，年轻的舞男受邀去吃晚餐，他却到早了；丈夫随时可能出现，舞男却向老女人提议说："来吧，我们做爱吧。在门背后，很快的；我发誓我们有那个时间。"同一个人物，到了《骗子日记》里，变成了电梯操作工。玛格丽特·莫雷诺在电梯里注意到了他。电梯上升，从画面中消失；楼下，大家都在等待电梯重新下来，但它没有出现。最终，电梯出现了，操作工看着自己手上的新手表，那是他刚得来的。圭特瑞可真是刘别谦的法国兄弟。

在两部平庸的作品［《托阿》(*Toâ*) 和《两只鸽子》(*Aux Deux Colombes*)］之后，圭特瑞给了我们一个很好的惊喜：《毒药》(*La Poison*)。故事来自一件不同寻常的新闻：一个男人（米歇尔·西蒙）决心要杀死妻子，他向律师咨询，让他误以为凶杀案已经发生。带着"笨蛋"给他提出的许多免费建议，他在安排好所有的假线索后，杀死了妻子。让我们感到无比欢乐的是，他被宣判无罪了。

这就是萨沙习惯的主题：冷血、愤世地犯下那些通常都在喝醉了或是生气时才犯的罪行，扭转法律，按照社会的游戏规则来做到与社会相安无事。这一次，故事的中心是一对年老夫妇之间的家庭生活戏，如此尖利和残酷的戏，让我们在某些时刻会想到那些最优秀的现实主义电影：让·维果的《亚特兰大号》和施特罗海姆的《情场现形记》(Foolish Wives)。妻子——即"毒药"——对米歇尔·西蒙百般侮辱，拿他当傻瓜，当垃圾；但是他在杀她之前的冷漠，比她当初的冷漠要强烈十倍：用这么生硬的方法来结束这一切，真是让人看得大吃一惊。

《三个臭皮匠》这部电影，当时已经病危的萨卡·圭特瑞甚至没能亲自执导。毫无疑问，索菲·德马雷、达利·考尔、菲利普·尼柯、克莱芒·杜伍和让·里高都在片中表现出了各自的最佳水准。为什么呢？很简单，因为那些台词写得很准确，很真实，根本不可能说坏掉。而这些少了导演、只能自力更生的演员，也都很自然地寻找到了正确的语调——那正是圭特瑞当初写下这些对白时用到的语调。重新回顾一下让·里高躺在病床上的那一场戏会很有意义。他穿得像高级军官，那是他最喜欢的角色的服装。有人爱说萨卡·圭特瑞为人自负，是个纨绔子弟，但不可否认他确实很懂得如何自嘲，甚至拿自己的死来开玩笑。

在《如果巴黎会说话》(Si Paris nous était conté) 里有一场戏，那是一个相当新的例子，证明了萨卡·圭特瑞的细腻和人性。法王亨利四世的影子武士，每天都在为国王当"替身"，冒着生命危险。弗朗索瓦·拉瓦莱克杀死国王之后，回到了家中，妻子含泪迎接丈夫归来。她一边吻他一边说："终于，我们可以不用再做噩梦了。"

他所有的作品都在拼命地嘲笑爱情，作为补偿，这些作品对于友谊和赞赏，倒是十分敬重。在萨卡·圭特瑞的第一部电影《那些我们的国土》里，他"无声地"向我们展示了自己年轻时最赞赏的艺术家：奥克塔夫·米尔博、奥古斯特·雷诺阿、莫奈、罗丹、德加、圣桑、安纳托尔·法朗士。而在他最后的作品里，他又向西姆农、阿尔弗雷德·雅里和米歇尔·西蒙表达了敬意。我们在银幕上最后一次看见他，是在这部电影的序幕中，他给老朋友阿尔伯·威勒梅兹（Albert Willemetz，法国编剧）打电话，向他道别。他将脸侧向了一边，这样不会让他的瘦削令我们太过动容。

两年前，在《杀手和小偷》拍摄期间，我想过采访萨卡·圭特瑞。但他的秘书告诉我说采访的条件是我事先准备好所有问题，预先交给大师本人过目。我收回了采访要求，真是愚蠢啊！我真是一个白痴！

——1957年

艾尔伯特·拉摩里斯

《红气球》（*Le ballon rouge*）

六个月里，我看了三遍《红气球》，所以我很清楚它已引发的持久不衰的观影热情。所以我也很明白，如果我狠狠批评它的话，很可能会冒犯我最忠实的读者，让自己处于最糟糕的孤立地位。当一部作品获得普遍性的喜爱时，我们会犹豫，不太敢和流行的观点唱反调。甚至有可能为了不孤军奋战，我们甚至可能会伪装自己的观点。

《红气球》说的是小男孩和气球的爱情故事，它像小狗一样到处跟着他。毫无疑问，这电影拍得很细心，即便导演的工作完成得不够好，至少摄影很讨人喜欢；而且小男孩也演得很自然。尽管如此，这电影既没有诗意也没有幻想、感性或是真实——它缺少真正的诗意、幻想、感性或是真实；这就是我的想法。

当华特·迪士尼让动物也可以说人话，也可以做出人类的反应时，他既欺骗了动物，也欺骗了人类。他拙劣地模仿了拉封丹，也背叛了拉封丹，但是话说回来，也没人想过要把迪士尼当诗人来看待。

我坚信衍生品不会产生任何诗意；我们就应该要鄙视那些模仿别人样子的现代工艺品：看似钢笔的打火机，看似皮面精装书的香烟盒，等等。

和迪士尼的动物一样，拉摩里斯的《白鬃野马》(Crin blanc)是一匹仿造的马，它有着人类才有的反应。《红气球》更是将这种转移推向了极致。自愿跟着小男孩的红气球，它的行为像一条行为类似人类的小狗。这可是N倍迪士尼的程度了。这样的假装错就错在它是人造的，而且随着影片的推进，人造的程度也越来越厉害。

拉摩里斯的这两部电影，完全不具有造就夏尔·佩罗的《民间故事集》或是《美女与野兽》的那种情感真实，那才是既有诗意又有道德，既写实又有人性的作品。当然，如果说《红气球》拍出来就是为了供人娱乐，那么，即便它里面的所有一切都是人造的和虚假的，问题也不算太大。因为基本上来说，任何东西只要能让我们发笑，那就都OK；哪怕是最不费功夫的、最粗俗的把戏。但问题在于，拉摩里斯还想让我们感动。这时候，他就不仅仅是不尊重童话的那些基本规则了，他是在公然挑战这些规则，想给予他的电影一种宽度，这是影片基本情节永远都无法假装拥有的宽度。

在童话故事里，一切都是按照人性法则来解决的，一切最终都会回到符合现有戏剧规则的俗世秩序中。但到了拉摩里斯手里，情况就不同了。在《白鬃野马》末尾，马和小男孩一起沉入海里。在《红气球》里，好多气球带着小男孩升到空中。这样的结尾仅仅只是一种手段，一遇到棘手的情节就干脆将它去除的手段，也为了给别人留下一种他已经将创意推到极致的错觉。

拉摩里斯相信，他让我们看到的气球，其行为就像是男孩的一位朋友；事实上它却更像是仆人，总是跟在身后三步远的地方。

《白鬃野马》和《红气球》里都有"反派"出来搅局，也都代表绝对的坏品位。在他大部分的电影中，拉摩里斯因为害怕别人只是把自己当作"魔法师"，于是便转移焦点，假装自己将奇幻提高到了悲剧的层次上。奇幻和悲剧这两种类型混合在一起，我觉得不可接受。为了让我们更多地爱上他充满诗意的主人公，拉摩里斯还让他在心理上遭到欺负和迫害。实在是太取巧了。

如今在各个领域，我们都可以看到这种滥用权力和过分装可怜的做法引起的严重破坏。伊迪丝·皮雅芙的歌声再怎么能从回音室里脱颖而出，她都无法让我们相信，一首关于不久之前才在小酒馆里双双自杀的男孩和女孩的歌曲会是一出古希腊式样的悲剧。她唱着："我在咖啡馆后面擦干杯子。"但这不会是莎拉·伯恩哈特配着拉辛的文字演唱巴赫的曲子。我要提醒你注意杰克·帕兰斯在《大刀》里对制片人说的那句话："从没人告诉过你吗，你太过夸张的发言已经跟你原本必须要说的话不成比例了。"

是的，拉摩里斯，人人都知道，轻松地说出一个严肃的故事，要好过沉重地讲述轻松的事情。

在戏剧性艺术中，有一种"拍电报"效果，说的是它来自远方，而且我们可以看得出它走了一大段路。《红气球》的诗意就一直是在"拍电报"。正如《白鬃野马》中撕破少年福尔科的裤子的效果一样。科克托写到过："任何并非原生态的东西，那仅仅只是修饰。"而拉摩里斯却避开了所有原生态的东西，从禾超越过装饰性的艺术范畴。

一旦你了解了这种方程式,其实很容易就能"拍出一部拉摩里斯式的电影"。只要让乖乖的小男孩对上几个反派,再加上一只吸引人的小动物或是随便什么漂亮的小"东西"来作为矛盾冲突对象,那就万事俱备了。

对于小男孩来说,小动物必须具有某种重要性;对于小动物来说,小男孩也必须代表着什么。我建议不妨这样:一个拉普兰人小孩不见了他的白色驯鹿,他战胜邪恶的北极冒险家,重新找回驯鹿,然后坐在鹿背上,在皑皑白雪中消失。或者:巴西小孩装咖啡豆的背包被邪恶的士兵给割开了,咖啡豆滚入海中,小男孩也跳入海中永远消失了。或者是掉了自己信物的中国小男孩,不见了裤子的街头小淘气?……但这些对拉摩里斯来说,已经都太过奇幻了。

科克托那句话虽然残酷,却说得很对:"每个孩子都是诗人,米奴·德鲁艾除外。"《红气球》就像是米奴·德鲁艾为一位公主拍摄的电影。

如果我忘了指出《红气球》是电影史上最优美的彩色电影之一,那是我疏忽了,感谢它的摄影师埃德蒙·塞尚。

——1956年

让-皮埃尔·梅尔维尔

《可怕的孩子们》（*Les Enfants Terribles*）

当科克托与梅尔维尔的这部电影在1950年出现时，真有一种横空出世的感觉，它与当时法国影坛的任何一部电影都大不相同。它让人想起的，是原著小说深刻、有力和让人着魔的魅力。它很忠于小说，而所有那些曾在20世纪30年代度过自己青春时代的读者，也都从这本小说中认出了自己的身影。

时隔二十多年，选择如今这个时候重映《可怕的孩子们》，显然是一个很机灵的决定，因为现在的年轻观众已经开始喜欢上"孩子们"的"孩子们"所拍摄的诗意的电影——让-吕克·戈达尔、菲利普·加瑞尔、卡尔梅洛·贝内，等等。

长期以来，我一直很欣赏扮演伊丽莎白的妮科尔·斯黛芬，她那张吸引人的大嘴与其说是在说台词，不如说是台词自己在往外头溢。我也喜欢演她弟弟保罗的爱德瓦·德米特的怪异魅力。他的表演，在当时就和《游戏规则》里诺拉·格雷戈尔的表演一样充满争议，至今仍让我感动。

"爱和被爱，那是理想的……如果能发生在同一个人身上的话。但是，相反的情况经常发生。"在早于《可怕的孩子们》六年的小说《一字开》(*Le Grand Ecart*)中，科克托就已经预先通报了这一深刻的主题。

这是一次四手联弹，没必要分清楚哪些来自梅尔维尔，哪些来自科克托；梅尔维尔沉着自若的力量，建立在科克托生机勃勃的文字基础上。两位艺术家的合作，犹如巴赫与维瓦尔第。让·科克托最出色的小说，变成了让-皮埃尔·梅尔维尔最出色的电影。

《可怕的孩子们》是影史少数几部真正意义上的嗅觉电影之一（那是孩子们的病房的味道）。它的情节都是慢慢推进、突然上升的，就像温度记录表上让人不安的折线。类似这样的医院诗歌，只要还有年轻人和像年轻人一样的老年人继续被相思病击中，它就永远都不会过时。

——1974年

马克斯·奥菲尔斯

《劳拉·蒙特斯》(*Lola Montes*)

刚过去的一年,是电影史上自1946年后内容最丰富也最刺激的一年。它以费里尼的《大路》开始,其完美典范则是马克斯·奥菲尔斯的《劳拉·蒙特斯》。

和片名里的女主角一样,这部电影也可能会引发一场争议,也可能会撩起人们的激情。如果必有一战,那就来吧;如果必须有笔战,那也开始吧。

我们要捍卫的是这部电影的整体,这是一部作者电影,也是视觉上的愉悦,是一部有想法的电影,每帧画面都有创见,它没有从战前的电影里借鉴任何东西,它打通的是那条被视作禁区已关闭太久的道路。

让我们先克制一下热情,按秩序娓娓说来,尽可能做到客观,不管我们内心如何不愿保持客观。

本片的叙事结构方式,本片快速推进年代的做法,让我们想到了《公民凯恩》,只是相比《公民凯恩》,本片从西涅玛斯科宽银幕中获益不少,这种宽银幕也第一次将自己的潜力发挥到了极致。奥弗斯并没有只是简单地将演员留在这超大银幕毫无人性的框架之内,而是成功地驯服了画面,根据其构思的需要将画面分割、翻倍,压缩或是延伸。这样的结构既新颖又大胆;注意力不够集中的观众或中途才入场的观众,都有可能会看不明白。真那样的话就太糟了。有些电影就是要求你专心致志,《劳拉·蒙特斯》便在其列。

在她戏剧性的一生的结尾,劳拉·蒙特斯表演着属于她的受难剧,这是她不同寻常的爱情生活之中的几个篇章。马戏团的气氛如噩梦,如幻觉。接下来我们看到的,是她的三段人生插曲:与弗朗兹·李斯特关系的结束;她的青春;她加入马戏团之前在巴伐利亚的一段皇室恋情。第四段插曲拍的是马戏团里的她,彼得·乌斯蒂诺夫扮演了马戏团班主、折磨她的人和她最后的爱人这三个角色。

事实上,历史上真实的劳拉·蒙特斯(虽然起了西班牙假名,其实却是来自爱尔兰的冒险家和交际花),人生暮年确实被一家美国马戏团聘用,成了以她生平为蓝本的一出剧目的女主角。与其将即便用十六集连续剧来拍摄都不为过的素材硬是浓缩成两小时长度的电影,奥菲尔斯宁可选择再现一台马戏团的演出剧目,然后把劳拉的过往场景穿插其中。乌斯蒂诺夫扮演的马戏团班主、传记作者,在主持这台演出时所表现出的坏品位和俗不可耐及无意识的残忍,就和现如今占据主流的电视节目一模一样。如果说相比电视明星,那些著名电影演员看上去显得更为光鲜,那也是因为艺术模仿了生活,而且大大美化了生活。

马克斯·奥菲尔斯这部电影讲述的是成功的软肋,是起起落落的事业和丑闻被人利用的方式。人们经常会指出,劳拉·蒙特斯既不会唱也不会跳;她只知道如何取悦,她挑弄,她引发丑闻。马戏团班主说她是蛇蝎美人，说她之所以经历多，是因为"蛇蝎美人都是停不下来的"。但是，关于劳拉过去的闪回，我们看见她的青春时代，看见她和一个醉汉（伊凡·德斯尼）的婚姻，她和不懂风情的正人君子李斯特的冒险。她和所有的女人一样，容易受伤，不愿满足，区别只是在于她做了"街上那些普通女子只能梦想却不敢去做的事"。她的人生步伐是加了速的，结束了与巴伐利亚国王（安东·沃尔布鲁克）这不可思议的最后一段插曲之后，她必须每晚都要死一次，死在让她重新模仿自己的各种激情的美国马戏团里。

奥菲尔斯并没忘记，一百年前，穿越国境需要花上好几个星期，所以在他们穿越欧洲时，在马上发生的故事成了影片一个核心部分。在她危险的人生末段，她已经过早地油尽灯枯了。"我给她做过检查了，"医生说，"心脏不行了，喉咙的毛病可能更严重。"她用质朴的话语来做总结："对我来说，人生就是运动。"某天晚上，巴伐利亚国王问她："你就不想停下来吗，休息一下，稍微安静一会儿？"

影片结构严丝合缝；如果某些观众看了觉得跟不上，那也是因为过去五十年里，绝大部分电影都在用一种幼稚的方式讲述故事。从这个角度来看，《劳拉·蒙特斯》不仅像《公民凯恩》，也像《赤足天使》和《糟糕的相遇》，以及所有为实现诗意效果而打乱了年代顺序的电影。

这样得出的结果，与其说是跟着故事而来，更多的还是对一个女性的肖像做出的沉思。画面太过充实和丰富，以至于第一遍看不到这些。很明显，这是创作者有意为之，他甚至故意让我们在同一时间里可以听见好几段对话。显然，奥菲尔斯更感兴趣的，并非那些奇思妙想的情节出现的时刻，而是发生在时刻之间的事情。关于她那些特别简洁的故事,我们只能抓住一些碎片——就和实际生活中一样,我们根据自己捕捉到的信息来重建其他部分。剧中人也不会用精致的程式来概括自己遇上的情境:他们受的苦,都是用画面来表现的,而非用对白说出来。这绝对是自让·维果的《操行零分》后,我们在法国电影里听到的最具智慧和精准的对白了——严格符合经验主义定义的对白:把盐递给我……这儿……谢谢。但即便如此,导演还是成功地在每一次对话交流中,注入了他想传递的精神。只有一个人物喜欢斟词酌句,只有他还试着注意自己的修辞,那就是彼得·乌斯蒂诺夫,但他也是寻找一会儿合适的字眼,结结巴巴地说几句,重复自己的话,就像在真实生活中一样。如果奥菲尔斯是意大利导演的话,他有可能会说:"我拍的是一部新现实主义电影。"他在这里确实给了我们一种新类型的现实主义,哪怕真正吸引到我们注意力的,首先还是这部电影里的诗意。

《劳拉·蒙特斯》以三种语言拍摄,由来自世界各国的演员表演,包括彼得·乌斯蒂诺夫(俄国/英国),安东·沃尔布鲁克(奥地利/英国)和奥斯卡·威内尔(奥地利)。在法语版本中,让我们感兴趣的是这些演员说法语时,或多或少都带有口音。再加上我们有时候还会同时听见两三段对话,以及低声细语,甚至还有说了一半的句子,于是最后的结果就是:我们第一遍看的时候,只能听到大约20%的东西。

这样的对白令我很感兴趣,于是我弄到了一份剧本,来和最终拍成的电影做了一个比较。书面写成的对白已经很好了,但影片里的更加非凡——因为演员没法根据文本来说这样的对白,也因为实际演出时发生的变化。例如剧本里的这句话:"一头野兽,比我们那儿适才获得你们掌声的动物,致命一百倍。"

到了电影里，经由注意力不够集中的天才彼得·乌斯蒂诺夫的表达，变成了"一头野兽，比我们那儿，致命一百倍"。拍摄时，舞蹈老师所有的台词都被细碎的哭泣和低语声取代，以达到一种极端的效果。奥菲尔斯还故意留下了不少因意外而拍坏的画面，他对它们的偏好，多过他那个最终剪辑版本里的完美画面——例如乌斯蒂诺夫的鞭子缠在了道具边上的那一幕。还有巴伐利亚国王在剧院里说的那句："我正要去你家里，大人，不，那不对——"他挪动了一片舞台布景，然后重新往下说，"我正要去你家里，夫人，为了省却您的麻烦。"毫无疑问，这句出色的"不，那不对"是沃尔布鲁克拍摄时站错了位置后脱口而出的。导演把这些即兴发挥都留了下来，增强了影片的效果，实现了一种更加货真价实的真实，而奥菲尔斯也和拍摄《朗格先生的罪行》的让·雷诺阿，达到了同一高度。

《劳拉·蒙特斯》里，人物和话语之间，他们实际说的话和剧本原话之间，常会冒出这种双重甚至三重的偏差，制造出的迷人效果与《亚特兰大号》中饰演小贩的吉勒·马加里蒂斯（Gilles Margaritis）说话时的犹犹豫豫类似。《劳拉·蒙特斯》是第一部说话结巴的电影，在这部电影里，词语的美（沃尔布鲁克喜欢"观众"这个词，喜欢它天鹅绒般的性感）经常为整个句子的意义给出提示。我又想到了让·维果，他对诗化的台词的偏爱和奥菲尔斯一样。我想到的是下面这一首出自《亚特兰大号》的小诗：

> 这些餐刀
> 带着变化的反光
> 是不会生锈的
> 永远不会。

和这一首乌斯蒂诺夫念的小诗。

> 在拉古萨
> 一件精致的袍子
> 我们拒绝把它
> 捐给教堂。

《劳拉·蒙特斯》是一部打破了所有纪录的电影：年度最佳法国电影，目前为止最优秀的西涅玛斯科宽银幕电影；马克斯·奥菲尔斯被公认为是当今最出色的法国电影技术大师和最佳导演；扮演劳拉的玛蒂妮·卡洛第一次真的让人感到十分满意，彼得·乌斯蒂诺夫让人感动，奥斯卡·威内尔也是；安东·沃尔布鲁克和伊凡·德斯尼都很出色。

很明显，马克斯·奥菲尔斯是属于19世纪的导演。我们从不觉得自己看的是一部古装片，反而更多地会觉得我们自己才是1850年的观众，我们仿佛在阅读巴尔扎克。本片对这个女人的肖像描写，也是对奥菲尔斯之前所有作品中女性形象的一次综合：劳拉·蒙特斯拥有了《没有明天》（*Sans Lendemain*）、《一个陌生女人的来信》（*Letter from an Unknown Woman*）和《伯爵夫人的耳环》里那几位女主角所有的情感不幸。

我很清楚，为了捍卫我热爱的电影而攻击那些我不喜欢的电影，这或许并非一个好主意，但事情到了最后，坦率地说，我不得不承认，如果说观众对于《劳拉·蒙特斯》态度太过冷淡，那其实是因为他们很少有机会学习该如何观看真正的原创和诗意的作品。所谓的"最好的"法国电影〔我想到的是克洛德·奥当-拉哈的《红与黑》、克鲁佐的《恶魔》和雷内·克莱尔的《大演习》(*Les Grand Manoeuvres*)],都是为取悦、讨好和抚慰观众奉命拍摄的。

对于这样一部我们可以在一周之内着迷地连看五遍的电影来说,我的热情可以永远持续下去。且让我再次描述一下影片最后这一场戏的美,并且以此来为之画上句号:在动物面前,劳拉把手伸讨铁栏,让动物亲吻;镜头向后移动,画面底部的马戏团观众向前移动,我们与他们融为了一体。历史上第一次,观众从电影院中离开的情形发生在了大银幕上。于是,整部电影如同奥菲尔斯的全部作品一样,都得到了皮兰德娄的庇护。

《劳拉·蒙特斯》就像是当作圣诞礼物送给我们的一盒巧克力;但当盖子被拿走后,它变成了一首无价的诗。

——1955年

马克斯·奥菲尔斯死了

我们本以为他在执导话剧《费加罗的婚礼》时得的风湿性心脏病已经治好了。那是他亲自翻译并改编的剧本，在汉堡德意志剧院上演。一位德国剧评人写过，通过博马舍的这部经典，奥菲尔斯再现了莫扎特和意大利即兴喜剧的精神。他习惯性的疯狂驱动力，为这部作品添加了危险的节奏。《费加罗的婚礼》由三十组令人眩晕的戏剧场面组成。首演开始于1月6日，奥菲尔斯却只能躺在城市另一头的医院病床上，无法目睹自己作品受欢迎的热烈程度。观众为之疯狂，演员共谢幕43次。

他在1957年3月26日早晨去世了。

1902年5月6日，他生于萨尔布吕肯。一战之后，在萨尔归属联合国管治期间，他选择加入了法国国籍。这一细节并不广为人知，他仍旧常被描述为"我们中间的维也纳人"。事实上，奥菲尔斯只在1926年于维也纳居住了十个月。

他先是当上话剧演员，之后又成了话剧导演，因为爱上一位女演员，跟随她来到柏林的缘故，他才有机会进入电影界。有声片的最初发展阶段，大家习惯在话剧人才中寻找新导演。

1930年至1932年，奥菲尔斯共拍了四部德语片，但关于它们我们所知甚少。1932年，他拍摄了根据贝德里赫·斯美塔那歌剧改编的《换得的新娘》(La Ficancee Vendue)，更重要的则是之后根据阿图尔·施尼茨勒话剧改编的《情变》(Liebelei)，那是他当时最出名的作品，也最为其本人所喜爱。四年前，《伯爵夫人的耳环》登陆巴黎之际，并没什么人注意到其实马克斯·奥菲尔斯之所以会将路易丝·德·维尔莫兰的这部短篇小说改成电影，就是为了找一部能与《情变》相配对的电影。《伯爵夫人的耳环》最后半小时的决斗和收尾，其实都是《情变》的翻拍罢了。纳粹上台之际，奥菲尔斯逃离德国，他的名字也在《情变》的演职员表中消失。距今一年半之前，他回到了德国，终于可以在时隔二十五年之后重新看到这部《情变》。开场之前，当地名流起身解释说，这份经过修订的演职员表，并没有什么能让大家感到骄傲的。一阵寂静过后，影片开始放映，完场后则获得了无数掌声。

曾经，法国电影资料馆也放映过他在《情变》之后拍摄的那一部十分可爱的作品：《众人之妻》(La Signora di Tutti)。该片1934年摄制于意大利，改编自一部系列小说，算是为之后的《劳拉·蒙特斯》做了一些铺垫。《众人之妻》说的是，一位年老的明星在试图自杀失败后，躺在了医院里。在麻药的作用下，她回顾了自己爱情生涯中最悲伤的那些片段。在这部受人尊敬的影片中，伊莎·米兰达饰演可悲的女主角，比《劳拉·蒙特斯》里的玛蒂妮·卡洛早了二十年。

奥菲尔斯战前在法国拍摄的六部作品里，最好的或许要数《圣婴》(Divine)。影片从原著作者柯莱特(Sidonie-Gabrielle Colette)的亲身经历出发——她是从外省来到巴黎的善良姑娘，卷入了灯红酒绿的生活——奥菲尔斯首次在电影里描绘属于演员后台的那个世界。如果这会让你想到《劳拉·蒙特斯》，那是因为奉命不得不使用西蒙妮·贝里奥（Simone Berriau）当女主角的奥菲尔斯，索性就让她在片中演了大量的戏中戏，累积了大量或古怪或逼真的生活细节。《圣婴》加上《欢愉》（*Le Plaisir*），堪称奥菲尔斯最接近让·雷诺阿的两部作品。

《温柔的敌人》（*The Tender Enemy*）相比起来就没那么成功了，影片也由西蒙妮·贝里奥主演。那是一个充斥着各种雷内·克莱尔式特效的鬼故事，但是作为一则寓言，也包含着许多的温柔。

接下来，奥菲尔斯拍摄了他自己并未很喜欢的《吉原》（*Yoshiwara*），拍了他觉得还OK的《维特》（*Le Roman de Werther*），拍了他稍许更喜欢一些的《没有明天》。1939年，他以军人身份完成了《从梅耶林到萨拉热窝》（*De Mayerling a Sarajevo*）——当时他已被动员加入了法军在阿尔及利亚的步兵队伍。

退伍后，他和路易·茹韦、玛德琳·沃兹海一同在日内瓦拍摄《太太学堂》（*L'Ecole des femmes*）。开拍第三天，制片人就已经情绪崩溃，开始拔自己的头发了。第一场戏，在幕布仍低垂着的剧场里展开。茹韦由天花板上吊下来，落在舞台上，演出就开始了。演员离开舞台时，奥菲尔斯的镜头也会跟随他们，然后走到布景之后，进入台侧。之后，我们还会在《轮舞》（*La Ronde*）、《欢愉》，特别是《劳拉·蒙特斯》中，再次看见这种他与皮兰德娄的相似之处。

正如1932年他在德国时不愿意去见纳粹，1940年他在巴黎同样不愿如此，于是带着妻儿动身前往纽约。为节约火车票钱，他买了一辆汽车，一路开到了好莱坞，然后就彻底一贫如洗了。整整四年的时间里，他每天都在盼望第二天能开工。最终，

1948年，他拍了一部出色的《飞龙传》(*The Exile*)，由小道格拉斯·范朋克担任制片和主演。随后便是《一个陌生女子的来信》了，那是对茨威格小说令人难以置信的精彩改编，之后他还拍了从未在法国发行的《情海惊魂》(*Caught*)。

1950年，奥菲尔斯回到法国拍摄《轮舞》。尽管首映时遭遇观众喝倒彩，但假以时日，这将成为战后最成功的影片之一。随后他还拍摄了根据莫泊桑三部短篇小说改编，也是他作品中遭受误解最多的《欢愉》，他还拍了《伯爵夫人的耳环》，最后还有《劳拉·蒙特斯》。关于最后这部电影，该说的和该写的已经都在那儿了。上述这四部电影，展现出了马克斯·奥菲尔斯在捍卫自己表达自由方面所获得的成功。即使是最棘手的电影门类——以全球市场作为目标的欧洲大制作影片，他也照样获得了如此的成功。

马克斯·奥菲尔斯对奢侈的偏爱确实盖过了他的谦逊。问题在于，他所追求的那种速度和广度也确实十分脆弱（但也十分精准），所以只能将其庇护在某种大到完全不相称的包装里才行，就像放在十五个环环相套的盒子里的名贵宝石。

奥菲尔斯在衣服内袋里小心翼翼地放了一小片硬纸，在上面记下了自己梦想能拍摄的那些电影的名字。某一天，他让我看了这页纸。歌德的《埃格蒙特》、本雅明·贡斯当的《阿道夫》、奥芬巴赫的《美丽的海伦》、彼得·乌斯蒂诺夫的《四位上校的爱情》、为英格丽·褒曼准备的叶卡捷琳娜二世传记片、皮兰德娄的《六个寻找剧作者的剧中人》，还有一些我记不得了。

在导演合同里，他总会争取为自己保留这样一条权力：如果他不被允许按自己想法来拍摄，那直到开拍前夜，他都有权要求终止合同。事实上，这样的事还真发生过。《尼杜什小姐》

(*Mam'zelle Nitouche*)就是在临开拍只剩一周时移交给伊夫·阿莱格雷。

奥菲尔斯遇到的最主要的问题就是剧本大纲能不能被制片人接受。他对真实事物的兴趣少于对它们的所反射之事的兴趣：他喜欢通过"跳弹"的方式，间接地拍摄生活。例如在《伯爵夫人的耳环》第一版的剧本里，他便计划整部电影全用墙上和天花板上的镜子来反射着拍，结果自然是被制片人否决了。

拍摄《劳拉·蒙特斯》时，软弱的制片人只关心自己的钱花得值不值，反而让奥菲尔斯在很长时间内第一次获得了实现自己旧日梦想的好机会——剧中剧。劳拉不按时间顺序展开的各种闪回，穿插在了三段式的马戏演出之中。

奥菲尔斯心怀这些想法已经很长时间了，以至于他自己都没想到《劳拉·蒙特斯》会有横空出世、振聋发聩的效果，会让他一下子成了电影行业的标杆人物，会为他带来一批对他坚信不疑的全新的崇拜者——让·热内、奥迪贝蒂、罗西里尼。

奥菲尔斯影片中忽然爆发出的大笑声，充满了喜悦和感染力，早已十分出名。而他作品的对白，也让人感到非凡、宽宏、热情和充满了关于音乐的各种典故。节奏是他最关心的：一部电影的节奏、一本小说的节奏、生活的节奏、劳拉气喘吁吁的节奏。他做梦都会想到节奏的停顿、终止和休息。《劳拉·蒙特斯》上映后，为躲避不断打来的或侮辱或赞扬的电话，奥菲尔斯去了巴登巴登（Baden-Baden，德国温泉小镇）"思考问题"。

离开之前，他坚决否定了关于要修改他已经做好的剪辑工作的建议。他抵达巴登巴登之后，我给他发了一封电报，告诉他在他不在时，有人在巴黎对《劳拉·蒙特斯》进行了重新剪辑。他立刻回答说："我无法想象会有法国电影人背着导演去干这种活儿。一定是有误会。我想要从这部《劳拉·蒙特斯》里逃走，但始终不太成功，它在德国也经历了和法国一样的风暴。恐慌、绝望、热情、希望……"之后发生的事，我们都知道了。

世上存在两种导演：一种爱说"拍电影好难"，另一种则说"拍电影很容易，只需要把你想到的随便什么东西拍出来就行，至于拍的时候，就好好享受吧"。马克斯·奥菲尔斯属于第二种。但是，因为相比起谈论自己，他更爱谈论歌德和莫扎特，所以奥菲尔斯的创作意图一直很神秘，他的风格也没能被人很好地理解。

他不是炫技派，也不是别人口中的唯美主义者或装饰性的电影人。他不会仅仅为了"看着好看"就一口气拍摄十几个镜头，也不会拿着摄影机楼上楼下跑，不会沿着立面拍摄，不会在火车站站台上拍摄，不会穿越灌木丛拍摄。和他的朋友让·雷诺阿一样，奥菲尔斯是愿意为了演员而牺牲技术。他认为只有演员被逼着做出一些体力劳动时——爬楼梯、在田间奔跑或是在一个长镜头里跳一大段舞——才能发挥得最好，才能最不像在演话剧。如果在奥菲尔斯的电影里，你看到有哪位演员是静止不动的，就那么站着或坐着，一动不动——这其实是很少见的——那么，你肯定可以在他的脸和摄影机镜头之间寻找到某些东西：一台火炉或是一块透明幕布或是一把椅子什么的。那并非因为奥菲尔斯不懂人脸的表现力，而是因为他希望演员能知道，自己那张脸已经被部分地掩盖了起来，那样的话，他们就可以逼着自己本能地做出补偿，更着力于自己说台词的语调了。那样的话，演员就必须演得更精确和准确。奥菲尔斯十分迷恋真理和精确。他是现实主义的导演；在《劳拉·蒙特斯》里，甚至是个新现实主义电影人。

生活中，我们不会同等地捕获周围所有的声音和对话。所以奥菲尔斯的电影总是很让录音师头痛：只有三分之一的声音可以清晰地听出来；剩余部分，奥菲尔斯只希望它们能模糊地表现出来。那就像真实生活一样，很多对白往往只是一些模糊的声音。

女性是奥菲尔斯作品的主角：超级女性化的女人，各种各样的男人（不屈的士兵、有魅力的外交官、暴君般的艺术家、理想化的男生等）的牺牲品。因为奥菲尔斯的电影里只有这一种永恒的主题，所以会有人批评他已经过时。他在影片中呈现出了快乐的残酷性、爱的艰辛、欲望的陷阱；他是那种"愉快的舞会过后又要迎来悲伤的明天"（维克托·雨果语）的导演。

如果说他在《劳拉·蒙特斯》上映后才收到许多年轻导演来信，如果说他在这之后才得到那些影迷放映俱乐部的重新认识，那也是因为在《劳拉·蒙特斯》里，他第一次将当代人关心的那些问题叠印在了他经久不变的、关于提早香消玉殒的女性的主题之上了。在《劳拉·蒙特斯》里，我们看到了现代娱乐形式的残酷，看到了罗曼蒂克化的传记对当事人的剥削利用，看到了放纵的生活、益智游戏、走马灯式的更换情人、八卦专栏、过劳、精神抑郁这些当代现象。他告诉过我，他是有意识地把自己之前三个月里在报纸上看到的所有那些让他不安和烦恼的东西，全都系统性地植入了《劳拉·蒙特斯》的剧情之中。好莱坞名人离婚、朱迪·嘉兰的自杀企图、丽塔·海华斯的冒险、美国的三段式马戏演出、西涅玛斯科宽银幕和西涅拉玛宽银幕的出现，电视广告的过度、现代生活的夸张。

《劳拉·蒙特斯》是影史最伟大的讽刺电影，但采用的并非类似于尤内斯库的《椅子》那种实验室试验品的方式。相反，奥菲尔斯将它拍成了一部人人都能理解的大制作。彼得·乌斯蒂诺夫曾经围绕这种异常的比例失调写过一篇文章:"(奥菲尔斯)是导演之中最内省的一位,一位除了制造出全世界最小的手表,别无他想的钟表匠,在一种突然的爆发中,他将这枚手表放到了教堂的塔楼上。"

《劳拉·蒙特斯》的票房失败让制片人很难受,他当时正在筹备一部关于莫迪里阿尼的电影,所以他逼着奥菲尔斯去和曾经颇有声望的优秀编剧亨利·让松合作。后者需要扮演的角色需要对奥菲尔斯的热情加以约束、引导。关于这件事,最让人感到非同一般、最让人感动的地方在于,结果让松与奥菲尔斯的沸腾激情甫一接触,便立刻重新找回了自己曾经拥有的活力。《莫迪里阿尼》(*Modigliani*)的美丽剧本是一次意料之外的合作的产物,结果却证明这是一次有效的合作。两人的热情联合在了一起,两种热情之间的矛盾要比预想的少很多。[1]马克斯·奥菲尔斯本打算靠着《莫迪里阿尼》的成功,和达尼埃尔·达里约合组一间独立电影公司。他们计划中的第一部电影,是根据路易丝·德·维尔莫兰小说改编的《爱的故事》(*L'Histoire d'aimer*)。

在我们中某些人看来,和让·雷诺阿一样,马克斯·奥菲尔斯也是最杰出的法国电影人。他的去世对我们来说是一个巨大损失。我们失去了一位巴尔扎克式的艺术家,他是他作品中所有女主角的拥护者,他是女性的同盟,是我们枕边的电影人。

——1957年

---

1 因为奥菲尔斯意外去世,该片最终改由雅克·贝克担任导演,片名改成了《蒙巴尔纳斯19号》(*Montparnasse 19*)。

雅克·塔蒂

《我的舅舅》（*Mon Oncle*）

常有人谴责电影总是沦为经济利益的奴隶，这话也有一定的道理。但是，有一样东西是钱买不到的，那就是时间。明星都是当下的宠儿，为数更多的电影技术人员就更是了。即便是富丽堂皇的电影院也没法永远存在。所以机遇很重要，希望机遇可以站在那些拥有天赋的电影人的这一边。

但也有导演根本不许机遇在自己的作品之中扮演任何角色：他们喜欢亲自掌控每一处细节；他们会为一个拍坏了的镜头或是一场糟糕的戏重复拍上二十多遍。对他们而言，成功的关键在于时间，他所需要的全部时间。但是，想拥有那么多时间，唯一的办法就是将拍摄成本减少二十或三十倍，以及不和明星、电影公司打交道。

只有两位导演遵循这种绝对掌控的原则：罗伯特·布列松和雅克·塔蒂。我想说明的是，现在的电影已经拍得很随意、马虎和粗心了，所以布列松和塔蒂的每一部电影，先天就一定是天才的作品，因为从影片开始到片尾的"完"字出现，施加在影片之上的，有且只有一种绝对的权威。当然，从理论上来说，所有有着艺术主张的作品，都该由这样的权威掌控。

既然稀有，我们就只能对照着塔蒂自己的过往作品来评判《我的舅舅》了。我们得承认，《我的舅舅》在戛纳参赛时没能实现我们的希望：影片放映前，人人都觉得它很可能获得金棕榈，放映之后，得奖概率下降到了稍有可能。

塔蒂的幽默是极度节制的，首先是因为他的幽默完全被限制在了那种基于观察之上的喜剧范畴之中。近来那些所谓的新发现，那些只能带来滑稽效果的新发现，塔蒂一概拒绝。即使在这样的限制中，塔蒂仍旧不忘排除所有不可信的东西。此外，他拒绝使用适合于人物个性的观察，因为他排除了经典意义上的剪辑、每场戏的戏剧性建构，还有人物的心理层面。他的喜剧只依据于反映当时生活的画面，虽然稍微扭曲，但始终在可信的情景之中。

在他入行之初，这些可能是无意识的、纯粹出于直觉的。三个笑料里，塔蒂最喜欢的是最具有可能性的那个，最少人为成分的那个；但是三个笑料他都会拍。而到了现在，他对单纯幻想的反感，他对真实的偏爱——真正可信的真实——已经变成了一种系统，具有和所有系统一样的系统性、可分析性和可批评性。你可以或喜欢或讨厌《于洛先生的假期》(*Les Vacances de Monsieur Hulot*)，但不可能对这部逻辑严密的电影，这种美丽、整合的整体保持中立态度。另一方面，在《我的舅舅》里，他没能做到这样的和谐；《我的舅舅》的魅力并不完整，这个段落我们看着喜欢，那个段落却让人看着难受。这样的重复损耗了影片本身，我们急于离开阿佩尔工厂，回到圣莫代福塞(Saint-Maur-des-Fosses)。在电影院的黑暗之中，我们的注意力迷失了方向。

就像卓别林的《摩登时代》，就像雷内·克莱尔的《自由属于我们》(*A Nous la Liberte*)，塔蒂也以一种含蓄的手法，在这部讲述这个时代的电影中说出自己的想法，但他自己并未这样说。他将两个世界对立呈现，一个是二十年前的世界，一个是今后二十年的世界。发生在圣莫代福塞的部分，街头小人物的生活、市场、儿童，全都显得极有魅力，非常美丽、悦目、成功。而现代的那部分，阿佩尔家的屋子和工厂，有时却显得过于重复，让人看了觉得有点闹心。当然，这毫无疑问是因为塔蒂决心要将其推向极致，以推导出他想得到的结论。剧情纯粹就只是借口了；有时候甚至还会显得有些挡道：超级现代的厨房第一次看着显得有趣，第二次看就差了一些，第三次看就完全不是那么回事了。塔蒂无法忍受省略的做法，所以就会导致过度的细节化，也影响了全片的力量。于是，那条只要有阿佩尔先生之外其余人经过，就会自动喷水的金属鱼，在影片三分之二的时间里，在我们已经了解了它的原则和意义之后，就显得多余了。但是，塔蒂又无法把这条鱼从戏里拿走，无法不再使用它——如果拿走的话，就要符合逻辑许多了。它完全可以静静消失，但是在塔蒂的风格里，这成了一件不可能的事。他只会使用符合拜访者视角的大静止画面，他不用特写，因为"在现实生活里，我们不会站在别人的鼻子上"。

同样的，阿佩尔夫人尖厉的鞋跟声，起初听着很有趣，但到后来几乎已要让人发狂了。这并不是说塔蒂运用笑料像反复敲击同一个琴键，而是他的美学和疯狂的逻辑性，导致了这种完全变形和执迷不悟的世界观。他越是想更近地寻找生活，反而越走越远，因为生活并不是逻辑性的（在真实生活中我们已经习惯了噪音，以至于都充耳不闻了）。最终，他制造出一个疯狂的、噩梦般的、过于集中的宇宙。这让笑声变得麻痹，而不是制造出了笑声。

如果有人觉得我写的这篇东西怀有某种恶意，我会很心痛；我之所以那么严格，是因为我喜爱塔蒂和《我的舅舅》。他的艺术是如此伟大，以至于我们只想百分之百地和他在一起。基本上，他的电影都是如此成功，我们在这部关于明天的纪录片面前，感到了惊慌失措。

塔蒂和布列松一样，在拍电影的过程中发明了电影；他排斥其他任何人的结构。

——1958年

四 一些局外人

英格玛·伯格曼

伯格曼的作品

众所周知，今年四十岁的伯格曼是牧师的儿子。在他1945年开始拍电影之前，曾写过一些话剧和小说。那时候的他，已经会花很多精力在话剧团上了——他现在仍是这样。他导演的话剧范围很广，从阿努伊到加缪，还有其他一些法国和斯堪的纳维亚的经典文学杰作。

但是，把精力花在这件大事上，并未影响他在十三年的时间里完成了十九部电影，而且这些电影从头到尾都是他自己一手包办的，从写剧本、写对白到执导。这可就更令这一数字让人不由叹服了。十九部电影里，只有六部在法国做过商业性放映：《开往印度之船》(*Skepp till India land*)、《不良少女莫尼卡》(*Sommaren med Monika*)、《夏夜的微笑》(*Sommarnattens leende*)、《小丑之夜》(*Gycklarnas afton*)、《第七封印》(*Det sjunde inseglet*) 和《夏日插曲》(*Sommarlek*)。但是鉴于伯格曼在过去三年里收入囊中的那些大奖，再加上他的电影在日益增多的艺术影院（巴黎现在有十八家）赢得越来越多观众的事实，今后他的旧作也将会有机会在首轮院线放映。我觉得,在这些作品中最有可能如当年《夏夜的微笑》那样被广大受众所接受的,恐怕还应该是《恋爱课程》(*En lektion i kärlek*)(一部刘别谦风格的喜剧)、《女人的期待》(*Kvinnors väntan*),以及悲喜交加的《花都绮梦》(*Kvinnodröm*)了。另外两部更具野心却不够平均的作品,也有可能获得类似于《小丑之夜》那样的成功:一部是《监狱》(*Fängelse*),说的是一位电影导演,他的数学老师建议他去拍一部关于地狱的电影;一部是《三个陌生的情人》(*Törst*),讲述一对瑞典游客在二战结束后不久去德国旅游,面对满目疮痍的德国,两人也开始认识到自己的双重标准。

在瑞典,英格玛·伯格曼已被看作一位优异的电影导演,但情况其实并非一直如此。他第一次接触电影是在1944年,为阿尔夫·斯约堡的《折磨》(*Torments*)写了剧本,那说的是一位绰号卡里古拉的拉丁语教师加害学生的故事。(在那之前,伯格曼刚排完加缪的话剧《卡里古拉》。)第二年,他拍了自己第一部电影《危机》(*Kris*),那说的是年轻女孩的痛苦,生母和养母为争夺她打得不可开交。之后就是《带雨伞的男人》(*Det regnar på vår kärlek*)和《爱欲之港》(*Hamnstad*)了。

伯格曼最初的那些电影,因为其中的悲观主义和逆反行为而令观众震惊。它们说的几乎全是一对年轻人在出轨行为中寻找快乐的故事,与中产阶级社会格格不入。最初,这些电影都没能获得好评,人们把伯格曼看作一名具有颠覆性的、爱亵渎神明的、令人生厌的小学童。

给他带来真正意义上成功的第一部作品,是1948年的《黑暗中的音乐》(*Musik i mörker*),影片说的是一位在服兵役时瞎了眼睛的钢琴师,退伍后因残疾而遭受欺凌,直至某位情敌出于愤怒打了他。他高兴坏了，因为终于有人拿他当正常人看待了。到1951年时，伯格曼已相当有名，但因为当时瑞典电影界的一场危机，没有电影能够开拍。为生存，他拍了九部广告片，为某品牌的肥皂大唱赞歌。

第二年，他又以更高昂的热情回到电影本行，拍摄了《女人的期待》。这部作品可能是受到了约瑟夫·曼凯维奇的《三妻艳史》的影响。

伯格曼的作品是一位天生电影人经过辛勤劳作的结果。六岁时，他就开始摆玩一台小型放映机，同一段电影胶片反反复复地放。在《监狱》里，他充满爱意地再现了自己的童年回忆，让我们看见一位影迷在阁楼放映一部年代已久的喜剧片。片中，穿着睡衣的梦游者和警察及魔鬼，以快动作互相追赶着。现在的伯格曼，已拥有一家私人电影收藏馆，藏片约一百五十部，全缩印成了16毫米胶片，常放给同事和手下的演员看。

伯格曼看过不少美国电影，似乎还受到了希区柯克的影响。在《三个陌生的情人》里，伯格曼利用几乎无法察觉却很有揭示意义的姿势，利用精确且相当风格化的目光互动，便引出了一段男女之间的对话，这让我们不禁想起希区柯克的《深闺疑云》（*Suspicion*）和《奇怪的富翁》（*Rich and Strange*）。由1948年开始，也正是《夺魂索》上映的那年，伯格曼也不再对自己拍的素材疯狂剪了。他转而把注意力集中在了更多移动镜头和演员上，目的是要拍出更长、更连续的段落。

和胡安·巴尔登（Juan Bardem）不同——巴尔登每部电影都受一位不同导演影响，而且从没能成功给自己作品贴上带有自身个性或感性的标签——伯格曼完美地在自己作品中融入了来自科克托、阿努伊、希区柯克及经典话剧的元素——那些他自己喜欢的元素。

和奥菲尔斯、雷诺阿一样，伯格曼的作品也以女性为中心，却更能让人想起奥菲尔斯而非雷诺阿。这是因为《小丑之夜》的创作者和奥菲尔斯一样，也会更自觉地采用女性角色而非男性角色的视点。确切地说，我们可以认为，雷诺阿希望观众通过他那些男性角色的眼睛来看他片中的女主角；而奥菲尔斯和伯格曼则更倾向于让我们通过女性的眼睛来看男性。《夏夜的微笑》里，这一点最明显，那里面的男人都是定型的角色，而女性则都描摹得十分细致。

某家瑞典报纸曾写："伯格曼在女人方面（比在男人方面）聪明得多。"伯格曼回答："所有女人都打动我——老的、少的、高的、矮的、胖的、瘦的、壮的、重的、轻的、美的、魅的、活的、死的。我也喜欢母牛、母猴、母猪、母狗、母马、母鸡、母鹅、母火鸡、母河马、母鼠。但我最喜欢的雌性物种，还是野兽和危险的爬行动物。女人里也有我厌恶的，有那么一两个恨不得杀了的，或者情愿让她们中的某一个把我杀了的。女性世界是我的宇宙。这是我赖以发展的世界，或许并没有发展到最好，但是没人能在与自己世界分离的情况下，依旧真实地感觉到自己了解自己。"

关于伯格曼的文字越来越多，这是好事。影评人或者会就伯格曼作品中深刻的悲观主义来番长篇大论，或是反过来大谈特谈他的乐观主义。从他整体作品的角度来说，这两方面都足够真实，因为他确实是一个热爱真实的人。不管是乐观还是悲观，伯格曼在各个方向上都不懈地推进着。《夏夜的微笑》中有句台词很好地概括了这种关于爱心的哲学——虽然那句台词让我想到奥迪贝蒂手法的影响——"最终将我们推向面对绝望时无动于衷的，是我们无法保护任何一个人免受任何一刻痛苦的事实。"

伯格曼的早期电影提出了社会问题；在他的第二个阶段，分析变得更个人化，开始对片中人物的内心世界投以纯粹回顾的目光；过去几年里，他则忙于面对善恶问题以及形而上——后者是《小丑之夜》和《第七封印》的重点。感谢瑞典制片人赋予他的自由（他的所有电影都由他们在斯堪的纳维亚做发行），伯格曼跑到了前头，用一个十二年的循环完成了希区柯克和雷诺阿需要三十年才能完成的艺术品。

伯格曼的作品中有很多诗意，但我们也是在后来才意识到这一点的。当然，人都是在寻找真实的过程中才找到那些根本元素的，这么做也确实更有效果。伯格曼超群的优势在于他给予演员的指导。他总能把自己电影里的主要角色，信任地托付给他最喜爱的那五六位演员，却又从不会让他们演某类角色演到定了型的地步。他们在每部电影里的角色都完全不同，经常会演截然相反的人物。他在一家服装店里发现了玛吉特·卡尔奎斯特，在乡间戏台上发现了穿着黑色紧身衣唱歌的哈丽特·安德森。他很少会要求演员们再拍一条，也从不在现场改台词。他写对白都是一稿定终身的，而且不必预先做任何计划。

在他的电影刚开始的时候，观众可能会感觉伯格曼自己都不是很清楚会如何让故事结束。有时候，很可能还真就是这样。看雷诺阿的电影时，我们几乎总会觉得自己一边看，一边是在帮助他完成这部电影，这里面有一种观众和导演合作的关系。

在我看来，最能证明伯格曼成功的证据便在于，他能够用那些自己想象出来的如此有力的人物，给我们留下如此深刻的印象。他为人物写的对白，都那么自然，感觉既雄辩，但同时又和普通人说话没两样。伯格曼常引用尤金·奥尼尔的话，同意他"不触及人和上帝之间那一层关系的戏剧艺术，是毫无乐趣的戏剧艺术"的观点。这一判断对《第七封印》做了很好的白描；尽管我必须得承认自己相比之下还是更喜欢《生命的门槛》(*Nära livet*)。《第七封印》是对死亡刨根究底的冥想，《生命的门槛》是对诞生的冥想式探问。两者说到底是同一件事，都和生命有关。

《生命的门槛》讲的是产科病房的24个小时。下面的剧情描述和影片主旨，皆出自乌拉·伊萨克松之手。她和伯格曼一起写了这些——我不可能比她写得更好了。

生命、出生、死亡都是秘密——有人被召唤而生的秘密，有人被惩罚去死的秘密。

我们可以同时捍卫天堂和与此相关的科学——答案只有一个：无论人生是在哪里经过的，活着就会既获得痛苦，也获得快乐。

渴求温柔的女性被她自己的欲望所欺骗，必须接受她不孕的事实。充满生机的女人眼看着她热切期盼许久的孩子被夺走。在生活上很没经验的女孩忽然被生命吓了一大跳，当她被扔进一群孕妇中时。

生命触及了她们全部——不必提出问题或是提供答案——它按着自己的道路前进，没有间断，一直走向新的降生、新的生命。只有人类在问问题。

对比受到中世纪彩绘玻璃窗户启发而充满了油画质感的《第七封印》，《生命的门槛》拍得极其简朴。相对三位女主角，背景始终处于次要地位。而且，出于同样目的，伯格曼尽可能少地去干涉乌拉·伊萨克松写的故事。伊娃·达尔贝克、英格丽·图灵，更主要的还是毕比·安德松，三人对各自人物的诠释都很有感情，相当准确。片中没什么配乐；一切都被推向某种只剩台词存在的纯粹。在这部伯格曼新片里，最打动人的地方还在于它毫无隐藏。任何生在这世界上，在这世界生活的人，都能理解它和欣赏它。我想伯格曼在全世界范围内有那么一大群观众，便是因为他的电影总能带着这么令人惊愕的简朴吧。

——1958年

《呼喊与细语》（*Viskningar och rop*）

它由契诃夫的《三姐妹》开始，以《樱桃园》结束，中间则更像斯特林堡。《呼喊与细语》是英格玛·伯格曼的最新作品，在伦敦和纽约都获得了巨大成功，也在上周戛纳电影节上引发了众人的兴趣。它9月会在巴黎上映。《呼喊与细语》被公认为杰作，会把那些自伯格曼上部成功作品——1963年的《沉默》（*Tystnaden*）——后离他而去的观众重新拉回来。

二战之后的电影界，没有谁的作品能达到伯格曼的广度和完整性。从1945年到1972年，他拍了三十三部电影。靠着他第十六部作品《夏夜的微笑》在1956年戛纳影展上取得成功，伯格曼的名气越来越大。十年之前，第一部在法国放映的伯格曼作品，只获得一位影评人的注意：安德烈·巴赞。他恭喜这位年轻瑞典导演"创造出了一个遮蔽了电影纯净性的世界"（《开往印度之船》的影评，发表于1947年9月号《法国银幕》）。

自1957年以来，几乎所有伯格曼电影后来都在法国放映了，尽管时间先后顺序并不对应。其中最著名的是《小丑之夜》《第七封印》《野草莓》《处女泉》《沉默》和《假面》；最感人的是《夏日插曲》《不良少女莫妮卡》《冬日之光》和《祭典》。让我们简单谈谈《祭典》。

过去几星期，伯格曼为瑞典电视台拍摄的这部非凡的黑白作品，一直在巴黎放映。嘉兰德电影院那个厅很小，每天来看这部电影的八十位观众，付的电影票钱还不够影片的放映成本。但就在伯格曼来戛纳的前一天，《祭典》下映了。这事情办得可真够愚蠢的，我们期待他的到来已有十五个年头了，这可是一桩大事。可是这会儿就把《祭典》撤下来，就好比是在一位作家领龚古尔文学奖时，把他的作品从书店橱窗里给撤出来一样。实在是太糟糕了！之所以会这样，法国影评人应该承担一些责任。《祭典》是一部关于极端内在暴力的电影，我们看见三位艺术家处决一位法官的过程——法官，换句话说也就是影评人。所以，媒体选择忽视这部电影的做法，也就让人觉得颇有意思了。

伯格曼是一个顽固、害羞的人，将全部生命都投入戏剧和电影中。我们甚至会觉得，他只有在一边被一群女演员围着，一边工作时，才会觉得内心快乐；而且，在不远的将来，我们再也不可能看到某部没有女性出现的伯格曼电影了。我觉得他更关心的是女性原则，而非女性主义。在他的电影里，女性不是通过男性棱镜反映出来的，而是在一种完全同谋的精神中被观察到的。他的女性人物无比细致，男性人物则中规中矩。

和大部分当代导演不同，他没有把可以拍成四小时的素材压在一个半小时内。他用的是短篇小说的形式——几个人物，很少动作，几乎也没什么舞台效果，时间跨度很短。他的每部电影（想到能在一周时间的回顾展或是电影节上看完这些电影，这真很让人高兴）都会让我们想起画展中每一幅单体的画作。这些是伯格曼"过去时期的作品"。而他当前时期的作品，则来得更实体层面而非形而上。看完《呼喊与细语》，"被呼喊"和"细语"了那么久之后，这个奇怪的片名依旧会萦绕在你心间。

伯格曼给我们上的课是三层的：对白的自由、画面的极端干净、人脸的绝对优越性。

只要对白有自由，他电影的文本就不会作为文学出现，它们会作为简单的话语出现——真正的、说出口的和没说出口的话语——同时又是自白和秘密。我们本可以从雷诺阿那儿学到这一课，但有趣的是，在伯格曼这里，通过一种来自外国的、在电影上处于边缘的外语来做表现，反而会更有力量。从《夏日插曲》开始，这一点便很明显；那是一部属于我们恋爱季节、青葱岁月、初恋时代的电影。观看伯格曼的电影时，我们的五感全都强烈牵扯其中。耳朵听见瑞典语——那就像一段乐曲——看着令对白简化和效果增强的字幕。如果你有足够兴趣，拿布努埃尔的墨西哥或西班牙时期的作品与他在法国时拍的作品相比较，可以更进一步地看出这种沟通经过转移后的现象。

再说一下画面的干净。有些导演允许纯粹偶然的因素进入他们的画面之中——太阳、路人、自行车（罗西里尼、勒鲁什和休斯顿这样的电影人），还有一些导演则喜欢控制画面的每一英寸（艾森斯坦、朗和希区柯克）。伯格曼一开始着着属于第一种，然后他又改换了阵营，变成了第二种。在他最近的几部电影里，你绝不会看见偶尔路过的行人；你的注意力绝不会被布景中的某件额外的东西分散，哪怕是花园里的小鸟都不存在。画布上，除了伯格曼（和所有真正的电影导演一样，他反对插画式的电影画面）希望放在那儿的东西，别的什么都没有。

人脸。没有人会像伯格曼那样将人脸拉得那么近。在他最近的一些电影里，我们只看到说话的嘴巴、倾听的耳朵、表达好奇心的眼睛和眼睛里的饥饿、惊慌。

听听《豺狼时刻》里马克斯·冯·叙多夫对丽芙·乌曼说的那些爱情絮语吧。然后再听听在三年后的《安娜的情欲》（*En passion*）里，这同样的两个人之间的恶语相向吧。你听见的是，现在还在拍电影的导演里最具残酷自传性质的一位发出的声音。

他最让人同情的电影是《这些女人》（*För att inte tala om alla dessa kvinnor*）。因为你会发现一件很讽刺的事情，伯格曼最好的那些作品的成功关键在于他能够将自己挑选的这些女演员——玛依-布里特·尼尔松、哈丽特·安德森、伊娃·达尔贝克、冈内尔·林德布洛姆、英格丽·图灵、毕比·安德松、丽芙·乌曼——身上沉睡的天才唤醒。她们并非小猫或玩偶，她们是真正的女人。她们看着这个世界，伯格曼的镜头看着她们。随着承受的痛苦和艰辛越来越多，她们的目光也变得越来越强烈。伯格曼收获的结果就是这样一部部佳作，它们就像雷诺阿的电影，一样举重若轻，就像在说"你好"那么简单，可是，说一句"你好"，真就那么简单吗？

——1973年

建造者布努埃尔

有时候我会很疑惑，英格玛·伯格曼是否真觉得人生有如他在过去十年间那些电影里反映的那般毫无希望？有一件事是可以肯定的：他并没有像雷诺阿那样告诉我们，该如何继续生活下去。先不论这说法对不对，至少在我们看来，乐观主义的艺术家相比虚无主义者，或是相比那些向绝望情绪低头的艺术家，总会显得更加伟大，或至少说，对他同时代的人会更有帮助。

路易斯·布努埃尔或许就处在雷诺阿和伯格曼的中间某处。你可以推测说，布努埃尔觉得人类是白痴，而人生是有趣的。他十分温柔地、甚至有点间接地告诉了我们这些，而我们也确实从对他电影的整体印象中得出了这些。即便他对"信息"没什么兴趣，他也确实拍出了一部罕见的真正反种族主义的电影：1960年的《少女》（*The Young One*）——这也是他唯一用英语拍摄的电影。因为他成功地将值得同情的角色和不值得同情的角色结合在了一起，因为他成功地在自己的心理游戏中洗牌，并且用清晰、具有逻辑的语言将之表达出来，《少女》获得了成功。

这种反心理学的布努埃尔式剧本和冷热水淋浴器的工作原理是一样的：在有利和不利的符号之间，在积极与消极之间，在理性和胡闹之间来回交替。他在自己的电影里，让这些元素在动作和人物身上同时发生作用。反布尔乔亚、反随波逐流，布努埃尔和施特罗海姆一样辛辣讽刺，但他又有着更为轻巧的笔触。他的世界观是具有颠覆性的，是快乐的无政府主义的。

在法国1968年5月的运动（一切在那之后变得更复杂了）来到之前，布努埃尔的电影符合那些希望电影做出承诺的人的要求。但是，安德烈·巴赞在看完《被遗忘的人们》（*Los Olvidados*）后写下的那句"布努埃尔从革命来到了道德主义"也十分正确。

布努埃尔是欢乐的悲观主义者，他不绝望，但有怀疑的头脑。注意一下，他从不拍摄顺着的电影，总是拍摄反着的电影。他片中的人物从没有哪一个是看上去十分实际的。布努埃尔的怀疑还延伸到了所有那些他觉得在玩一个太过圆滑的社会游戏的人身上，那些按照既定想法去生活的人身上。

和18世纪的作家一样，布努埃尔教会我们如何去怀疑。我觉得雅克·里维特拿他和狄德罗做比较是很正确的。曾出演《特丽丝塔娜》（*Tristana*）的凯瑟琳·德纳芙写过一篇文章，谈的就是和布努埃尔的合作经历。"布努埃尔的镜头，即使在他拍一个冷酷故事时，也都聚焦于黑色幽默之上。他是故意的玩闹者，恶毒但十分有趣。感谢他，你在拍摄现场会经常感到高兴。而且，很显然的，在经过费尔南多·雷伊出色诠释的唐·洛普这个人物身上，通过一些残酷而有趣的私密细节的积累，布努埃尔制造出了一种男性的综合体，涵盖了他由《犯罪生涯》到《维莉蒂安娜》（*Viridiana*）所描绘过的所有的男性。"

我怀疑当布努埃尔创造一个成熟男人而非年轻男人的角色时，他会很乐于将所有他觉得最愚蠢的想法全堆积在这个人物身上。然后，再用真实、深刻、理性的主意（他自己本人的想法）

与之做平衡。这样，便创造出了一种悖论。这样，他便不再只停留于心理层面，而是更接近真实的生活。他将对世界的判断和自传混合在了一起。

在《特丽丝塔娜》中，唐·洛普的两位朋友请他担任决斗见证，但当他听说只要有一道伤口出现，只要有一滴血流下，决斗就会终止时，便告诉他们说："先生们，不要再来找我见证那么一场滑稽的决斗了，那是一场多不把荣誉当回事的决斗啊。"

这个例子很好地解释了布努埃尔是如何将人物心理层面给打碎的。倘若唐·洛普完全是白痴（即便放在认为决斗也是白痴行为的背景下），他就不会那么做了。另一方面，必须流血才能叫作决斗，这无疑包含了另一种形式的愚蠢，但相比假惺惺的决斗，这样的疯狂，反倒是因其疯狂而更显吸引力。布努埃尔努力打破常识，努力绕着所谓的意义转圈，改变意义的原有指向，这些往往能带来真正的革新。

曾经有一次，我去西班牙参加一部电影的首映礼。之后我决定继续去托雷多附近转转，当时布努埃尔正在那儿拍摄《特丽丝塔娜》。我知道他很后悔没能随身带上几盒"吉卜赛人"牌过滤嘴香烟——他喜欢这种法国烟，胜过西班牙香烟——所以给他带去这种香烟的我，一到现场就受到了双倍欢迎，而一场特别有意思的戏，当时也正在他的草拟之中。

《特丽丝塔娜》的剧本要求年轻的聋哑人萨图尔诺围着特丽丝塔娜转，就像蛾子绕着蜡烛。他一直想得到她，即使在她做完断腿手术回来和唐·洛普一起生活后。在剧本中，某一时刻，特丽丝塔娜和萨图尔诺在走廊擦身而过，两人视线接触，短暂停顿片刻之后，特丽丝塔娜把男孩带进了自己的卧室。布努埃尔准备拍这场戏时很紧张。他觉得这太残酷、太明显、太坦率了，于是他决定做些修改。结果这场戏改成了现在这样：萨图尔诺在特丽丝塔娜的窗户下踱步，向窗户投小石子。特丽丝塔娜显然已在卧室里脱光了衣服，但我们看到的仅是她扔在床上的内衣，还有她的假肢。特丽丝塔娜听见石子声，她穿上睡袍，拄着拐杖走向窗口。萨图尔诺向特丽丝塔娜做出姿势，示意她打开自己的睡袍。她照做了，我们只能一边看着萨图尔诺看向窗户、退回花园，一边推想他的反应。

看着这场戏的拍摄，我想到了布努埃尔在1953年接受我的采访。那是我第一次采访电影导演。我问他，是否想过会存在那么一部完全不可能拍摄的电影。他回答说："我会说不，但我可以告诉你，有那么一部我梦想过的电影，我梦想它是因为我永远都不会去拍它。它取材于法布尔的作品。我可能会创造出和我平时那些电影中一样的人物，但他们每一个都会拥有某种昆虫的特性。女主角做事会像蜜蜂，男主角像甲壳虫，诸如此类。这下子，你明白为什么说这项目是没希望拍成电影的了吧。"

这种"本能的电影"布努埃尔始终没能拍出来，但他从没停止把玩这一想法。这种电影是有助于我们理解他令人物变得生动和感人的唯一方法。与很多布努埃尔的景仰者所相信的恰恰相反，他的剧本和拍摄筹备工作向来非常严谨。他会详细思考，还会反复检查。和所有伟大艺术家一样，布努埃尔知道自己要做的第一件事就是拍出一部尽可能有意思的电影。此外，虽然总是存在着好几种做事的办法，但最好的往往只会有一种。

太多评论者将布努埃尔称为幻觉的诗人了，说他跟随着自己梦幻般的想象力起舞。但事实上，说他是很倚重于戏剧架构的出色编剧才对。正如凯瑟琳·德纳芙在她那篇文章中写道："布努埃尔身上最首要的、也是最重要的一点在于，他是一位出色的说书人，一位精心算计的情节设计者。他始终致力于让自己的剧本变得吸引人，同时又平易近人。布努埃尔会说，他从没因为观众对他的看法而止步不前，他会说他是为了一些朋友在拍电影。但是，我宁可认为，他把那些朋友想得太难取悦和太过苛刻了。而且，因为他如此竭尽全力以引起他们的注意，布努埃尔反而成功找到了全世界范围内一群更大规模的、热爱和喜欢他作品的热心影迷。"

我绝对同意德纳芙的观点。毕竟，她可是主演过布努埃尔的《白日美人》和《特丽丝塔娜》的。让我们看看他是如何架构更早期的《犯罪生涯》的吧。那是他1955年时在墨西哥拍摄的作品。那时候他还未被全世界公认为天才，而且，这可是在一个电影审查制度十分严厉的国度中完成的影片。如果电影里的杀人犯不够可爱，而且最后也没有罪有应得的话，他们可是会禁止影片上映的。

《犯罪生涯》一开始，主角还是小男孩。就在他打开一个八音盒时，眼看自己的女教师死了。事实上，她是被革命党打出的流弹击毙的。我们再次看见阿尔希巴尔多时，已是三十年后。他正在修女开办的医院里，刚和一位照顾他康复的修女讲完自己的童年故事。他看着自己的剃刀，杀人的念头似乎已经占据了头脑，但或许，那只是一种空洞的渴望。无论如何，修女被吓住了，她跑进走廊去找电梯。她不停回头张望，走进电梯后才发现电梯间并不在那儿，她从电梯井坠下身亡。在适当的时候，警方开始调查，阿尔希巴尔多承认自己杀了修女，接受了警方对他的指控。他的证词是一段有关过去的闪回，可能只是发生在这段故事的几星期之前。

阿尔希巴尔多在一家古董店里发现了自己的旧八音盒，当时正有一对奇怪的男女准备买下它。男的是留山羊胡子的小个子男人，和他在一起的女性——我们很快就会发现——其实是一位导游。阿尔希巴尔多解释那是他小时候的纪念品，最终他也确实成功买下了八音盒。不久，他在去见未婚妻的路上遇到一位美丽、感性、情感上却不太稳定的女子。（我必须请你注意这种路人的角色，因为我们还会再次见到他们。他们就是钓线上的鱼钩，布努埃尔一边走，一边一个接一个地抛出来。）如果记忆没有欺骗我的话——很不幸，我手里没任何笔记；剧本也从没公开发表过——我们比男主角更早知道未婚妻欺骗了他。她是一个已婚建筑师男人的情妇，这让她母亲感到绝望。那一天，他来看她时，两人讨论起结婚的事。

我们再次看见阿尔希巴尔多时，他在赌场，同一张桌上还坐着那个他下午在街头遇到的忧愁女子，当时两人还交换过互相挑衅的目光。和她在一起的那个男人，显然是她情人，但她情绪很差，他则拒绝归还她的筹码。两人吵了起来，最终分手。阿尔希巴尔多带着她离开赌场，她的车子坏了，请他送自己回家。

我们来到了这女人家里。按照商业小说的传统，她换了一身衣服，穿上了某些"穿着很舒服"的衣裳。他在浴室等她，想了想是否要杀死这个既吸引他也令他感到厌恶的女人。我们看见阿尔希巴尔多脑海中的谋杀发生。不用说，我们同时也听见了八音盒的声音。阿尔希巴尔多控制住了自己。回到现实，那女人的情人又来了，阿尔希巴尔多偷偷溜走。第二天，警察发现这对男女的尸体倒在血泊之中。阿尔希巴尔多和这出激情的悲剧毫无关系。他俩既没法一起生活，又没法失去对方，于是决定一同死去。

阿尔希巴尔多请未婚妻共进晚餐，但遭到拒绝。或许是因为她有更好的事要去做，更可能是要去和她的建筑师永别。阿尔希巴尔多只好在小酒馆打发时间，又一次看见了那个在古董店里见过的女导游。请记住，她是专为美国游客服务的导游。那个留山羊胡的老人也在，我相信她先是介绍这是她的舅舅，后来又说这是她未婚夫——这种小细节和这个故事里其他元素一样，很符合浪漫故事的老套路。这女子消失在了阿尔希巴尔多的视野之中，但她给了他一张有地址的卡片。

第二天他到了那儿，是家服装店。他忽然在一尊模特儿蜡像前停下，蜡像做的和那个他很挂念的女孩一模一样。他看了看周围，很快便发现了真人，遂邀请她星期六去他的陶艺工作室看看。我忘了说了，不缺钱花的阿尔希巴尔多，还是一位业余陶艺爱好者。

星期六，阿尔希巴尔多设计出一套有魅力的舞台布景，他找到了那尊蜡做的模特儿，将它放在了椅子上。他在等待那个活生生的真人来到。真人来到之后，她感到既惊讶又有趣。女孩和她替身的同时存在，令阿尔希巴尔多可以就她的服装和内衣随便开开玩笑。当这两人间最终发生那一幕时（事实上我都不记得那是性行为还是犯罪行为了，不过这也都是一回事），门铃响起，是女孩之前抛下的一群喝醉了的观光客。她好好戏弄了一下他，阿尔希巴尔多在她离去时感到很不安。他被抛下了——但他并没放弃。他一把抓住模特儿的头发，把它拽了过来，打开了屋里的炉子，整个模特儿炸开，而这也是我们在本片里所看到的唯一真正的谋杀经过。正如夏尔·特雷内（Charles Trenet，法国歌手）那首《国王的波尔卡》里唱到的，我们看见模特儿渐渐融化，经历折磨，最后被火焰吞没。这邪恶的画面，让人想起纳粹的焚化炉。

阿尔希巴尔多的未婚妻和未来丈母娘来他家看他，他匆忙将一双女鞋藏到沙发下（事实上，那是模特儿脚上的鞋，在他将它拖过房间时掉落了下来）。此时，阿尔希巴尔多收到一封匿名信，告诉他未婚妻和建筑师之间的奸情。那天晚上，他躲在了情敌的花园里，看见他们在一起。事实上，他们正在道别，但是一窗之隔的阿尔希巴尔多不可能知道这点。我相信这里还发生了一些什么，能告诉我们其实是建筑师自己寄的那封匿名信，为的是阻止他俩结婚，结果却坏了他自己的好事。

现在，正如我们期盼的，我们看见一个新的谋杀计划。阿尔希巴尔多想象自己逼迫未婚妻跪在他面前——这里我们无须说得太过详细——然后又是那段熟悉的音乐，我们又被带回到真实世界之中。

结婚当天，阿尔希巴尔多和新娘都穿了一身白色，他们在拍照。和希区柯克的《海外特派员》一样，布努埃尔创造了一个让人困惑的时刻，让你不知道那究竟是照相机的闪光灯在响，还是一声枪响。当然，那是被拒绝的建筑师开的枪。阿尔希巴尔多的新娘死在了他的眼前。

布努埃尔又将我们带回到了现在。我们已经闪回了一个多小时了，以至于对影片刚开始时的情节都失去了记忆。我们还是在警察局办公室，警官因阿尔希巴尔多的人生故事而分心，连他也认定阿尔希巴尔多是无辜的了。

阿尔希巴尔多离开警局，将被诅咒的八音盒扔入了湖中。他在公园里走了一会儿，想了一会儿是否要用手杖碾死一只昆虫，最终还是放弃了。此时，他又撞见了那位年轻的导游/模特儿，她和平时一样地露出了笑容。然后两人一起走了。

我并不熟悉《犯罪生涯》的文学渊源，但电影方面的灵感来源很清楚。希区柯克1948年的《辣手摧花》描述了一个伴着《风流寡妇》主题旋律专杀寡妇的男人（约瑟夫·科顿饰）；而普雷斯顿·斯特吉斯1948年的《红杏出墙》(Unfaithfully Yours)里，雷克斯·哈里森扮演的乐队指挥一边指挥，一边想象着杀死妻子的三种方法；最后也是最重要的，就是卓别林1947年的《凡尔杜先生》：阿尔希巴尔多老是遇见的那个心烦意乱的女人，显然与玛莎·雷伊扮演的伯诺尔船长的妻子有关，伯诺尔船长（即凡尔杜）一直没能成功杀死她。

但是，《犯罪生涯》真正有意思的地方还在别处——在于它架构上的天才，在于它大胆的时间处理和电影叙述的专业程度。如果你在影片结束时问观众的话，几乎每个人都会告诉你，他们刚看到的是一个可爱的家伙杀死了女人的故事。但这绝不是真的，阿尔希巴尔多可谁都没杀，在他还是小孩子时，他目睹了女教师的死，此后他只要想象一下医院里那个修女的死、那个美丽却不安的女子的死、那个放荡女导游的死、他不忠的未婚妻的死，那就足够了。在他表达完自己的意愿之后，五个女人里确实有四个死了。我们像看见幻象一样地预见了这些死亡（闪前），我们看见这些幻象中的一些确实发生了，但那也只是在阿尔希巴尔多闪回的再现中看到的。

落在别的电影编剧手里，《犯罪生涯》有很大机会变成一部由一系列素描构成的电影。布努埃尔和编剧爱德华多·乌加特却能通过在故事之初便将所有女性人物介绍给我们的办法，将这些单独的故事串联在一起，然后又在电影第二部分细腻地将她们聚集在一起，用各自十分钟的戏码，展现她们真实女人的一面。

《犯罪生涯》是那种罕见的架构如此精细的电影，在写剧本的时候，就已经带着那么一种电影的画面感，以至于光读剧本，你只会得出一个关于影片的粗浅概念，甚至还可能是完全不准确的印象。正如我们不可能根据电影院出口的海报来对本片做出精确描述一样，我觉得，光读剧本的话，也会是一件痛苦事。同样的事情，也发生在刘别谦几乎所有的电影里，特别是《你逃我也逃》。如果你只是简单地从文学角度复述其中的一场场戏，那会变得很荒谬。刘别谦和布努埃尔都是隐身闪回的大师，那是插入故事之中的闪回，但又不打断故事线。相反，它们还能在故事刚开始要变无聊时，重新给予它活力。他们也是能够在不惊动我们的情况下就将我们带回现实的大师。他们都使用两头开叉的钩子，用它把我们向前和向后拉拽。那钩子几乎始终是一个机关——在刘别谦作品中是滑稽的机关，在布努埃尔的电影中则是戏剧性的机关。

有太多的剧本是为它们的文学效果而构思的，最终也变成了用电影写成的小说。读起来很愉快，也能做出轻易的许诺，许诺导演和演员有着与编剧一样的才能。我并非批评故事呈一直线的电影——《偷自行车的人》是这类电影最好的典范——而是想说，能写出《夜长梦多》《西北偏北》《天堂可以等待》或《犯罪生涯》这种剧本的人，相比之下，他们的才能要更伟大。电影有它自己的规则，这规则至今都尚未被完全认清，只有通过布努埃尔及其他这些伟大导演或编剧的作品，我们才有可能在某天将它完全看清楚。

——在维克多林电影俱乐部上的发言，1971年

诺曼·麦克拉伦

《线与色》(*Blinkity Blank*)

《线与色》是一部时长四分钟的彩色电影,但不是用摄影机拍的。麦克拉伦直接在胶片上画了一系列图样和抽象图形,制造出一种男性和女性部件彼此相遇,跳了一段情色芭蕾的效果。声音也是直接印在胶片上的。了不起的地方在于,除了它本身那些图样的美和卓越,麦克拉伦令整个剧场的观众也看着这些简单的曲线笑了起来。这些线条其实都是一晃而过,停留在银幕上的时间不会超过半秒,同时还伴着一些合成器噪音。

《线与色》绝对是独一无二的作品,和过去六十多年电影长河中任何一部作品都没有相似之处。在这部只有四分钟长的"伟大的小电影"里,可以看到吉罗度的幻想、希区柯克的控制力及科克托的想象力。

在黑暗的影院构成的夜色里,《线与色》用夏日闪电的彩色闪光和合成器制造的滴答声,营造出了一个新神话——有着金眼睛的鹅。

——1957年

费德里科·费里尼

《卡比利亚之夜》（*Le notti di Cabiria*）

费里尼的《卡比利亚之夜》是这次（戛纳）电影节上最受期待的作品，也是唯一在散场时就引发热烈争论的电影。直到凌晨三点，在靠近电影宫的酒吧里，朱丽叶塔·马西纳塑造的角色仍是大家激烈争论的焦点。在这种情形下，让我们来哀叹一下这一股似乎被观众、制片人、发行商、技术人员、演员和影评人平等共享的热潮吧。他们想象着该如何剪辑这样的电影，幻想自己也可以为电影的"创造"贡献一份力量。每次放映结束后，我都会听见"不差，但他们本可以再剪掉半个小时"或者"我本可以用一把剪刀挽救那部电影"之类的话。

把剪刀放在他的手里，每个人都能找到自己作为导演的使命。我觉得这很可鄙。毫无疑问，费里尼的电影确实有软处，但无论你多么不爱电影，从那多余的"半小时"里获得的乐趣和益处，也要比放映的另外那两部英国片加在一起多。

我相信的是对一部电影的整体进行攻击或捍卫的做法，它的感觉、调子、风格、生命力，比吝啬地列出其中几场戏好、几场戏不好的做法重要得多。《卡比利亚之夜》可能是费里尼最不均衡的作品，但其中那些强而有力的时刻，也都来得很强烈，因此，我会觉得这是他最好的作品。

费里尼将《卡比利亚之夜》推向了很多个方向，从一开始就放弃了基调的统一，目的是尝试多种可能性，在这方面，他也确实冒了不少风险。费里尼是一个多么健康的人啊，在拍摄现场也是好脾气，静静控制着场面，展现出令人愉悦的创造力。

马西纳是卡比利亚，滑稽的小个子罗马妓女。她天真，容易轻信别人。她被生活压垮，被男人欺负，却始终忠诚。费里尼创造出的卡比利业这个人物，是《大路》（*La strada*）里杰索米娜的合理终结，但这个人物的塑造方式绝对是卓别林式的。

卡比利亚这个人物会让那些要求电影在强烈、粗糙的情感外还能拿出其他东西的观众感到生气。所以，即使卡比利亚有时被看成风骚女子，她照样会在电影史上为自己留下一个特殊"时刻"，正如詹姆斯·迪恩和罗贝尔·勒·维冈（Robert Le Vigan，19世纪30年代法国演员，以扮演小角色而著称）一样。我爱费里尼，既然马西纳给了他灵感启发，那我也爱她。类似本片这样的创造，是一种滑稽的总览，经常会过了头，变成某种可笑的东西。对于这种滑稽的观察作品，不必贴过高的价格标签。这部电影最打动我的地方在于，当每个事件快速过去，在每个段落的最后时刻，闹剧都转变成了悲剧，影片的结尾带着力量和最强烈的悬念爆发了出来。

——1957年

《八部半》（8½）

关于医药的电影令医生头痛，关于飞行的电影让飞行员生气，但费里尼的《八部半》让导演看着高兴。影片说的是一位导演计划拍摄新片却遭遇难产的故事。如果你相信费里尼,你就要相信,导演首先是一个人,一个每天早中晚都受周围人打扰的人。他们问他各种各样的问题,他或是不知该如何作答,或是干脆不想回答。他脑袋里盘旋着一千个互相冲突的想法、印象、感觉和尚处萌芽状态的欲望,然而周围人却还都在请他确定下某些事情、名字、确切的数字、地点和计划。

谁都能理解他妻子姐姐的怀疑(你好!你好吗,小丑?)为什么会让他觉得恶心。他报复的唯一办法就是强迫她进入他的色情梦中,例如在她也参加了的那场后宫戏,出现了一个不知名的美人,我们这些观众曾在旅馆大堂瞥见她正在打电话,但我们可以发誓,马塞洛·马斯楚安尼扮演的吉多当时肯定没注意到她。所有能在电影开拍前吸干导演能量的问题,都被小心翼翼地列举了出来。《八部半》要讲的,是一部电影的筹备过程,正如《男人的争斗》要讲的是一次抢劫的筹备一样。

某些演员想在拍摄前知道更多一些——"以便能和人物共同生活一下。"布景师问他,"我该把火炉放在什么位置?"还有永不满足的文学编辑和家长式的制片人,后者表现出如此的耐心和信心,只会更加加剧吉多的苦闷。

演过戏的导演或者常去看杂技的演员,写过剧本的导演或者知道如何搭建布景的导演,这些人几乎总会有一些额外的东西可以拿出来。费里尼当过演员,当过编剧,是个杂技迷,还是设计师。他的电影和吉多在《八部半》里想拍摄的那部电影一样的完整、简单、美丽和真诚。

——1963年

罗伯托·罗西里尼更喜欢真实的生活

我认识罗西里尼是在1955年的巴黎，他当时意志消沉。之前他在德国完成了电影《不安》(*Non credo più all'amore*)，影片根据茨威格的话剧改编。当时罗西里尼已在认真考虑，打算离开电影这一行。自《爱情》(*Amore*)之后，他所有的作品都在商业上遭遇了失败，还都被意大利影评人口诛笔伐。更年轻一些的法国年轻人，倒是对他最近那些作品青睐有加，尤其是其中最为悲伤的那些：《圣弗朗西斯之花》(*Francesco, giullare di Dio*)、《火山边缘之恋》《意大利之旅》(*Viaggio in Italia*)。这多少让他感到一些欣慰。有那么一群想当导演的年轻记者，选他来做自己的老师。这打破了他的孤独感，重新唤醒了罗西里尼的巨大热情。

也就是在这时候，他向我提议去和他一起干。我同意了。之后我一边当记者，一边给他当了三年助手。那段时间里，他一英尺胶片都没有拍。即使这样，工作还是不会少。我从他那儿学到了很多。

他在和某个打算作为拍摄对象的人交谈后，给我打来电话："我们下个月就开始。"我马上就要买好所有与题材有关的书籍，拟定故事大纲，和很多人建立起联系；我们必须"开动"起来了。

某天早上，他又给我打来电话。之前那晚，某人在夜总会把乔治·皮托夫（Georges Pitoëff）和柳德米拉·皮托夫（Ludmilla Pitoëff）搞话剧时的不幸遭遇给他讲了。他感到一阵狂喜，想在几周之后就开始"那部"电影。其中的人物让他产生了认同感。按照他的设想，观众可以看见皮托夫这个人物当时正在寻找适合怀孕女性的舞台角色，因为柳德米拉当时正怀孕。他在大幕拉开前一小时，又亲自挂上了幕布。在最后一刻，他将一个重要角色托付给了寄物处管理员的女儿。因为他用的那些演员的口音问题，他被剧评人嘲笑。此外还有金钱上的担忧、债务、巡回演出等问题。

一个月过去了，罗西里尼彻底忘记了皮托夫夫妇。里斯本来的一位制片人，邀请他去讨论拍摄一部关于"殉情公主"的电影。之前他刚花一天时间和卓别林一起在瑞士沃韦，然后又来里昂找我。我们开着一辆法拉利，去了里斯本。罗西里尼自己日夜兼程地开。我必须不停给他讲故事，以免他睡着。而每次当他看见我快要睡着时，都会拿出一个神秘的小瓶子，让我闻上一闻。

艾斯托里尔（Estoril）的渔民并不真实，看着就像在为游客表演；他们有一艘船名叫"琳达·达内尔号"。罗伯托不喜欢葡萄牙，我们返程走的是西班牙南部。途径卡斯蒂尔时，一路高速运转的法拉利终于出了问题。我们找到一处小村庄，请机修工连夜修好了车，继续上路。受到这些修车工人才能和毅力的启发，罗伯托决定以后要回卡斯蒂尔拍一下《卡门》。回到巴黎后，罗西里尼开始约见发行商。在一次西班牙芭蕾舞演出时，他发现一位皮肤黝黑的小个子舞蹈演员。她只有十五岁，正是完美的卡门。即便是法国的发行商，此时也对罗伯托和他的计划心存疑问。他们要求先看一下剧本。拿着三本便宜买来的梅里美的《卡门》，一把剪刀外加一大摞胶带纸，我弄出了一个剧本。

发行商还想要明星。他们提议让玛丽娜·维拉迪来演，可她就像一片麦田里的金色。差不多与此同时，罗伯托对《卡门》这个项目已经失去了兴趣。

相当长的一段时间里，他一直在和一个神秘人见面。那人不去罗伯托住的旅馆，罗伯托也不去他的地方。他们约在街头见面，每次都有不同地方。那是一位苏联外交官。事实上，罗西里尼此时想拍一部苏联版的《战火》（*Paisa*），希望能将六七个现代苏联典型生活故事给组合在一起。罗伯托每天都会找人翻译《真理报》给他看；他阅读大量书籍，开始构思故事。很快，罗西里尼就和苏联外交官有了争执，对方觉得某个故事来得太轻率：某座小城的街头，某苏联人看到了妻子似乎正要去赴什么约会。他因悲伤和嫉妒而疯狂，他跟踪她，一次又一次地看着她从自己的视线内消失。有几次，他以为找到了她——总是在别的男人的怀里——结果得到的答案却是，那天恰逢城内最大的百货公司进了数百件同款的衣服。那一天，城里所有女人穿得都一样。

于是罗伯托只得放弃拍摄计划。他又没活干了。只不过这一次，更多的是政治的牺牲品，而非什么商业上的要求。

罗西里尼写剧本时不会在乎故事的发展。有一个出发点，那就足够了。给予这个或那个人物某种宗教信仰、职业、国籍和动机，他自然就有了某种需求和渴望，外加实现这些需求和渴望的有限度的可能性。人物的需求欲望与实现它的可能性之间的任何差距都会毫无意外地制造出冲突。如果人物的历史、伦理、社会和地理真实性能让你接受，最终让电影得出一个什么结论也没什么问题：结尾本就由冲突的各部分的总和决定，或乐观或悲观。对罗西里尼来说，关键在于重新找到那个我们因为彼此相反的幻想而再也看不到的人。他首先通过简单的纪录片手段想接近他，然后将他推到最普通、最容易将我们联系在一起的困境之中。

1958年，罗西里尼已经很清楚了，他的作品和别人的那些电影不一样。但他很聪明地认定，应该改变的是别人。"美国的电影工业，"他说道，"基于放映机销量及其广泛使用而来；好莱坞电影花费太多，很难盈利，而且故意弄得太过昂贵，为的是打消人们制作独立电影的勇气。欧洲人若模仿美国片，那一定是疯了；如果自由构思和自由拍摄电影真成了一件太过昂贵的事，那我们干脆就别再拍电影了；只要写写大纲和剧本草稿就行了。"

于是，正如雅克·傅劳[1]所言，罗西里尼变成了"法国'新浪潮'的父亲"。而且他每次来巴黎确实会和我们见面。他让我们暂时放下手头拍摄的业余作品，让他读一下我们这些初学者写的剧本。所有法国制片人在1959年每周开拍的新片名单上吃惊地读到的那一长串新名字，对于罗西里尼来说，早已不再陌生：鲁什、莱辛巴赫（François Reichenbach）、戈达尔、侯麦、里维特、奥雷尔（Jean Aurel）。事实上，罗西里尼正是最早读到《漂亮的塞尔吉》和《四百击》剧本的人，也是他在看过《疯狂仙师》（*Les Maitres Fous*）后，启发让·鲁什拍摄了《我是一个黑人》（*Moi, un Noir*）。

我有没有受到罗西里尼的影响？肯定的。他的严厉、认真和思考，把我从某种对美国电影的自满热情中解放了出来。罗西

---

[1] Jacques Flaud，法国国家电影中心第二任主任。

里尼讨厌故作聪明的片头，特别是片头出现之前先安排上几场戏的那种做法，还有闪回，还有所有一切纯粹为了起装饰作用才放进电影里去的东西，所有不是为了影片主旨或人物发展而服务的东西，他都讨厌。

在我的某些电影里，我试过用一种近乎纪录片的方式简单地、忠实地跟随一个人物。这种方法，我是跟罗西里尼学的。除了维果，罗西里尼也是唯一一拍摄青春期时能放下那种多愁善感情怀的导演。《四百击》很大程度上学习了《德意志零年》。

我想，罗西里尼的电影事业之所以如此艰难，是因为他总爱将观众当成他自己。但他又是一个特别的人，有着非凡的智慧和热情。所以他从不会在动作上多做逗留，从不解释或放大什么。他十分灵巧地抛出观点，一个接着一个。雅克·里维特说过，罗西里尼"从不论证，只是展示"，但他快捷的思维，他思考的过程和他非凡的吸收能力，却着实让他比观众要高出了一大头。于是，有时候他就只好失去观众了。

罗西里尼的吸收能力、澄清当下状况的那种渴望，在他每部作品里都表现得很清晰。《罗马，不设防的城市》说的是一座城；《战火》说的是全意大利从南到北；《德意志零年》说的是一个被征服和摧毁了的大国；《一九五一年的欧洲》说的是我们整个大洲在物质上得到了重建，精神上却没有。

罗西里尼最后一次伟大的电影冒险是他对印度的发现。六个月的时间里，他走遍整个次大陆，并将其放在了《印度》（*India*）之中。这是一部拥有超凡简朴和智慧的电影，不仅是反映印度乡间和人民的一系列画面的总和，更是一种世界观，是一种对生命、自然和动物的冥想。《印度》的时间和地点背景都和他其他的电影不同。《印度》是自由诗体的，或许只能和他在《圣弗朗西斯之花》中对完美快乐的冥想做比较。

我知道这话说出来很危险，但我确实相信这是真的：罗西里尼其实并不是特别喜爱电影，并不比他对艺术这一整体概念的爱要多。他更喜欢生命，更喜欢人。他从没翻开过任何一本小说，尽管他一生都在搜集关于社会和历史事件的报道。每晚他都会阅读历史、社会学、科学方面的书籍。他渴求更多知识；他希望能投身于文化电影之中。

事实就是，罗西里尼并非什么"积极分子"，也不是有野心的人。他是询问者，一个提出问题的人，他对别人比对他自己更感兴趣。

我们甚至会疑问，他为什么会成为导演，他是怎么走进这一行的。那是出于偶然或者说是因为爱。他当时爱上了一个姑娘，她引起了某些制片人的注意，被请去拍电影。纯粹出于嫉妒，罗伯托和她一起去了摄影棚。因为那是一部低成本制作，工作人员看他站在旁边也无所事事，既然他有车，于是就请他每天开车去男主角让-皮埃尔·奥蒙特家接他。

罗西里尼最初的那些电影，是关于鱼类的纪录片。我宁可相信，他是出于对安娜·马尼亚尼的爱才转而拍摄故事片的。当然，也是战时意大利的现状触发了他。最后一点——他最近唯一成功的作品《罗维雷将军》(*Il generale della Rovere*)似乎也证明了这一点——罗西里尼只有在拍摄关于战争的电影时，才会得到观众和影评人的接受。现在的新片，已经让我们习惯了这种残酷和暴力的真实。

我们中那些喜欢和崇拜罗西里尼的人，看到他拍摄家族争斗，拍摄圣弗朗西斯的滑稽举止和孟加拉的猩猩，用的都是新闻报道拍摄街头打斗那样的方式，我们觉得他做得十分正确，但我们的想法是不是错了呢?

我上次遇见罗西里尼时,他让我读了一本一百页的剧本。他准备把它拍一个五小时的版本给学生看,再拍一个三小时的版本供电视台播,还有一个一个半小时的版本在电影院放。这剧本读着让我兴奋,毫无疑问,那会是一部佳片,但我还是不禁想,是否哪天他能有机会排除万难,实现自己的宏伟计划:完成一部被称为《巴西利亚》的关于巴西的电影,完成电影《柏拉图对话录》和电影《苏格拉底之死》?

——1963年

奥逊·威尔斯

《公民凯恩》：脆弱的巨人

虽然它是在1940年8月到9月间拍摄于好莱坞，1941年在美国上映的，但因为战争，《公民凯恩》六年后才来到法国。1946年7月，影片在巴黎上映。对于我这代影迷来说，那可是件头等大事。二战结束，我们便一直忙于发掘各种美国电影，放弃了我们曾在战时非常崇拜的法国电影人。我们甚至还明显地表现出了对法国演员的不满情绪，急着忙着跑去欣赏起了美国演员。皮埃尔·弗雷奈、让·马雷、艾薇琪·弗伊勒、雷姆、阿莱蒂，统统出局。加里·格兰特、斯宾塞·屈塞、劳伦·白考尔、吉恩·蒂尔尼、英格丽·褒曼、琼·贝内特，等等，万岁万岁！

我们原谅了自己激进的改换阵营的做法，那是因为当时的法国电影杂志，特别是《法国银幕》(L'Ecran Francais)，对于组织大家反美这件事非常投入，这让我们深深不满。沦陷期间，鉴于德国电影是如此的不堪，英语片又都被禁，法国电影工业得以发展蓬勃。法国片成了抢手货，电影院常常坐满。法国解放后，布鲁姆-拜恩斯协定 (Blum-Byrnes Agreements) 令大量美国片得以在法国上映，法国片的票房收入缩水了。在当时的情况下，看见法国演员和导演在街头游行示威，要求减少进口片数量，也已是司空见惯的事。

此外，逃出自己那片地方的想法，对于新鲜事物的渴望，外加浪漫主义和逆反心态——但更主要还是对生命力的爱——这些因素，让我们爱上了由好莱坞舶来的一切。正是在这种情绪的支配下，我们第一次听见了奥逊·威尔斯的名字；那是1946年的夏天。我甚至愿意认为，是他那个不同寻常的名字，也为我们的幻想又添了一把力：奥逊，这听着就像是法语中"小熊"（ourson）的读音。我们听说，这"小熊"也才二十岁，他在二十六岁时就已拍了《公民凯恩》，而这也是艾森斯坦完成《战舰波将金号》的年龄。

法国评论界一片赞扬——让-保罗·萨特之前就已经在美国看过《公民凯恩》了，他提前写了文章，为大家做了热身——但也有些影评人在回想影片剧情时感觉到了困惑；他们在报上为"玫瑰花蕾"的确切意思争得不可开交。有人说，这是装着雪花的玻璃球的名字，就是凯恩死时从他手里滑落的那个玻璃球。德尼·马丹（Denis Martin）和安德烈·巴赞是那次报端争论的领军者，他们说服了影片的发行商雷电华公司，在片中雪橇烧起来的那一刻，加了"玫瑰花蕾"的字幕。

雪橇和玻璃球的争论，正是威尔斯想看到的。玻璃球里都是雪花，落到一栋小房子上，而且凯恩两次说出了那个和玻璃球有关的词——先是在他第二任妻子苏珊·亚历山大离开他而他拿起玻璃球时；然后是在他死去并扔下玻璃球时。

对我们来说，和"玫瑰花蕾"同样具有魔力的，还有"上都"（Xanadu）这个词。在法国，我们并不清楚柯勒律治（Samuel Taylor

Coleridge）写的关于忽必烈汗的诗。尽管诗歌清楚地被引用在了影片之中，但在《三月新闻》的文本中，没能进入我们这些法国人的耳朵。

> 上都坐着忽必烈汗
> 恢宏皇城乐御其邦……
> 方圆十里绵延息壤
> 群塔列环高墙带疆。

由此推论甚至就连凯恩（Kane）这个姓都来自"可汗"（Khan）这词，正如阿卡丁（Arkadin）或许出自契诃夫话剧《海鸥》的女主人公伊莲娜·阿达吉娜（Irina Ardakina）。

《公民凯恩》一直都没配法语版。它让我们从好莱坞电影的泛滥成灾中清醒了过来，令我们变成了要求更苛刻的影迷。它在全世界范围内都激励人们投身电影这一行业，影响人数之多，超过任何一部电影。这似乎会有点矛盾，因为威尔斯的作品向来都被正确地描述为"无法模仿"。当然，因为他的影响力，有时你也能从曼凯维奇的《赤足天使》、阿斯楚克的《糟糕的相遇》、马克斯·奥菲尔斯的《劳拉·蒙特斯》和费里尼的《八部半》里看到这种痕迹，但更多的时候，这种影响还是间接地存在于表层之下。我之前提到的好莱坞制作，我们当时如此喜爱的那些好莱坞制作，虽然也都充满诱惑，但一对比《公民凯恩》便似乎难以企及了。你大可以一遍遍地去看《夜长梦多》《美人计》《淑女伊芙》（*The Lady Eve*）和《血红街道》这样的电影，但这些电影从不会暗示我们未来某日自己也能成为电影导演。它们只是为了让你看到，如果电影是一个国家，那么，好莱坞绝对就是其首都。

所以，毫无疑问，正是这种好莱坞有好有坏的双重性，外加奥逊·威尔斯的鲁莽青春和他身上强烈无比的欧洲态度，才会令《公民凯恩》如此地让我们人心激动。除了他四处旅行的经历，我想也是他关于莎士比亚的丰富知识，赋予了他一种反摩尼教的世界观，令他能愉快地将善与恶的人物混合在一起。我得承认，1946年，十四岁的我就已退学。我是靠着奥逊·威尔斯才发现的莎士比亚，正如是我自己对伯纳德·赫尔曼的偏好，令我了解了斯特拉文斯基——斯特拉文斯基经常是赫尔曼的灵感来源。

因为威尔斯年轻浪漫，所以相比传统美国导演的才华，他的天才横溢似乎显得更靠近我们。在《公民凯恩》里扮演伯恩斯坦的埃弗雷特·斯隆回忆起1896年的某天，他乘坐的轮船在哈德逊湾中与另一艘船相遇，对面船上站着一名白衣女郎，手持遮阳伞。他只看了她一秒钟，之后却每个月都会再想起她一次……在这契诃夫式样的戏背后，我们看到的并不是什么值得你去敬佩的大导演，而是一位值得你去发现的朋友，值得你去爱的同党，那是一个我们感觉自己在心理上十分贴近的人。

我们绝对爱极了这部电影，因为它是如此完整——心理上、社会上、诗意上、戏剧上、滑稽上、可笑上。《公民凯恩》展现并嘲笑了那种获得权力的意愿；这是一首青春赞歌，对年龄的冥想，对所有人类的野心和虚荣的研究。这也是一首关于退化的诗歌，有着对特殊人物之孤独内心的思考，无论对方是天才或是魔鬼，或是魔鬼般的天才。

《公民凯恩》既有"处女作"的外表——因为它就像是一个摸彩袋，充满了实验性——也是一部具有高度成熟性的电影作品——因为它对世界做了具有普适性的描绘。

我在1946年7月第一次与《公民凯恩》相遇之后又过了很久才终于明白，它为什么会是这么一部电影，它里面那些东西为什么是独一无二的。这是唯一由已经很出名的人拍摄的电影处女作。卓别林第一次在镜头前演出时，还只是一个没名气的外国移民小丑。从职业角度来看，雷诺阿拍《娜娜》时，也还只是爸爸的小男孩，忙于玩他手里的摄影机，浪费家里的钱。希区柯克拍《讹诈》（*Blackmail*）时，还只是一个晋升不久的字幕设计员。但拍《公民凯恩》时的奥逊·威尔斯，已在美国相当出名——不仅是因为他关于火星人入侵的臭名昭著的广播节目。他是名人，好莱坞的各种业内刊物都在期待他。"安静，"他们吩咐说，"天才正在工作呢。"一般来说，正常顺序应该是这样的：你拍了一定数量的好电影，然后才会出名。26岁就出名，这是很少见的事，因为你26岁出了名就有人找你来当导演拍电影，那就更罕见了。所以，《公民凯恩》的主题就是出名，而且它也成了唯一能把这个主题讲到这种程度的电影处女作。在片中，显然是威尔斯自身的传奇与早熟，令他成功地在观众面前可信而又准确地呈现出了这个人的一生——我们由查尔斯·福斯特·凯恩的出生一直看到他死亡。和一个想拍出好电影以获得电影王国入门许可证的腼腆初学者相反，早已名声大噪的奥逊·威尔斯，只是觉得自己应该要拍部电影了——这部电影能对以往电影中出现过的所有东西做个总结，也能预见到今后有可能会出现的所有的东西。最终，他的大胆赌博收获颇丰。

关于威尔斯作品的技术层面，一直存在很多说法。他是在开拍《公民凯恩》前那几星期掌握了所有技术的吗？还是他也通过了观摩大量的电影才获得了这些？其实这问题并不重要。

好莱坞不缺拍了四十多部电影却仍不知该如何将两个镜头和谐联系在一起的导演。要想拍好片,你需要的是智慧、感性、直觉,以及一些想法,而这就是全部了。威尔斯不缺这些。撒切尔挑衅地询问他:"这么说,你真觉得一张报纸该这么办啰?"这时年轻的凯恩回答:"办报纸我绝对没经验,撒切尔先生。我只是要尝试一下所有我能想到的点子。"

如今再看《公民凯恩》,电影本身我早已谙熟于胸,但那更像是我们对于一张唱片的熟悉,而非对于某部电影的熟悉。我并非总能那么肯定《公民凯恩》接下来会出现哪个画面,但对下一步会出现的声音及下一个声音是什么音质,或者下一场戏之前的音乐是如何连接的,都十分清楚。(《公民凯恩》之前,好莱坞没人知道该如何正确安排电影里的音乐。)《公民凯恩》是第一部、事实上也是唯一一部有效使用了广播技巧的伟大电影。每场戏的背后,都有一种能赋予它不同色彩的回响:调查员跑去酒吧找过气的女歌手时,酒吧窗户玻璃上的雨点声;撒切尔图书馆大理石上的回声;几个人物一起说话时互相叠盖的话语声。有不少导演很能理解奥古斯特·雷诺阿的建议,不管付出什么代价,一定要用画面填满观者的眼睛。但是,只有奥逊·威尔斯明白,其实声音也必须以同样的方式填满。

在他决定拍摄《公民凯恩》之前,威尔斯正在筹备将约瑟夫·康拉德的《黑暗之心》拍成电影。他计划用主观镜头取代原作中的旁白。这种想法的一部分,被保留在了《公民凯恩》中。调查员汤普森贯穿全片以后背示人,同时背弃了经典的电影剪辑原则——按其规定,两场戏之间必须背靠背连接。在这里,故事推进的方式令它仿佛就是一则新闻故事。从视觉上来说,将《公民凯恩》描述成"版面设置"要比舞台设置更为合适。四分之一的镜头都是人工做出来的,镜头控制着整部电影,仿佛一部动画电影。大量的深焦镜头——具体案例可以从苏珊卧室的毒药开始说起——都是骗人的东西,某种"躲猫猫却又不出去找"的游戏,就像报纸上的集锦照片。如果拿《公民凯恩》与他之后的《伟大的安巴逊》做比较,我们还可以将前者看作一部充满艺术控制力的电影,而后者恰恰相反,更像一部有着很长的戏的浪漫电影,重点都放在了用摄影机运动制造出的动作之上,时间被拉长了。

在《伟大的安巴逊》里,威尔斯用到的镜头还不到两百个,说的故事却跨越了二十五年。(《公民凯恩》有562个镜头。)感觉就仿佛《伟大的安巴逊》是由另一位不同的导演——一位讨厌《公民凯恩》的导演——为了给威尔斯一些教训,在匆匆忙忙之间拍摄完成的。鉴于他总是兼具艺术家和影评人双重个性的缘故,作为导演的威尔斯,其实很容易被人牵着走。但他又会在之后的作品里注入更多的注意力,在剪辑台上重新评判自己的空想。威尔斯很多近作都给人留下这样一种印象:那是由一位暴露狂拍摄的,并由一位电检审片员做了剪辑。

让我们回到《公民凯恩》。各种因素都让人觉得,威尔斯似乎十分傲慢地放弃了所有的电影规则及其幻想能力的极限,借助一系列快速的手段——有些于段相比别的那些更为聪明和成功——他这部影片看着就像有了美国喜剧片的外在形式:一个人物的特写画面,他后面远处是那个正在和他说话的人,背景里有十个人物,他们领带上的图案就和特写里那个人物的鼻子上的痦子一样清晰。这种奇异的景象不做重新剪辑,一连就来了个五十次。它赋予影片一种风格,一种理想化了的视觉效果——在茂瑙的《最后一笑》(*The Last Laugh*)和《日出》之后,就再也没人尝试过这么做了。懂得形式的伟大导演——茂瑙、朗、艾森斯坦、德莱叶、希区柯克——都是在有声片诞生前就投身电影事业的。称奥逊·威尔斯是唯一一位在有声片诞生后才出现的杰出视觉艺术家,并不为过。

当你从一部西部片里看到一场很棒的戏时,那有可能是来自约翰·福特、拉乌尔·沃尔什、威廉·韦尔曼或迈克尔·柯蒂兹。但是,奥逊·威尔斯的风格,就像希区柯克的风格一样,你一眼就能认出来。这是他自己的视觉模式,是别人无法模仿的。原因在于他和卓别林一样,一切都来自银幕中央那个创作者兼演员的个体存在。从画面中慢慢走来的是威尔斯自己;创造出一种喧闹声,然后又忽然柔声说话,打破这种喧哗的也是他自己;在人物头顶用力抛出那些反驳,仿佛他只和上帝对话一样(受到莎士比亚的影响)的,是他自己;打破一切传统,有时甚至令整场戏旋转起来,让主人公走向镜头,让地面在他身前上下摇动起来的,也是他自己。

奥逊·威尔斯可能会觉得,其余人的电影都那么懒散、平面和静止,因为他自己的电影,实在是太有动态了。那些电影在我们眼前铺开,就像音乐钻入我们耳中一样。

今天再看《公民凯恩》,我们会发现一些别的东西:它看似无比夸张,其实却由各种舞台把戏的片段组成。事实上,那是用一些零散的边角料构成的。几乎没有群众演员,固定镜头倒是有不少,还有不少的大家具,但也有大量假墙,更重要的是还有许多小铃铛和铙钹的特写镜头、"叠接"的镜头、报纸、小道具、照片、模型、大量的溶入和溶出镜头。事实就是,即便说《公民凯恩》拍得不便宜,但至少也是适度的。它是到了剪辑作业台上,才被慢慢弄得看着觉得很夸张,是通过海量的工作才实现了这一效果。威尔斯将所有独立的元素逐一加强，特别是通过影史最具有才华的声音效果，对整部影片的视觉轨迹做出了额外的加强。

当我还是一个年轻影迷，第一次观看《公民凯恩》时，我对男主人公充满了景仰。我觉得他出众、优秀。我将奥逊·威尔斯和查尔斯·福斯特·凯恩一样当作偶像来崇拜。我觉得这部电影是为野心和力量谱写的一曲赞歌。但等我再次看到它时，我已当上影评人，习惯于细细分析自己在电影里获得的快乐了。于是我发现了《公民凯恩》真正的关键视点：讽刺。我明白了我们应该对勒兰这个人物（约瑟夫·柯顿饰演）给予同情。我觉得影片清晰地表现出了所有世俗成功的荒谬之处。现在，我自己也已成为导演。再一次观看《公民凯恩》时，可能已是第十三遍了。这次最打动我的，是影片作为童话故事和道德寓言的双面性。

我不能说威尔斯的作品是否属于清教徒式，因为我并不清楚这词语在美国的重要性。但我确实一直都被他作品里的纯洁性打动。凯恩的下坡路是由一桩性丑闻开始的："候选人凯恩被发现与'歌手'同床。"我们发现凯恩和苏珊之间的关系，是一种父女之间的保护关系。他们之间的关系与凯恩的童年相关，与他对家庭的观念相关。他是在一次家庭朝圣之旅归来之后（他去看了父母亲的家具，可能包括了小屋里放着的"玫瑰花蕾"雪橇）在大街上遇到苏珊的。她从药房出来,因牙痛而捂着下巴；他刚被途经的车子泼了一身水。注意一下在此之后，凯恩说了两次"玫瑰花蕾"——在他死时和之前苏珊离开他时。他砸烂了卧室里所有的家具——这场戏很著名——但注意一下，他只有在拿起玻璃球后才平息了怒火。此时已经很明显了,"玫瑰花蕾"和他与母亲的分离相关,"玫瑰花蕾"还和苏珊抛弃他的行为相关。有一种分离,就像死亡。

我们在《公民凯恩》里找到的,之后还会在奥逊·威尔斯的其余作品中更明显地找到的,其实是一种个人的、宽宏的、高尚的世界观。这电影里没有粗俗,没有恶毒,只有讽刺。它贯穿着一种形象的和充满了想象力的反布尔乔亚的道德观,那是关于我们该做什么,不该做什么的教训。

威尔斯作品的一个共同点就是自由主义,它们主张相信保守主义是错误的。位于他残酷寓言中心的那些脆弱的巨人,他们发现自己不能留存下任何的东西——青春、力量、爱情。查尔斯·福斯特·凯恩、乔治·安巴逊、迈克·奥哈拉、格利高里·阿卡丁都逐渐明白了,生命是由可怕的泪水和痛苦所组成的。

——1967年(未发表)

《阿卡丁先生》(*Mr. Arkadin*)

奥逊·威尔斯又带来了一部国籍不确定的电影。导演是美国人,摄影指导是法国人,演员来自英国、美国、土耳其、苏联、德国、意大利、法国和西班牙。拍摄地点也很多样:巴塞罗那、慕尼黑、巴黎、墨西哥。投资人则是瑞士来的。

《阿卡丁先生》是一部值得尊敬的电影。它刚开始时很糟,真的相当糟,有点像廉价的惊悚片。所有一切看着都是脏脏的、污秽的——布景、服装、灰暗的画面。一开始,我们甚至都没法喜欢那位年轻浪漫的男主角（罗伯特·阿登）。等威尔斯本人姗姗来迟地出现在银幕上时，甚至就连他都会令人感到有些失望。平时的他，演戏时看着都那么的机敏，可到了这里，看着似乎连化妆都没怎么弄好。这位格利高里·阿卡丁先生的假发都像没有粘好，他看着就像一位圣诞老人，又或者更像海神。这种情况下，我们又怎么会觉得他有多了不起呢？（威尔斯自己也很清楚他和海底之神之间的这种相似度——不知道他是否从一开始就是那么打算的，总之片中甚至还有对白，真的将阿卡丁和海神互相做起了比较。）

紧接着，魔法见效了。我们逐渐接受了影片的肮脏质感，被其吸引。格利高里·阿卡丁和查尔斯·福斯特·凯恩一样傲慢，和"第三个人"一样愤世嫉俗，和乔治·安巴逊一样骄傲；这仍是一个很典型的威尔斯人物。在他获得财富的道路上，铺满了尚有余温的尸体。但阿卡丁有一个女儿莱娜，他视其为掌上明珠，看见有可疑者向她求爱时，他会感到巨大的痛苦。最近出现的一位求爱者名叫斯特拉滕。这是一个年轻的骗子，时不时会敲诈一下别人。阿卡丁调查发现，斯特拉滕之所以追他女儿，只是为了找些关于他这个父亲的往事，好来敲诈一笔。阿卡丁假装失去了他有关遥远过去的所有记忆，聘用斯特拉滕进行调查，重新追寻他一路走来所留下的人生脚印。年老的百万富翁利用这一迂回方法，借机杀死了他过去那些行为的同谋与见证者。当最后只剩下斯特拉滕需要被除去时，他成功让阿卡丁相信，自己要把关于他的一切都告诉阿卡丁的女儿，并且最终逼得阿卡丁自己走上了绝路。不过,斯特拉滕除了拣回自己的性命，其实也没捞到什么好处。莱娜已不再相信他，不想再和他有任何瓜葛。她和一直默默守护她的年轻英国贵族携手离开了。

贯穿全片，我们一直跟随着斯特拉滕。他的调查工作将他带去世界各地——墨西哥、慕尼黑、维也纳、巴黎、马德里。演员被贴在了真实建筑物的墙壁上，威尔斯在通常情况下很具动感的摄影镜头，在这里却不得不平静下来。镜头在被无法避开的房间天花板压缩着，倾斜着捕捉这些人物。一场西班牙节日庆典，宾客都把面孔藏在戈雅的面具之下。这场戏让我们无比怀念那个永远不会回来的时代。在那个时代里，全能的雷电华公司给了一个年方二十五岁的年轻人绝对的自由，放手让他去拍摄自己的第一部电影《公民凯恩》。但他后来一下就失去了这种自由，之后只能靠着自己的意志力慢慢重新争取。现在，就连威尔斯也都被迫使用最差的舞台技巧拍摄电影了。但是，从长远来看，只要想法能够很好地呈现出来，手艺高低又能带来什么区别呢？而且这确实是我们敬佩的想法，因为它们真的都很出色。奥逊·威尔斯的一生注定都将受到莎士比亚的影响。他年轻时就在背诵莎翁的名句。他比任何人都更有这样的天赋，能够超越特定的动作和情景，写出伟大、超越、优雅、哲学和道德的对白。每句句子里，都有一种高于特定时间和地点的普适性。

奥逊·威尔斯是唯一外出旅行不曾被人预先广而告之的名人。我们听到的只是："前天威尔斯在纽约。昨晚，我和他在威尼斯吃了晚饭。呃，后天我和他在里斯本有个约会。"

在某一特定时刻，在墨西哥某家旅店的露台上，斯特拉滕正和阿卡丁通着电话。他以为后者正在欧洲。对话以阿卡丁的一声大笑告终。斯特拉滕挂了电话后，笑声仍在继续。阿卡丁正在墨西哥，和斯特拉滕住同家旅馆。过去的威尔斯会让人有种捉摸不定的感觉。现在他又多了一项无处不在的本领。

我们真应该把那种停在一处不动的导演与这种全世界转悠的导演做番比较。前者拍的都是特定的某个地方，通常只有到了他们职业生涯的末期，在克服巨大的困难之后，才会将这种拍摄对象由特定地点转向某种具有普遍性的地点。而后者则一直在循序渐进地拍摄整个世界。因为他们在社会上的地位早已固定，所以绝大多数影评人并不了解雷诺阿、罗西里尼、希区柯克和威尔斯的作品，其实都是来自流浪者、移民和国际观察家的构思。在大部分现代电影中，常会出现机场戏。但最好的还是《阿卡丁先生》里的那一场。他发现飞机已经坐满，他大喊道，自己愿出一万美元给愿意让座的人。这正是理查三世那句"我的王国换匹马"在如今这个原子时代的精彩变体。在被巴赞称作"生活在20世纪的文艺复兴时期男人"的奥逊·威尔斯的作品中，即便是最小的段落，也受到了莎士比亚的启发。威尔斯最好的那些朋友，几乎都是替他白干活的。他们之所以会那么做，也不是没道理。迈克尔·雷德格瑞夫、阿基姆·坦米罗夫、苏珊娜·弗龙、卡汀娜·帕辛欧、米沙·奥尔、彼得·范·埃克和帕特丽夏·梅迪纳，他们在本片中扮演的那些一晃而过的生动角色，都是各自电影生涯中最精彩的一次发挥——这些因为被冒险家追捕而心惊胆战的人物，这些很快就要和死亡约会的人物。

在这部了不起的影片里，我们再次看到了威尔斯每一个画面背后的灵感。那种疯狂和天才的笔触，他的力量、热情和粗糙的诗意。

没有哪一场戏不是根据一个新的或是不寻常的想法来拍摄的。毫无疑问，人们会觉得这电影看不太懂，但同时肯定会觉得看着很兴奋，很刺激，很充实。这是一部可以讨论上几个小时的电影，因为那里面充满了我们最想从电影里找到的东西——抒情和创意。

——1956年

《历劫佳人》（*Touch of Evil*）

你可以把奥逊·威尔斯的名字从这部电影的演职员表中去除掉，那不会有任何区别。因为从第一个画面开始，从演职员表开始，我们立即就能明显看出，在摄影机背后站着的，正是"公民凯恩"。

《历劫佳人》由定时炸弹的镜头开始。一个男人把它放在一辆白色汽车的后车厢。一对夫妇上了车，汽车起动。我们跟着他们走遍了全城。所有这些，可都是在影片正式开始之前就发生的。安装在摇臂上的摄影机跟丢了汽车，但很快就在它由一些建筑物后经过时又重新找到了它。镜头时而跑到汽车前面，时而又从后方追赶它，直至我们期待的那声爆炸声轰然响起。

画面被广角镜头故意扭曲，制造出背景画面中那种不自然的清晰度以及某种诗意。一个男人走向镜头，他看似才走了五步，但感觉已跨出了十米之远。整部电影里，我们一直都处在幻想世界之中。剧中人不是穿上了神行太保的鞋履，就是坐上了阿拉伯飞毯。

有些电影是由无能的犬儒者拍摄的，就好比《桂河大桥》或《百战雄狮》（*The Young Lions*）。那种电影就是在骗人，之所以拍出来，就是为了讨好那些散场时能自我感觉更加良好或是自以为从中学到了什么的电影观众。还有一些电影则显得深邃高超，它们由那些诚恳又有智慧的导演在毫无妥协的情况下完成。他们宁可让你看完电影后觉得不安，而不是获得安慰；他们宁可吵醒观众，而不是让他们安心入眠。看完雷乃的《夜与雾》，你并不会觉得自我感觉更加良好了。你会感觉更糟。看完《白夜》或是《历劫佳人》，你会觉得自己相比没看时更愚笨了。但你也获得了诗意和艺术的满足。这些才是真正的电影，想到它们，我们会为自己看完那些庸才所拍摄的陈词滥调后抱有的宽容态度感到害臊。

嗯，你可能会说，有必要为《历劫佳人》这部电影费那么多口舌吗？不就是一个简单的侦探故事吗？威尔斯用了八天时间就写成了。而且他自己还不拥有最终剪辑权，所以影片后来还被加上了好些个他原本拒绝拍摄的所谓的解释性画面。《历劫佳人》不过是一部他受人雇佣拍摄的电影，一部他拼命想要去划清界限的电影。

以上这些，我其实都很清楚。但是，某天晚上忽然想到要挣脱锁链的奴隶，其价值也要远胜于那些根本不知道自己被锁链锁着的人。况且，《历劫佳人》确实是你目前所能看到的最自由的电影。在《抵挡太平洋的堤坝》(*This Angry Age*)里，雷内·克莱芒有着完全的控制权：他亲自剪辑影片，亲自挑选音乐，亲自做混音。但克莱芒仍是奴隶，而威尔斯是诗人。我要热情地向你们推荐诗人的电影。

威尔斯把一部可怜的侦探小说搬上了银幕。他把犯罪情节简化到了仅仅足够配合他最喜爱的油画主题（一个自相矛盾的怪物的肖像画，由他自己扮演自己）的程度。在这些情节背后，他设计出了最简单的道德观：绝对的道德和绝对主义者的纯粹。

威尔斯是善变的天才，他向观众布道，他似乎很清楚地告诉了我们：我为自己的懒散抱歉，如果我是天才，那并不是我的错，我快要死了：爱我吧。

和《公民凯恩》《陌生人》(The Stranger)、《伟大的安巴逊》和《阿卡丁先生》一样，这里也是两个人物互相对立——怪物和值得同情的年轻主人公。他要做的，就是让怪物越变越像怪物，让年轻的主角越变越可爱，直至我们不知怎么地反而为伟大的怪物的尸体真心实意地流下泪。世人并不喜欢出类拔萃的人，却喜欢不同于己的人，前提是他够不幸，够纯粹。好在威尔斯的体型让他似乎没机会扮演希特勒了。但谁知道说不定哪天他会不会让我们不得不为戈林的命运而哭泣呢？

在本片中，威尔斯扮演残酷贪婪的警察。他是王牌侦探，十分出名。他只凭直觉办案，所以从不必费劲找证据便能找到凶手。但由普通人组成的司法系统不能毫无证据就下判断。于是，昆兰/威尔斯侦探养成了为赢得官司、见证正义获胜而制造证据、寻找假证词的习惯。

车里的炸弹爆炸后，一切都出了岔子，只需要再让一位正在度蜜月的美国警察（查尔顿·赫斯顿饰）来干涉一下昆兰的调查，就可以成戏了。他们两人之间发生了一场猛烈的战斗。赫斯顿找到了对威尔斯不利的证据，威尔斯则制造出相反的证据。在一个充分说明威尔斯可以比谁都更好地翻拍萨德小说的狂乱段落之后，我们在旅馆里发现了赫斯顿的妻子。她赤身裸体，已被毒死，而且看着似乎她就是杀死阿基姆·坦米罗夫的凶犯。但其实阿基姆是被昆兰杀死的，阿基姆当初还天真地帮助过他。

和《阿卡丁先生》一样，值得同情的主角必须要做出卑鄙举动才能制服怪物。赫斯顿用录音机录下了一些具有决定性的话语,那是足以摧毁威尔斯的证据。影片的想法在这个结尾得到了很好的总结:卑鄙和平庸战胜了直觉和绝对的正义。世界的相关性令人恐惧,一切都是相同的——道德上的不诚实,公平概念中的不纯。

如果说怪物这词我用了好多次,那其实仅是为了强调本片乃至威尔斯所有影片中的幻想精神。所有那些并非诗人的导演,往往都会求助心理学让观众迷失方向。而那些心理学电影的商业成功,似乎也为他们的这一做法提供了好的理由。"所有伟大的艺术都是抽象的。"让·雷诺阿说过。但我们无法通过心理学来实现某种抽象;事实恰恰相反。另一方面,抽象或早或晚都会溢出来盖过道德,盖过我们唯一关心的道德观:艺术家发明和再发明的道德观。

上述这些,都和威尔斯的假设混合得很好——平庸者需要事实,不平庸者只需要直觉。但那其实有着巨大的误解。如果当初戛纳电影节的主办方能有足够的智慧邀请到《历劫佳人》,而非马丁·里特的《夏日春情》(*The Long Hot Summer*)这种电影(威尔斯也出演了该片,但只是演员),那么我们不禁要问,戛纳的评审团是否有足够的智慧看出《历劫佳人》蕴含着的全部智慧呢?

《历劫佳人》唤醒了我们,提醒我们在电影先锋人物里既有梅里爱,也有菲拉德(Louis Feuillade)。这是一部魔术般的电影,令我们想到了各种童话:《美女与野兽》《拇指汤姆历险记》《拉封丹寓言》。这也是一部让我们感到有些自叹不如的电影,因为它的创作者想事情要比我们更灵活。更厉害的在于,当我们还沉浸在他上一部电影里时,他就已经又向我们抛来了另一部杰作。他哪来的这种敏捷?哪来的这种速度、这种疯狂、这种沉醉?

愿我们总能有足够的品位、感性和直觉，可以承认这样的才华确实是宏大而美丽的。如果影评人出于手足情意去寻找攻击本片（一部艺术而且仅仅是艺术的明证的电影）的观点的话，那我们也只好眼睁睁看着这场小人物攻击格列佛的滑稽戏上演了。

1958年

亨弗莱·鲍嘉肖像

《无冕霸王》(*The Harder They Fall*)的最后一个画面中,鲍嘉坐在打字机前,试着修改自白书。相比这个马克·罗布森胡乱执导下的角色,我们记得更清楚的还是鲍嘉在《赤足天使》中扮演的那位美国导演。我们看见他出席了艾娃·加德纳的葬礼,在雨中,身穿一袭雨衣;离开墓地前,他说:"明天会是晴天,我们可以工作了。"在约瑟夫·曼凯维奇执导的《赤足天使》中,鲍嘉扮演的正是曼凯维奇。

亨弗莱·鲍嘉一直很喜欢告诉别人自己出生在1900年的圣诞节[1],那是每天都是圣诞节的一年。亨弗莱是他当演员的母亲的姓氏,结果被他做了自己的名。这是一个糟糕的学生,糟糕的水手,糟糕的丈夫,是电影让他成了最好的。

他的名字第一次上报是在一篇剧评里。他在那出话剧里演小角色。剧评人写道:"如果要尽可能和善地说,那么我们只能说,这位演员是不合适的。"亨弗莱被吓坏了。后来,莱斯利·霍华德选他在《化石森林》(*The Petrified Forest*)里跟自己演对手戏——

---

[1] 鲍嘉生日应为1899年12月25日。

首先是在舞台上，然后是大银幕。之后便是三十来部惊悚片，鲍嘉全都扮演配角，都是衬托明星的反派人物。那些明星包括维克托·麦克拉格伦、斯宾塞·屈塞、爱德华·G. 罗宾逊、詹姆斯·卡格尼、乔治·拉夫特，甚至还有保罗·穆尼。好莱坞传统使然，一位靠扮演恶徒出名的演员，只有换了位置才能成功往上爬。等到杀手亨弗莱变成了警察亨弗莱，鲍嘉的片酬就能增长十倍了。

从1936年到1940年，亨弗莱·鲍嘉就像睡着了，而他拍的那些电影，观众也都看睡着了。1941年1月1日，他一举抓住了他与手臂和嘴唇的机会：那是艾达·鲁皮诺的手臂和嘴唇。在电影《夜困摩天岭》(*High Sierra*) 中，他抓住了她的手臂，亲吻了她的嘴唇。这是拉乌尔·沃尔什最棒的作品之一，剧本则来自约翰·休斯顿；鲍嘉扮演了詹姆斯·卡格尼拒绝出演的那个角色。

不久之后，约翰·休斯顿准备开拍他第一部作品：《马耳他之鹰》(*The Maltese Falcon*)。至于达希尔·哈米特笔下那个出色的萨姆·斯佩德形象，导演首先想到了乔治·拉夫特，但拉夫特拒绝了；鲍嘉交了好运，接下了这个寻找假老鹰的任务。就这样，匪帮变成了私家侦探，口袋里还放着警察的身份证明以备万一。他成功地进行了转变，为天平添加了砝码。在之前不到四十部电影中，他在电椅上死了十二次，累计要服八百多年的劳役。在本片之前，他身上唯一说话的是他手里的枪。可现在，他开口说话了。但他说了什么呢？女士们，我身高一米八，体重七十七公斤；我的头发是棕色的，有褐色的眼睛。我的第一段婚姻只维持了十八个月（太长了），第二段是八年（也太长了），没人能让我再那样下去了……直到下次来到。

边走边说，边说边走；那就是他的新工作。他走在街上，把双手放在了任何能够得上的东西上。灭火器、扶手、小孩的脑袋，都成了他沿路的标记。鲍嘉很好地取材于生活，并将它牢牢抓在了手中。他建立了自己的角色；他学会了竖起耳朵表示惊讶。你以为他只是在自己的夹克衫背后磨指甲？是的，但看看他张开手臂，将拳头砸在对手下巴上的样子："把这告诉你的老板。"对待鲍嘉，你必须知道如何保持距离。

最好的电影编剧都开始为他编写自己最好的作品。所以，我们可以称其为：为亨弗莱·鲍嘉而写的作品。"咳，甜心。这世上最棒的事，就是一个可以缩小到十五厘米的女人，你可以把她放在口袋里。"或者，"我从没见过脑袋那么小的人拿着那么多的枪。"

在史都华·海斯勒的《大人物》(*The Big Shot*)里，你有没有注意到他死去时的场面？为了自首，他必须和摩托警拉开距离，在他们之前赶到监狱。他在这场充满了悖论的赛车比赛中赢得了胜利。临死时，他向狱警忏悔，还了那个无辜年轻人清白。"结婚，生孩子，就像故事书里写的那样。"狱警给了他一支烟："你还在抽那个垃圾牌子吗？"

但鲍嘉也扮演过相比之下更为严肃而又没那么戏剧性的角色。包括《截稿》(*Deadline*)里一身正气的记者，那是理查德·布鲁克斯赶着意大利新现实主义的时髦，在《纽约每日新闻》办公室里拍摄的作品，扮演群众演员的都是他们报社的排字工。没有混音、没有音乐，只有印刷机、电话机和打字机的声音。理查德·布鲁克斯还有一部《战地天使》(*Battle Circus*)同样不太为人所知，但鲍嘉在片中扮演的角色也是他演过的最精彩的角色之一，一名想去爱琼·阿利森，却又不愿娶她的军医。

某日，霍华德·霍克斯的夫人，美国最聪明的导演的妻子，她在杂志封面上看到了一个有着梦幻般双眸的美丽姑娘。那是一张属于未来的"面孔"：劳伦·白考尔。很快白考尔和霍克斯与鲍嘉见了面。在拍摄《夜长梦多》时，两人的爱意萌发，他们决定一辈子都要睡在一起。他俩的相遇是唐璜和美人的狭路相逢。《夜长梦多》是一部雷霆万钧的电影。《逃亡》(*To Have and Have not*)则是一部讲婚姻的电影，有着鲍嘉的全副装备：帽子、手枪、香烟、电话。所有这些，都因为白考尔的出现而变得更加层次丰富。他们在路易斯·布罗姆菲尔德家成婚，买下了托马斯·因斯[1]在贝内迪克特山谷的牧场——那儿的空气里当时还飘荡着海蒂·拉玛留下的香水味。他们的游艇被命名为"桑塔纳号"，鲍嘉很快便创立了自己的电影制作公司，也叫"桑塔纳"。他请到尼古拉斯·雷拍摄大作《孽海枭雄》和《兰闺艳血》。正是尼古拉斯·雷让鲍嘉成了绝对的正面英雄，令他超出演员的定义，获得了一种我尝试在以下加以描述的个性。

他那天早晨已经刮过了胡子，但他的胡子，总是还需要再刮一下。他的眉毛朝太阳穴生长，眼皮半耷拉着，一手向前伸出，随时准备提出证据或给人痛击。从一部电影到另一部电影，鲍嘉审视着人生法庭的长度和宽度，他的步态与马克斯·斯坦纳的旋律配合妥帖。他停下，松了松腿，解开夹克扣子，把拇指塞进皮带缝隙，开始说话。他急促的发音，一部分听着是元音A，一部分听着是辅音K；我们知道他说出的"喧闹"一词有多么重要。他收紧的下巴，毫无疑问会让我们想起一具欢乐的死尸的咧嘴大笑，那是一个即将笑着死去的人的最后表情。

那事实上是死亡的笑容。在他去世前几星期，鲍嘉体重轻

---

[1] Thomas Ince，美国制片人，西部片之父。

了快四十斤。他忽然说道："我不再上街了，我担心自己会被风吹走，但一旦我能胖回来一些，我就要和约翰（休斯顿）一起拍电影。"

鲍嘉所做的比任何人都更好。他能一言不发地演戏，而且比任何人演的时间更长。他比任何人更具有威胁性，他的拳打得比任何人更棒。当他流汗时，你可以从他的衬衫里挤出水来。

鲍嘉干活没得说：他喜欢休斯顿的苦干精神，喜欢尼古拉斯·雷备受争议的暴力，也喜欢霍华德·霍克斯冷静、清醒的智慧。《叛舰喋血记》（*The Caine Mutiny*）是他最后完成的电影之一，那张令人入迷的面孔出现在了最好的光线下。他扮演一个和皮革一样坚硬的军官，在那时候的特艺色彩电影里，演员都不怎么上妆，于是鲍嘉的真实面目得到呈现。我们头一次看清楚他上嘴唇的疤，那是很久以前他在海军时留下的。他开酒瓶时，一片木头飞了起来。

亨弗莱·鲍嘉是现代英雄。古装片——历史浪漫剧或海盗故事——不适合他。他是赛车时的领跑者，是手枪里只有一颗子弹的人，他是用手指在帽檐上一弹便能表达愤怒或快乐情绪的人，是在麦克风前说着"喂！喂！叫上所有的车……"的人。

如果说鲍嘉的外表是现代的，那么他的道德就是古典的。他更接近《克莱芙王妃》里的内穆尔公爵，而非梅格雷探长。他知道事情做得漂亮要比说大道理更有价值，他知道只要按规矩办事，自己的每个举动就都是纯粹的。

——1958年

詹姆斯·迪恩死了

1955年9月30日晚,不顾华纳公司制片人员反对,詹姆斯·迪恩坐上他的跑车,在北加州的一条公路上殒命了。

我们第二天在巴黎得知了这一新闻,当时并没怎么动感情。一位年轻演员,二十四岁就死了。六个月过后,他的两部电影上映,这时候我们才意识到自己失去的是什么。

迪恩是两年前在百老汇被人注意到的,他在改编自安德烈·纪德的《背德者》的话剧里扮演一个年轻的阿拉伯人。在那之后,伊利亚·卡赞让他主演《伊甸园之东》,那是他的电影处子秀。然后尼古拉斯·雷选他演《无因的反叛》主角,最后乔治·史蒂文斯挑他演了《巨人传》(*Giant*)主角,让他从二十岁演到了六十岁。他的下一个角色,本该是《回头是岸》(*Somebody Up There Likes Me*)里的拳击手洛基。

迪恩在《巨人传》里工作得十分辛苦:他的眼睛从不离开乔治·史蒂文斯或是摄影机。影片完成后,他告诉经纪人迪克·克莱顿:"我觉得我当导演会比当演员更好。"他想过建立一个独立电影公司,那样他就可以只拍自己看中的作品了。克莱顿承诺和华纳兄弟的制片人谈谈这事。但就在这时,被合同禁止住拍片期间自己驾车的迪恩，自己驾车去了萨里纳斯参加赛车比赛。

事故："我想我会开斯拜德（他那辆保时捷跑车的型号）跑上几圈。"他对乔治·史蒂文斯说道。那晚，靠近帕索罗布勒斯（Paso Robles）的地方，他和他的保时捷被一辆从侧向支路冲上高速公路的汽车拦腰撞断了。迪恩在被送医院的路上就因为多处骨折和内伤去世。

他在他的时代到来之前就撒手人寰。这是他的命运，也是很多别的艺术家的命运。

詹姆斯·迪恩的表演与过去五十多年的电影经验背道而驰：他的每个姿势，每种态度，每次模仿，都像是给表演心理学传统的一记耳光。迪恩并不像艾薇琪·弗伊勒那样轻描淡写着"炫耀"台词；也不像杰拉·菲利普那么焕发诗意，或是皮埃尔·弗雷奈那样淘气。对比起来，他更急于表现的是，自己不仅能完美理解那些台词，而且理解的要比导演更好。他演的东西比他说的东西更深一层；他是跟着戏一起演的；他的表情并不跟随对白。他转变了自己的表情，不再是一个谦虚的天才自我否定地表达他深层思想时可能会有的那种方式——那仿佛就像为了请大家原谅他的天才，不希望大家对他会有什么错误的认识。

当卓别林表演哑剧达到极致时，在那么一些特别的时刻，他变成了一棵树，变成了路灯柱，变成了床边铺着的动物皮毛地毯。迪恩的表演相比人类其实更像动物,这令他变得不可预见。他的下一个姿势会是什么？当他完成一场戏时，他可能会继续说着话，背冲着镜头；他也可能会突然把头向后转，或是下垂；他可能把手伸向天空，向前伸出，手掌向上表示肯定，向下表示否定。在同一场戏里，他有可能看着像科学怪人的儿子，像一只小松鼠，一个畏缩的顽童或是潦倒的老人。他近视的目光更让人觉得他在表演和台词之间的交替有一种模糊的固定，几乎就像进入催眠的半睡眠状态。

如果你运气好，可以为这样的一位演员写戏，一位从身体、肉体上来扮演角色，而非将一切都事先在大脑中过滤一遍的演员，那么，想获得好结果的捷径便是抽象思考。我们可以这么想：詹姆斯·迪恩是猫，是狮子，或者也可能是松鼠。猫、狮子、松鼠能做的那些最不像人类的事是什么？猫可以从高处落下，四肢着地；可以被压过但丝毫不受伤；可以弓起自己的背，轻松溜走。狮子可以爬行和咆哮；松鼠可以从一根树枝跳到另一根。所以，那时候你要写的，就必须是迪恩（在田里）爬行，（在警察局中）咆哮，从一根树枝跳到另一根上，从高处落到一个空游泳池中丝毫无伤的戏。我觉得这应该就是伊利亚·卡赞、尼古拉斯·雷给他拍戏时用到的方法，我希望乔治·史蒂文斯原本也可以这样。

迪恩的诱惑力十分强大，他可以每晚都在银幕上杀死搭档，却仍能赢得附庸风雅者和广大观众的祝福。想一下《伊甸园之东》放映时，当观众看到父亲拒绝接受卡尔用豆子换来的钱（爱的工资）时，电影院里充斥着的愤慨情绪。

和卓别林一样，詹姆斯·迪恩也不只是一名演员，他仅靠三部电影就成了一个人物：乡村集会上的吉米和豆子，草地上的吉米，破屋中的吉米。感谢伊利亚·卡赞和尼古拉斯·雷在演员这件事上的敏感，詹姆斯·迪恩才能扮演这些接近于波德莱尔式主人公的人物，而他本身也仿佛那种波德莱尔式的主角。

他获得成功的根本原因是什么？对女影迷来说，原因很明显，无须再解释。对年轻男影迷来说，那是因为他们可以对他产生认同；这也是他那些电影得以在世界各地获得商业成功的基础。要对詹姆斯·迪恩产生认同,相比在亨弗莱·鲍嘉、加里·格兰特或马龙·白兰度身上找认同感容易得多。迪恩的个性更真实。看完鲍嘉的电影,你可能也会放低帽檐;别人此时也不敢再惹你。看完加里·格兰特的电影,你可能会在街头胡闹;看完白兰度的电影,你会放低视线,感觉很想欺负一下周围的女孩。但看完迪恩的电影,这种认同感来得更深、更完整,因为他身上有着我们所有人的模糊感、双重性与人性的弱点。

我们又一次必须要谈到卓别林了,或者说查理。查理常由底部开始,瞄向一个更高的目标。他虚弱,被人轻视,遭人抛弃。他的所有努力都失败了;他想坐下来放松一下,结果却坐到了地上。在他追求的女人眼里,或者在他想驯服的蛮汉眼中,他看着就很荒诞。但接下来出现的,就是一种纯粹的天才了:卓别林亲自复仇,并且获得了胜利。忽然之间,他开始跳舞、滑冰,转得比任何人都好。他战胜了所有人,获得胜利,他改变了周围人的情绪,让所有的嘲笑者站在他这一边。

起初的这种缺乏适应能力,渐渐变成了一种超级的适应能力。全世界,所有原本不利于他的人和事,现在都在为他效劳。所有这些描述,放在迪恩身上也都能一一对应,但我们必须记住他俩之间的根本性区别:在迪恩身上,我们永远都不会捕捉到哪怕一丝一毫最轻微的恐惧的目光。詹姆斯·迪恩超越了一切;在他的表演中,勇气和胆怯都不再扮演重要角色。起作用的反而是一些别的东西,一种诗意的游戏。那赋予所有的自由一种权威——甚至是在鼓励自由。当我们谈论詹姆斯·迪恩的时候,演得对或错都没有意义了,因为我们期待他身上每一分钟都有惊奇出现。他可以在别的演员哭的时候笑——或者反过来,在别的演员笑的时候哭。他出现在舞台的那一天，就给表演心理学判决了死刑。

在詹姆斯·迪恩身上，一切都是典雅的，那是他的秘密。他并不比所有人更好；但他做的是一些别的事，相反的事。每部电影从开始到结束，他都在保护自己的魅力。没人看见过迪恩走路，因为他或是缓行，或是跑步——就像邮差身边的忠实小狗（想想《伊甸园之东》的开头）。今天的年轻人，完全就在詹姆斯·迪恩的身上得到了体现，但之所以会这样，并非完全出于我们通常所知的那些理由（暴力、虐待、狂怒、忧郁、悲观、残酷），更多的还是因为其他一些更简单和日常的原因：谦虚；持续不断的幻想；道德上的纯洁——这是与大部分的道德观无关的道德，但实际上来得更严格；年轻人对经历、沉醉、骄傲和感觉自己是"局外人"时的悲伤感觉的那种永恒的偏爱；既希望又拒绝被融入社会，最终还是被这世界接纳与排斥。

毫无疑问，迪恩的表演会开创一种新的好莱坞风格，但我们已永远失去了这位年轻演员。这种损失是无法弥补的。他或许是电影界最具创造天赋的演员。他是达杰洛（《可怕的孩子们》中Dargelos一角）的好表兄，他在路上遇见了死神，一个9月的凉爽夜晚，就像是科克托的《可怕的孩子们》里所描述的那个年轻美国人："……车子跳了起来，扭转，撞在树上，成为一片寂静的废铁，一只轮子越转越慢，就像是卖彩票的幸运大转盘。"

——1956年

五 我在"新浪潮"的朋友

阿伦·雷乃

《夜与雾》（*Nuit et brouillard*）

影片以真实文件开始——新闻简报、照片、档案——然后加入了阿伦·雷乃去年拍摄的画面，他给我们上了一堂残酷却不应该缺席的历史课。

用电影批评的词汇来谈论这部电影几乎是不可能的事。这不是一部纪录片，不是控诉，也不是诗歌，而是对20世纪最重要的现象的一次冥想。

《夜与雾》用一种毫无瑕疵的手法和平静的克制态度来处理流放和集中营的问题，这令它成为一部崇高的作品……"无可挑剔"……几乎"无法讨论"。

影片从废弃的看守哨周围长出来的、被警察踩在脚下的杂草的画面开始；这部电影的力量扎根于它的基调，那种可怕的温柔，那种阿伦·雷乃和负责撰写本片旁白内容的让·凯罗尔（Jean Cayrol）不仅能够创造，而且能够保持住的基调。《夜与雾》是一个困扰我们所有人的问题：我们难道不都是"流放别人的人"吗？或者说，我们至少也是同谋？

雷乃的作品，将色彩与纪录片的黑白素材混合一起，并从后者中减去了所有可怕的戏剧性和精心编排的恐怖，由此，他逼迫我们更多地用头脑而非神经末梢思考。当我们看着这些体重才六十斤的奴隶劳工，我们明白了，看完《夜与雾》后，我们是不可能"感觉更好"的；结果只能与此恰好相反。

当雷乃的镜头轻轻移过新长出的杂草时，当镜头"拜访"了如今已空荡荡的集中营时，让·凯罗尔为我们介绍了集中营里的仪式，他无情地质问自己："我们假装让自己相信，所有这些都属于另一个时代，另一个国度了，但我们并没有环顾周围，我们并没有听到有人在无休止地哭泣。"

每天，在全世界的电影院里，有无数电影正在上映。但有那么一个夜晚，我们必须忘了自己的影评人或影迷身份，面对本片，我们只是必须要睁开眼睛去自我质疑的地球人了。电影放完之后的那几个小时里，《夜与雾》擦去了我们对其他所有电影的记忆。它绝对不容错过。

当影片结束，灯光重新亮起，没人敢拍手。面对这么一部作品，我们无言地站着，被这几千米胶片的重要性和必要性，震撼得哑口无言。

——1955年

亚历山大·阿斯楚克

《糟糕的相遇》（*Les mauvaises rencontres*）

和希区柯克的电影一样，《糟糕的相遇》里也有两个故事。警方在一位"乐于助人的"医生下落不明后搜查其住所，发现了一封凯瑟琳·拉康（阿努克·艾梅，Anouk Aime）写给他的信。警方怀疑她写信给这位达尼艾里医生（克洛德·多芬，Claude Dauphin）是为堕胎，于是把她带去了警察局，由福尔班警探（伊夫·罗贝尔，Yves Robert）负责审问。医生的自杀，为调查画下了句号。

这是影片关注的第一个对象，或者更确切地说，是真正的那个对象的基础，而真正的对象就是凯瑟琳·拉康的故事了。

三年前，继承了拉斯蒂涅（Rastignac，巴尔扎克《人间喜剧》中的典型人物）衣钵的她，离开故乡，和爱人皮埃尔（贾尼·埃斯波西托饰）一起到巴黎寻找"成功"。他渐渐心灰意懒，最终放弃，回了老家。而她却遇见一家大型日报社的发行人布莱兹·沃尔特（让-克洛德·帕斯卡饰），成了他的情妇。但最终她也离开了他，尽管此时她已在其襄助下当上了时尚杂志的编辑。随后，她又和摄影师阿兰·贝尔热（菲利浦·勒迈尔，Philippe Lemaire）短暂交往。某晚，布莱兹与凯瑟琳再度相遇。这次偶遇让她很感不安，她回到贝桑松，想尝试和皮埃尔重新开始。但是她失败了，再度回到巴黎时，已经怀有身孕，于是求助于达尼艾里医生。

影片结尾，我们看见她离开了警察总局，周围都是新闻记者。这是一个幻想破灭的女人，这并非她原本梦想过的"某天能看见自己名字上了报纸"的情形。

显然，本片剧情并不复杂，但它或许有点太过精细，以至于第一遍看的时候，如果不能完全集中注意力的话，可能就没法彻底看明白。在警察局的三小时，凯瑟琳回顾了自己三年的人生。这些闪回，全都处理得十分流畅自然，而且很有创造性。你必须从一开始就认真看，不能和邻座交头接耳，这才不会错过任何地方。

本片还有更深的意图，让人觉得有点神秘。这些意图，都在六月号《艺术》杂志刊登的本片导演访谈里写得很清楚了："从巴尔扎克作品的范畴来说，我们可以说这有点像《幻灭》。女孩经历不同情景，环顾自己周围。从制作角度来说，这对我来说算是一部大片……我本想拍一部叙事电影，并非小说式样的，而是叙事的……我对人性这东西是怎么和他们所不理解的那些事发生关系的这一点，很感兴趣。"

《糟糕的相遇》不能被看作一部侦探片或是一则新闻故事。这些人物既非罪犯也非受害者：他们只是当代年轻知识分子。如果我觉得《糟糕的相遇》领先于它的时代，那是因为：a）它是第一部以年轻知识分子的困惑为主题的电影；b）它从一个旅游者的观点来看巴黎，但主人公又并非"夜游巴黎"那种旅行线路上的旅游者，这是第一部以巴尔扎克式的语言来描绘巴黎的电影，它是新的《巴黎生活场景》；c）它是第一部不带着犬儒、取笑或虚伪态度来谈论"成功"的电影。

《糟糕的相遇》最触动我的地方是那些对白的精准度。那当然是文学化的，但更重要的是，这是知识分子之间的对话。阿斯楚克并没有评判自己电影里的人物；他以一种清晰、温柔和绝对的清醒审视他们，因为他自己也是其中的一员。布莱兹·沃尔特、皮埃尔·杰格斯和阿兰·贝尔热都是清白的人，他们因为无法继续保持清白之身而感到痛苦。他们把大部分闲暇时间用在替自己正名上，用在评判自己上，用在了更为重要的仇恨自己这件事情之上。他们都是虚弱和容易受伤的人，但他们最关心的却还是道德。所有这些都特别对应于我们这个时代；只有那些从不质疑自己的人，才不会抓住阿斯楚克作品的重要性。

这个尤其属于1955年这一年份的棘手主题，在本片中得到了导演的宽容处理。这种宽容，我们在法国编剧身上已经很少能看到了，他们中的大部分人，只会通过取笑或讽刺来操控自己笔下创造出的人物。

明明这听上去更像好莱坞而非法国。我还要很高兴地补充一点，没有什么（几乎没有什么）技术层面上的东西，会令《糟糕的相遇》看着与我们喜欢而且阿斯楚克也喜欢的那些美国电影有什么不同。"我们去看电影，有什么美国片在放吗？"女主角问到。这也是第一部几乎完全用摇臂拍摄的法国片，它赋予摄影机某种除普雷明格或弗里茨·朗作品外我们很少能看到的灵动。罗贝尔·勒菲布弗尔（Robert Lefebvre）的摄影是非凡的，马克斯·杜依（Max Douy）的布景也是。让-克洛德·帕斯卡或伊夫·罗贝尔这样的演员，也都令人意外地被请来出演本片；

菲利浦·勒迈尔、贾尼·埃斯波西托和克洛德·多芬都很完美，阿努克·艾梅无疑也凭本片获得了第二次艺术生命。

在威尼斯影展上，我发现并非所有人都喜欢《糟糕的相遇》。我的一些同行，还有部分观众，可能觉得这电影太知识分子，太文学化和太过头了。还有一些对剧情无动于衷的人，则感觉它只是一次出色的风格化练习，仅此而已。但有一点我一直注意到了，没有哪个三十岁以下的观众没被它打动，他们全都在本片某个人物的身上认出了自己。

《糟糕的相遇》对大家已接受了的叙事风格发起了挑战；它和现在正在拍的任何一部电影都不太相似。

在威尼斯影展上，有外国记者告诉阿斯楚克说："你对观众估计过高，高太多了。"导演回答，"我们对观众的过高估计，永远都不可能足够高。"

——1955年

阿涅斯·瓦尔达

《短岬村》（*La Pointe-Courte*）

距离瓦万地铁站和"圆顶"咖啡馆两步路的地方，第一次找几乎都找不到，但是对真正的影迷来说都十分熟悉，那便是帕纳斯电影院（Studio Parnasse），过去八年里巴黎最好的艺术电影院，我们可以在那边看见出自各个年份的最重要的电影作品。

事有例外，帕纳斯最近会暂别"经典电影"展映节目两周，专门成为某部电影的独家首轮放映影院。这是一部没法在香榭丽舍大道或其他主要街道的电影院里获得三日持续放映档期的作品。

《短岬村》是阿涅斯·瓦尔达的第一部作品，她是国家人民剧院的专职摄影师。这部作品是她的电影散文，是一部野心十足的实验作品，放在帕纳斯放映十分合适。

根据广告宣传的说法——这一次，广告确实和它宣传的电影很相符合——《短岬村》是"需要阅读的电影散文"，由两段记录所构成：一段说的是一对结婚四年的夫妇，另一段则关于某个渔村（靠近塞特市的短岬村）。影片并没有尝试再现一段经历或是证明什么观点,它缓慢地讲述着故事,按着时光流逝的节奏,按着时间的无情节奏,在同样美丽的时间之光芒下,缓缓地讲述。

在有些可疑的计划好了的简约背后,一些秘密的意图被隐藏了起来。这些意图并没有被说出来,因为它们几乎无法说清楚。

既然女主角只接触钢铁,她男友则只接触木头,于是在片中某一时刻,一个紧张的危急时刻出现:锯子割进了木头。类似这样的想法——要不是经人提醒,我也发现不了!——反复多次出现在《短岬村》中,正如那些有点过分仔细"构图"的画面,也一个接一个地出现在《短岬村》里,外加那些感觉像是直接从莫里斯·克拉维尔高智商的话剧剧本里直接拿过来的台词。

在一部真和假、真-假和假-真以几乎让人难以觉察到的规则混杂在一起的电影里,你很难形成一种判断。

西尔维亚·蒙福尔和菲利浦·诺瓦雷并排躺在床上,看着卧室里的电灯泡。

她说:"天花板上的是不是运河里来的水?"

他说:"是的,因为月亮在运河里!"

为了评判这些话是细腻还是可笑,是诗意还是自负,你必须亲自去看《短岬村》。我觉得它们既是好的,同时又是坏的;既是现实的,同时又是有点过于生硬的"原汁原味"。我们不禁会想:"这片子拍得可真卖力。"

如果因为《短岬村》的野心勃勃而要将它归类于那些不属于电影院的电影——《米娜·德·文格尔》(*Minna de Venghel*, 1953)、《活面包》(*Le Pain Vivant*, 1955)、《禁闭》(*Huis Clos*, 1954),但我想指出的是,它其实还是比那些电影要高出一等,因为结果符合导演的意图。确实，阿涅斯·瓦尔达可能会在未来某天问自己，会拿电影制作中的根本问题来为难自己。

我的同事里，有人夸了《短岬村》，有人没夸。相比他们，对于这部电影的主要问题，其实我也没有弄得更明白，但我想问题还是在于它导得很松散。我说的不是它的技术，它技术上对于一部处女作来说已经成熟得让人吃惊了。我说的是导演对演员的指导。蒙福尔和诺瓦雷（他和瓦尔达的相貌相似或许并非巧合）的表演始终有点含糊。姿势、态度、外表和说话语调，始终显得刻意、书本化。

在这篇关于电影的报道（而这电影本身也像是某种报道）的结尾，我注意到我写到的基本都是其形式而非内容。这是避开这位很有头脑的导演所自信期盼的那种点评的最好方式。

写到这里，我担心的是我并未将去看这部电影的意愿表达清楚，如果真是如此的话，那这是一种耻辱。每天晚上，影片放映完毕后，帕纳斯电影院的经理切雷（J. L. Cheray）都会主持一场辩论会，让满意或不满的观众好好赞扬或咒骂一番《短岬村》。

最后提醒一下，人的一生，至少也应该看一遍《尼斯印象》，那是让·维果的第一部电影，也是这个经典影展活动的开幕影片。

——1956年

罗杰·瓦迪姆

《上帝创造女人》(*Et Dieu... créa la femme*)

人人都在谈论这部影片，有些人在抱怨："这电影一点都不脏。"还有人说："这也太下流了。"《上帝创造女人》是一部感性与智慧并重的电影，丝毫不见庸俗的痕迹。在电检机构为它做了免费"宣传"后，我们完全有理由担心它的命运。这是属于这一代人的电影：一方面没有道德（反对现存道德体系，但也没有它自身的道德体系）；另一方面心里却又有道德（它很清楚自己没有道德这一点，并且因此而受到困扰）。这完全不是一部不值一谈的电影。相反，它带来了启示，而且十分真诚。

很多电影建立在性的基础之上。有时候，吸引观众进电影院的最有效方法便是，通过电影海报和影院入口处的宣传剧照，向他们许诺一些新奇有趣的东西。新鲜的肉体，年轻的躯体——通常都来自女性。但我们也该注意到，女性观众对来自男性躯体的吸引力也并非熟视无睹。不信的话，你们可以数数看，有多少电影里乔治·马沙尔、詹姆斯·迪恩或是库尔德·于尔根斯都袒胸露背了。（皮埃尔·弗雷奈总是坚持要求，自己出演的电影里，至少能有那么一场戏，能让他穿上毛衣再演。）

但是，当这新鲜的肉体出现在大银幕上，早已感到厌倦的观众，又总会以震惊或冷笑来迎接它们。虽然观众其实也会偷偷寻找情感上的回应，但在导演面前，他们更愿意扮演坏人，而非冒险去展露自己吃惊的真实一面，哪怕他们激动的小心眼，都快要跳到嗓子眼里了。

为避免这样的反应，许多导演都会对剧本中交代了的色情戏尽量低调处理。看到一场明明是拍得很严肃的戏，仅仅因为太过大胆就遭到观众一通玩笑，这可真是一件让人沮丧的事。对于色情的对白，法国导演早已望而却步；面对这个主题时，我们这种可怜的处理方式，已显出令人难以置信的庸俗和自满，但这样的做法还被认为是精神上的讽刺喜剧。

在面对色情和性道德这样的话题时，人与人之间的代沟，会显得最为明显。于是，虽然《上帝创造女人》最终确实会吸引到大量观众，但只有这些观众里的年轻人，才会站在瓦迪姆那边；因为瓦迪姆看事情的方式和他们一样。

表面看来，《上帝创造女人》不过是说了一个简单的故事，描绘得同样也很简单。导演为我们呈现的却是他十分了解的一个女人：他自己的妻子。这是一个不知不觉就爱暴露的人，生来就爱裸体。这个孩子一般的女人——或者更确切地说，这个婴儿一般的女人——在地中海的阳光下漫步，一头长发在微风中飘拂，激起人们的种种欲望。包括混乱的欲望和明确的欲望，纯洁的欲望和不纯洁的欲望。这是一个好女孩，那些男人对她的爱不是太多，就是不够，要不就是很糟糕的爱。她想要的，其实只是被真正、明确地爱着。最终，她成功了。

之所以会引出小小的丑闻，原因在于《上帝创造女人》剧本里那种如今很少见的坦率。为骗过观众，为让他们不用良心不安，像雷奥尼德·莫基（Léonide Moguy）这样的导演，会用"医院故事"来做幌子[1]；像卡亚特这样的导演，会用"法院故事"做幌子[2]；像拉尔夫·哈比卜（Ralph Habib）这样的导演，会用"社会事件"做幌子[3]。只要随便来一场某人身着白外套出现在医院门口的戏，就能做成表面文章，就能摆脱白痴的审查员。但瓦迪姆不想躲在这种虚伪的办法后头。他把赌注压在了真实的生活上，没什么愤世嫉俗或故意挑衅，而最终，他也确实靠着创造力和好想法获得了胜利。

很明显，这部电影并不完美，剧情还能有所改进，导演的五六处评论也都可以省去。影片的推进节奏毫无步调可言，指导演员的工作也显得用力不够均衡。不过，它做得好的地方，是真的很好。碧姬·芭铎光芒四射，她第一次真正做回了自己。在让-路易·特兰蒂尼昂（在片中饰演米歇尔）扇了她四个耳光后，注意一下她的嘴唇，那种强烈的颤动。瓦迪姆在指导她演出时，显然是充满了爱意，就像是对待自己养的小宠物，就像《娜娜》里给凯瑟琳·艾斯林导戏的雷诺阿。

《上帝创造女人》没什么庸俗之处，也没有错误的品位。提拉尔（Armand Thirard）的摄影很优秀，让·安德烈（Jean André）的布景也是。库尔德·于尔根斯再次证明了他是全世界最糟糕的四名男演员之一，克里斯蒂安·马康倒是在进步。

《上帝创造女人》，一部私密的电影，一部私人笔记式的电影，

---

[1] 指莫基1951年的《明天是另一天》（*Tomorrow Is Another Day*）等作品。
[2] 指卡亚特的《我们都是杀人犯》（*We Are All Murderers*）和《刑事法庭》（*Justice Is Done*）等作品。
[3] 指《街头法则》（*Law of the Streets*）等作品。

它为我们带来了一位法国新晋导演。他的天赋不输布瓦洪（Michel Boisrond）、布瓦索尔（Claude Boissol）、卡波诺（Norbert Carbonnaux），还有约菲（Alex Joffé），但又比他们都更有个人特色。

——1957年

克洛德·夏布洛尔

《漂亮的塞尔吉》（*Le beau Serge*）

大家都同意，在这次戛纳影展非正式放映的所有影片中，克洛德·夏布洛尔的《漂亮的塞尔吉》最为优秀，而它也会参加之后的布鲁塞尔影展竞赛单元。但是在戛纳，它在最后一刻被影片《小溪的呼唤》（*L'EauVive*）的"保护人"撤了下来。夏布洛尔是《漂亮的塞尔吉》的制片、编剧兼导演，影片由心理学开始，在形而上学中结束。这是两位年轻人下的一局棋：热拉尔·布兰执黑，让-克洛德·布里亚利执白。待到两人再次相遇时，他们交换了棋子颜色，而棋局最后以平手告终。我的这种读解，可能会让本片听着像一部纯粹的知识分子作品，事实却并非如此。影片通过对农民生存环境（故事发生在克勒兹省的萨尔当市）和那些人物的真实描写，给观众留下了深刻印象。扮演塞尔吉的热拉尔·布兰，这是他从影至今的最佳演出，而让-克洛德·布里亚利也在诠释弗朗索瓦这个棘手人物时，展现出了自己的戏剧天赋。在技术上，《漂亮的塞尔吉》也同样成熟，感觉就像导演夏布洛尔已经拍了十年电影一样，尽管事实上，这只不过是他第一次正式接触摄影机。这是一部非同寻常和充满勇气的电影，会让今年的法国电影整体层次得到提升。

——1958年

路易·马勒

《情人们》（*Les amants*）

这是一部让人着迷的电影——不能算杰作，因为它并非完全处于掌控之中，但仍不失为一部自由且智慧的电影，拥有绝对老辣和完美的品位。它有着雷诺阿早期电影的自发性。看《情人们》的时候，我们会感觉自己正与导演一同在逐步发现剧情的每处进展，而非一路跟在导演后面或是被他隔绝在故事的外面。

爱情是所有艺术主题里最突出的一个，对电影来说，更是如此。在电影中，肉欲和情感往往无法分离。路易·马勒的这部《情人们》，说的正是一个人人都放在心中，希望有一天能够梦想成真的故事：那是关于一则如同被电流击中一般的爱情的详细故事，是一次"两人肌肤间灼热的接触"，但看到后面我们才发现，那其实只是"两段幻想的交流"。

《情人们》相比《通往绞刑架的电梯》（*Ascenseur pour l'échafaud*）更出色，也超越了《上帝创造女人》《漂亮的塞尔吉》和《走投无路》（*Le dos au mur*）。这绝对是那些"三十岁以下导演"目前拍过的作品里最优秀的力作。

性行为无法在电影里呈现,因为抽象和具象之间有太大的差距,也因为导演的灵感和银幕上呈现出来的具体画面之间有太大的差距。如果非要在电影里呈现性行为,结果只会让人反感,让人觉得太过分,尽管事实上,这和观众看到小男孩因气球破掉而流下眼泪时感受到的反感情绪不会有多少区别。可是,电影审查员对前者格外留神,对后者却熟视无睹,因为他们压根不怎么了解自己的这份工作,因为他们完全不懂美学上的道德——其实美学上的道德才是电影里唯一重要的道德观。

所以,导演必须尽可能诚实地在银幕上呈现爱情之前和之后发生的事。换句话说,要呈现的,是这对情侣还完全没在一起时发生的事,还有他俩已经完全灵肉合一后发生的事。多年以来,法国电影始终拒绝真实,它们转而用那种早已在我们的平民剧院中大获成功的曲意巴结的玩笑和廉价的庸俗取代真实。我之所以要替《上帝创造女人》说话,正是因为这是在我们的电影里,第一次有人针对爱这件事真正努力地做真实呈现。但是,瓦迪姆的处女作也有它的问题(我之所以要在这里提起,是因为马勒并没有犯同样的错误),他为实现一种隐伏的色情,一种不够纯粹的色情——招摇的短裤、完全为摄影机摆出来的姿势、被海水弄湿的衣服、女主角反抗社会的攻击性,等等——反而把他自己从肉欲的那一面中剔除了。但马勒在编剧路易丝·德·维尔莫兰的协力下,成功完成了一部十分令人熟悉,几乎堪称平庸的电影,它平庸到了极致,其完整性无懈可击。

影片后半部分,女主角要不就是穿睡袍,要不就干脆完全赤裸,完全见不到玛蒂妮·卡洛那些电影里常见到的间接式的画面效果处理,例如用灯光勾勒她的侧影等。

《情人们》把腼腆男人的大胆综合在了一起：它新鲜且自然，看不出任何华而不实或矫揉造作。和瓦迪姆的那些电影相反，《情人们》有意保持低调；它不传递什么特别的信息或教诲——例如爱情是永恒的。它更关注普遍意义上的女性，像福楼拜和吉罗度笔下的那些，而非仅仅只是今天的女性。《情人们》或许就是第一部吉罗度风格的电影。

——1958年

《鬼火》（*Le feu follet*）

路易·马勒用《鬼火》安排了一次约会，观众则欣然赴约。《鬼火》就是那种我习惯在报章"艺术"一栏里寻找的电影：简单，个人化，诚恳。

但是，从一部电影的反对者那里听到的观点，往往会比其拥护者提出的观点更加睿智。关于《鬼火》这种电影，任何人谈出任何观点来，都不会错。说它诚恳，对；说它狡猾，也没错；说它朴素，是的；说它缺少严密性，也对……好在马勒也没有对这些说法一概无动于衷，不然的话，对手肯定会说他没脑子或是听不懂批评什么的了——但不管怎么样，肯定不会有人说他是故作姿态。

事实上，我们可以再仔细地剖析一下自己的意图。批评一部电影，说到底其实就是批评导演。这样的事情，我已经没法再干了。我坚信，一位导演的全部作品，其实都包含在他处女作里了；并不是说看了处女作，就能事先预见导演以后的所有作品，而是说事后再往前爬梳，你会发现所有一切都能在他的处女作中找到痕迹。所以，路易·马勒的全部，他全部的优点和不足，都在《通往绞刑架的电梯》里。由此出发，我们可以说《私人生活》没《通往绞刑架的电梯》"那么好"，《鬼火》则要"好于"《通往绞刑架的电梯》。

关于《鬼火》，我真正想提的批评意见其实只有一个。那就是影片主人公从一开始就已让人感动了，而非随着电影进展逐步变成如此。在《精疲力尽》乃至戈达尔所有电影里，人物的情感通常要比《鬼火》里人物的情况更为有力和纯粹，因为那些都是打破障碍之后才实现的。如果《鬼火》里的莫里斯·荣内特有时候也能表现得更具进攻性，或者更可恨一些的话，我们对他的关注，可能也会变得更深刻一些，而影片也会在打动我们之余，更多出一些振聋发聩的力量。

但对我来说，这并不意味着《鬼火》所强调的原则就此不再显得有效和有逻辑了。贯穿全片，我们一路跟随着一个绝望的人。随着时间流逝，影片几乎完全依靠中性的特写画面的累积，就让强烈的情感被激发了出来。喜剧演员都知道如何通过重复来让观众发笑，但更有趣的还在于，其实还存在着这么一种重复的悲情。通过这种悲情，路易·马勒成功拍出了他迄今为止最优秀的作品。

——1964年

让-吕克·戈达尔

《所有的男生都叫派翠克》

(*Charlotte et Véronique, ou Tous les garçons s'appellent Patrick*)

1930年时,《尼斯印象》代表前卫。1958年时,前卫则是由让-吕克·戈达尔导演、埃里克·侯麦编剧的《所有的男生都叫派翠克》。

《尼斯印象》当初在巴黎旧鸽舍剧院(Vieux-Colombier)放映时,让·维果是如此描述他这部处女作的:"拍电影时,我们那种精雕细琢的态度,是中国人对待双脚时才会有的。"但现如今,这种修脚一样精雕细琢的电影,通常都只存在于短片或是拿政府津贴拍摄的电影里了;单薄的剧组和演员的缺席,反而为他们对电影的疯狂迷恋带来了鼓励。

我热爱阿伦·雷乃的运动镜头;但我讨厌那些所谓的"雷乃式"镜头。我热爱弗朗叙(Georges Franju)的疯狂爆发,但我讨厌那种所谓的"不输给弗朗叙的"脑电波。所以,我们来看看,1958年法国都出现了哪些电影短片?你会发现,雷乃和弗朗叙这两位艺术家都被数位盲从的模仿者夹攻着,后者完全没有个性，拍出来的电影，要不是滑稽模仿雷乃的电影形式，要不就是钻在弗朗叙的电影形式里拔也拔不出来。

当然，还是有几个名字值得我们注意：阿涅斯·瓦尔达、雅克·里维特、亨利·格鲁埃尔（Henri Gruel）、雅克·德米、让-吕克·戈达尔……他们都受到了独一无二的路易·卢米埃尔的影响。

《所有的男生都叫派翠克》用四分之一速度拍摄，共使用一千米胶片。这是一段有关爱情的对话，智慧又细腻，且以《本周新闻》的形式呈现。它在节奏上做到了力量的最大化，在形式上则把粗心疏漏降到了最低点。

精力充沛的派翠克想左右逢源，但由此产生的暧昧却害了他。起初他对维罗妮克十分用心，随后又把注意力集中到了夏洛特身上。最终，派翠克（让-克洛德·布里亚利）这个始乱终弃的情人遭到了惩罚，但他经历的这段遭遇，有着最大限度的自由、轻松和随意，外加某种甚至可以说是已接近于优雅的东西。

——1958年

《随心所欲》 (*Vivre sa vie: Film en douze tableaux*)

让每个人都过上自己所选择的生活，只要他自己能过下去就行。那么"新浪潮"呢？又有谁会在乎"新浪潮"？皮埃尔说了一些赞扬乔治的话，乔治最喜欢朱利安的电影，朱利安是宝保尔的监制，宝保尔是马塞尔的制片人搭档，克洛德给马塞尔写了一篇力捧他的影评！

随便吧。今天我就是要夸一夸让-吕克，他和我一样拍电影，但作品数量是我的两倍。

过去当影评人时,我最想做到的就是说服,这或许是因为我那时还不知道导演拍电影时真正会遇上哪些问题,所以本能地首先就想说服自己相信,什么是好电影,什么是烂电影。

《精疲力尽》和《随心所欲》里的某些片段,带给我一种身体上的欢乐,还有一种身体上的痛苦。无法感受到这两者的那些人,我也不打算用文字与你们做交流。

某些电影风格里全然的非现实感,不管是故意的或是无意的,虽然也可以很诱人,但也会让我们感觉矛盾。另一方面,最有力的现实感,虽然在某些瞬间也可以很诱人,但最终还是会让我们感到饥饿。类似《随心所欲》这样的电影,可以不断地拉着我们去到抽象的尽头,再去到具象的极限。毫无疑问,它要传递的情感,就是在这样的运动中生成的。

能打动我们的电影,必定是能让我们产生兴趣,能让我们着迷的电影;至于它要传递的情感是怎么来的,是像希区柯克或布列松那样科学地设计出来的,还是像罗西里尼或戈达尔那样,仅仅凭借导演本人情感沟通的能力而来,那些都没关系。

有些电影让人崇拜,却不会让你有想要跟随下去的意愿……为什么要追下去?这些算不上是最好的电影。最好的电影,它们能为你打开一扇扇的大门,能让你觉得电影从它们这里获得了新的开始。《随心所欲》就是这样的电影。

——1962年

雅克·里维特

《巴黎属于我们》（*Paris nous appartient*）

每个月都会有人宣布"新浪潮"已开始垂死挣扎。但光是1960年，就有24位新导演的处女作问世。1961年，这个数字会进一步上升到32，1962年还会更高。雅克·罗齐耶（Jacques Rozier）、让-路易·里夏尔、埃里克·侯麦、马塞尔·布吕瓦尔（Marcel Bluwal）、阿兰·卡瓦利埃、安德烈·维尔西尼（André Versini）、伯纳德·齐默（Bernard Zimmer）、伦纳德·凯格尔（Léonard Keigel）、让·雅贝里（Jean Jabely）、雅克·埃尔托。你不久之后就会熟悉这些年轻导演的名字了，因为他们都会在明年上半年推出各自的处女作。等到1962年年底，这份名单里还会加入另一些名字：阿兰·罗布-格里耶、马塞尔·奥菲尔斯、弗朗西斯·布朗什、弗朗索瓦·比耶杜（François Billetdoux）、保罗·热戈夫（Paul Gégauff）、让-弗朗索瓦·奥杜华（Jean-François Hauduroy）、让·埃尔曼（Jean Herman）、塞基·鲍格农（Serge Bourguignon），等等。

在这些人中，我们要特别提一下雅克·里维特。他首部作品《巴黎属于我们》的放映，对我们这支队伍——或者说我们这个"犯罪小组",如果你更喜欢这种叫法的话——中的每一位成员来说,都是一次胜利。

《巴黎属于我们》的拍摄工作在三年半前便已开始,那是1958年的夏初。剧本出来之后传了几个月,却始终没有制片人感兴趣。于是,里维特决定自己上。他向《电影手册》借了八万法郎,用来购买胶片,至于摄影机和后期冲印,都靠的是赊账;全体摄制人员和演员,都顶着合伙人的名分"全面参与"。

这么做,看起来似乎从一开始就注定失败。不过,这种行为本身其实也并非完全愚蠢。早在两年之前,里维特就已经利用夏布洛尔住的公寓,拍出了一部具有正式电影水准的二十分钟的短片。此后,制片人皮埃尔·布朗伯格(Pierre Braunberger)看了这部名为《棋差一招》(Le Coup du Berger)的短片,买下了它的版权,并且承担了最终完成影片所需的余款。从那之后,这部小作品便在全球范围内卖开了。

当时我们都觉得,倘若当初《棋差一招》能拍到一小时片长的话,那它一定会是一部完全值得尊敬的剧情长片,而它的成本却只需要一部普通法国电影的十分之一。

《棋差一招》也为我树立了榜样,令我下定决心拍摄了《顽皮鬼》(Les Mistons)。它也让夏布洛尔大胆动手,拍出了剧情长片《漂亮的塞尔吉》。此外,也是《棋差一招》让最受我们尊敬的两位短片电影人——阿伦·雷乃和乔治·弗朗叙——开始尝试起拍摄各自的第一部长片。总之,一切就此开始了。

而这一切的开始,无疑要感谢里维特。在我们所有这些人里面,他是行动决心最强的一个。他当初从外省来到巴黎——这是他和巴尔扎克的一个共同点,随身的箱子里装着他自己已经完成的16毫米电影《四角》(Aux Quatres Coins)。在巴黎,他和戈达尔合作拍摄了短片《四对舞》(Quadrille)，然后他自己又拍了短片《消遣》(Le Divertissement)。受他影响，我也下了决心，借用雅克·多尼奥-瓦克罗兹的公寓，草草地拍了一部即便是当时看来也没多少意思的短片：《访客》(Une Visite)。出于友情，也为了达到锻炼目的，里维特答应给我当摄影师。我俩都是埃德沃德·莫利纳罗的仰慕者，他成功让自己拍摄的16毫米作品在电影院里公开上映。我们还都很喜欢亚历山大·阿斯楚克——但他拒绝让影院放映自己拍的16毫米作品。不过，16毫米大师这个称号，还是属于侯麦的，这一点毋庸置疑。他那两部作品——根据爱伦·坡小说改编的《贝蕾妮丝》(Berenice)和另一部《克莱采奏鸣曲》(La Sonate a Kreutzer)——都拍得很棒。两部作品都用16毫米拍摄，也都用录音机收音效。这两部电影，我早已看过多遍，但最近我又去看了一次，为的只是要确认这一点：相比过去五年里最出色的那些专业35毫米胶片电影，《贝蕾妮丝》和《克莱采奏鸣曲》也毫不逊色。

一部片长十五分钟的16毫米电影，成本约在三四万法郎。所以我一直不明白这一点，当那些制片人犹豫不决是否该签下一位新人导演时，他们为什么就不能让他用16毫米胶片来拍一段试试看呢？我常让那些对电影十分渴望，却只想着"坐在角落里看看，不去打扰别人"的助手或是学徒赶快回家，我让他们自己用16毫米去练习。自己拍一部16毫米电影，然后自己剪辑，你从中可以学到的东西，远比给别人当学徒或是助手能得到的要多得多。

在我们这群电影狂迷中，里维特无疑是最疯狂的那位。《黄金马车》上映那天，他在电影院里从下午两点一直坐到了午夜时分。而且，到了第二天，他又去了，希望能从中找出与后期冲印成本和手提摄影机租借相关的答案。

有一天，他想出了一个创建"电影人联合会"（Cinéastes Associés）的好点子。一部最普通的法国电影，当时需要花一亿法郎拍摄，但我们觉得让我们来拍的话，有它的五分之一就足够了。于是，我们去找了一些制片人，建议他们为我们投资拍摄五部电影。早已被这个主意深深打动了的阿伦·雷乃，将会执导其中的第一部——影片将会根据瓦扬（Roger Vailland）的小说《致命一击》（Les Mauvais Coups）改编，里维特任助手。亚历山大·阿斯楚克拍第二部，我任助手。第三部则是雅克·里维特当导演，第四部我当导演。

但是，我要在这里重申一下，最终第一个动手的还是里维特。他很快就干了起来，我们也只好跟着一起来。在他的带领下，我们完成了一个原创剧本：《四个周四》（Les Quatres Jeudis）。让-克洛德·布里亚利将担任主演——他是我们的朋友，也是我们的希望，虽然在那之前他根本没演过什么电影。每晚九点，里维特都会呼喊我们拉开大幕，召集所有演员。而且，在他身上有一种让人几乎难以相信的悲喜剧式的癫狂，或许，这就是天才的标志。

里维特、夏布洛尔、夏尔·比奇和我，我们仔仔细细写出来的《四个周四》的剧本，如今一定还在不知哪位制片人的抽屉里睡着大觉。

我们的错误在于相信制片人会对拍摄耗资不贵的电影产生兴趣。但事实上，毕竟从绝大多数角度来看，他们其实都只是银行和电影发行商之间的中间人，他们的盈利是和一部电影的成本互成比例的。我们又一次受到了礼貌——甚至礼貌得让我们都有些困惑不解了——的接待，但到头了，还是那一句："门不用关了，我们自己来。"

1958年7月，里维特开始拍摄《巴黎属于我们》。此时，他需要面对的主要问题是：每个星期天都要去四处找钱，不然的话，星期一就没法开工了。而且，这可不是一般的"开工"！那是一项浩大的工程：三十个人物，三十个外景地，夜戏外加黎明时候的戏。他既没秘书，也没经纪人，更没汽车。里维特有的只是一些琐碎银两，而且7月又恰好是一年之中人人都出门度假去的时候。

当夏布洛尔的《表兄弟》（Les Cousins）也开拍之后，他们剧组的几盒剩余胶片，就去了里维特那里。三个月后，我开始拍摄《四百击》，而《巴黎属于我们》仍然未完成。最终，里维特是和我同时杀青的，但留给他的只是一部未彻底完工的电影。里维特欠了一屁股债，实在没钱去做配音、剪辑和加片头片尾的字幕了。

1959年戛纳影展上，夏布洛尔和我决定担任《巴黎属于我们》的联合制片。我们花了几个月，完成了剪辑、配音和音效。它会在法国各地的艺术影院和前卫影厅里放映，很快还会走向德国、比利时与加拿大。

里维特比我们之中任何一个人都更像电影的疯子，而他的电影也证明了，他比我们中任何人都更像一个拍电影的。且不论《巴黎属于我们》的拍摄条件，单就这部电影本身而言，它就是《电影手册》这些人所拍出的所有电影里，最能看出"导演"成色的一部。在这里，他面对技术难题时从不闪躲，总是迎面而上，一个个加以解决。这靠的是他倔强的自尊，靠的是他的正直，还有他对自己那一双手的信心。

虽然写过的东西不多，雅克·里维特却凭着对自己观点的那份自信，影响了所有的年轻影评人。虽然他拍的电影也不多，但在今天，他拿出了这一部由1958年就开始拍摄，堪称我们所有人榜样的作品。

用佩吉（Charles Peguy，法国诗人）的话来说，里维特在他这部作品的一开头就提醒了我们，巴黎不属于任何人。但是，电影属于每个人。

——1961年

雅克·罗齐耶

《再见菲律宾》（*Adieu Philippine*）

有哪位导演敢公开宣布：我对虚假感兴趣，或者说，我在这部电影里，尝试着以最不真诚的态度表达最虚假的情感？

当然不会有这样的人。人人都宣称自己最真实，都最想表达出自己的真实。围绕着一部电影，喜欢的人和不喜欢的人之间的讨论，十有八九可以用如下的话来做概括："它拍得很真实……事实就是这个样子的。"或者是："你懂什么啊？你又没见过那些。"又或者是："你完全不可以这么那么地说，因为你从没去过那里。"

人人都对青春感兴趣，人人都对它着迷。关于青春，我们都有各自的想法。任何一位编剧都可以告诉你，儿童和青少年的对白是最难写的，因为即便你写得再接近，终究也会让人觉得像在亵渎自己的青春。而且，随着你自己的年龄越来越大，再想把青春描绘得真实可信，也就越变越难了。当然，我们也可以用风格化的手段来规避这个问题，就像雷诺阿在《逃兵》(*Le Caporal épinglé*)里或卡斯特拉尼在《罗密欧与朱丽叶》(*Romeo and Juliet*)里做的那样。但是，如果你那么做的话，也等于放弃了卡亚特在《洪水之夜》(Avant le déluge)里,马塞尔·卡尔内在《不安分的年轻人们》(Les Tricheurs)里和克鲁佐在《真相》(La vérité)里尝试实现的那种整体上的真实感。走风格化路线的那些电影,大人看了会很喜欢,年轻人却无法从中认出他们自己。

我们可以这么说,在银幕上呈现那些十五岁和二十岁的年轻人,这正是当初"新浪潮"会出现的原因之一。这些导演和人物之间,只有十岁的年龄差。这样的差距刚刚好,一方面,这些导演看待这些问题能有更好的视角;另一方面,表现在电影里的时候又不会失去那种必要的精准,就像某些雷蒙·格诺的小说一样。

雅克·罗齐耶的第一部电影《再见菲律宾》正是此类新电影最明显的成功案例,对于这类电影来说,有着越长期和细心的工作积累,越能展现其浑然天成的一面。再加上,片中拍到的那些事件的琐碎之处,恰好与赋予这些事件足够重要性——好让我们有足够的兴趣看下去——的各种真实处境达成了一种平衡关系,这就只能用天才二字来形容了。

在处理无聊这一主题时,你必须深挖他的过去,扒开他的表象,展现他的内核,然后再在空白的画布上,用令人迷惑的言之凿凿的笔触,用一切尽在掌握之中的即兴发挥手法,装饰上某种地中海式的快乐。为什么说是地中海式呢?因为,看到马可·费雷里的《婚床》(L 'Infedelta Coniugale)或是迪诺·里西的《安逸人生》(Il Sorpasso)时,我们这些更为年轻的法国导演所感受到的,又怎么会是如日耳曼族般的无望呢?这些意大利导演实在太有活力了,哪怕影片结尾那么悲观,却还是让我们禁不住想在雨中歌唱起来。如今,法国电影终于也在雅克·罗齐耶身上找到了这种意大利气质。事实上,《再见菲律宾》完全不像法国电影，反倒是可以和雷纳托·卡斯特拉尼的那些好作品一比——特别是他那部令人难忘的《两分钱的希望》(*Due soldi di speranza*)，该片处理日常生活中各种寻常事情的方式着实叫人着迷。

这就是"循规蹈矩"的电影和夸大其事的电影之间的决定性差异。路易·卢米埃尔属于第一类，他使用最少的电影元素激发我们的情感。夸大其事的电影则需要求助于虚张声势的暴力、情色的场面、话剧式的对白，才能掩饰它缺少才华的事实。

在《再见菲律宾》中，你找不到任何一处不寻常的构图，找不到任何一个花哨的镜头，也听不见任何一个故意走调的音符或是污言秽语。你也不会从中找到"诗意的时刻"，因为整部电影就是一首不曾被打断的诗歌。如果光看只有画面的工作样片，那你没法清楚地看见《再见菲律宾》透出的诗意，因为它的诗意来自画面和话语之间，声音与音乐之间的每一处完美和谐。

《再见菲律宾》的声音处理是完美的。它首先是一部有着各种各样情感的电影，有着各种各样个性的电影。这么说，并非因为这些个性来自那些触动我们的"普通人"，而是因为整部影片拍摄时所带有的那种智慧、爱、谨慎、细致。

即使是一部各方面都很成功的电影，终究也能区分出其中最最完美、最最突出的瞬息。所以，就让我们预祝这位在《再见菲律宾》里构想出了沙滩上那场黄蜂戏的导演，接下来能够走得更远吧。

——1963年

皮埃尔·卡斯特

《葡萄牙假期》（*Vacances portugaises*）

《葡萄牙假期》中的人物全是知识分子，我们很少在电影里看见这样的人物，能够表现得令人信服就更是非常非常少见了。和其他人一样，知识分子也会陷入爱情的旋涡，但相比别人，他们嘴上谈得更多，而且常能给别人带来一些顿悟。这么一部真诚、感性、细腻、让人豁然开朗、情感上完整、语调上可信的电影，主要观众也应该是知识分子。但结果显然并非如此，知识分子似乎更爱看别的电影，哪怕是糟糕的西部片。

——1964年

阿伦·雷乃

《莫里埃尔》(*Muriel ou Le temps d'un retour*)

发现自己的侧影出现在了《去年在马里昂巴德》里（旅馆电梯前放着一块真人大小的希区柯克看板），希区柯克十分高兴。当他得知雷乃的新片叫作《莫里埃尔》时，便委托我把关于穆里耶的真实故事转告雷乃：

两个家伙在街上走着，忽然，他们看见水沟里有条手臂。"那是穆里耶！"第一个人叫起来。"你怎么知道？"第二个人耸了耸肩。过了一会儿，他们又看见一条腿，第一个人再次认出，这是穆里耶的，但第二个人仍表示怀疑。几米开外，他们又看见了第二条腿，但第二个人仍不相信。两人转过一个弯继续走，在水沟里看见了一颗脑袋。"你看，我说什么来着？"第一个人喊道："你看到了吧，这就是穆里耶。"面对铁证，第二个人终于信服了，他跑过去抓起脑袋，抱在自己怀里。"穆里耶，怎么了啊？你是出什么事了吗？"他喊到。

公平交易。希区柯克在《莫里埃尔》里的登场，要比《去年在马里昂巴德》里重要许多；不光是出现了他的样子（和上次一样的开玩笑对象），而且片中多次暗中提及和明文指出，更重要的还在于，我们还可以说，《莫里埃尔》在多个层面上都受到了希区柯克的"深度"影响，而这也让本片成为影史上给人留下最深刻印象的向"悬疑大师"致敬的作品之一（《莫里埃尔》让人着迷的地方还有许多，这一点不过是其中之一罢了）。

但《莫里埃尔》在评论界的口碑很糟糕。面对这样一部电影，影评人既不知所措，又缺乏公允。雷乃是法国导演里最职业的，而且也是少数几位可称得上艺术家的导演之一。写剧本有很多方式，把剧本拍出来也有很多方式。显然，雷乃考虑了所有这些方式，然后做出了自己的选择，而且做的时候，还关注了所有的细节。他不像别的许多导演，只因为偶然因素才决定开工，写的都是老套的剧情，糊里糊涂地拍着糊里糊涂的情节。

《莫里埃尔》我已看过三遍，并不是完全喜欢，而且很可能每次看的时候，不喜欢的地方都一样。但我知道自己还会再看很多遍《莫里埃尔》。确实，对于像雷乃这么重要的导演，影评人挑剔一些很正常。毕竟他已成功获得世人的尊敬，在全球范围内广为人知。问题在于，影评人冲《莫里埃尔》开火时，很少能够瞄准目标核心，绝大部分时间里，他们对准的都是靶子的边缘。

我原计划对近期上映的两部法国电影的剧情做一番严肃的分析，以证明这些剧情写得多么无知。但就在一星期前，我自己开始了新片项目，所以现在我心里只剩谦卑。每天你都能想出十来个点子，最终你拍了其中的三个，放弃了其余的。你觉得自己做得没错，一开始，你确实想拍一部电影，结果却发现你所做的其实只是在缝缝补补，只是在犹犹豫豫和浪费时间。你本希望电影能够上轨道，能够靠它自己平稳向前开动，结果却发现那只是一艘随波逐流的小舟,需要你用力不时地把它拨回正确的航道。

电影评论,其实和电影一样,也正经历一场危机。影评人对作品有意见很正常,但如果影评人没法把这些意见给描述出来,那可就不正常了。

乔治·夏朗索尔(Georges Charensol,法国评论家)究竟是怎么做到的,可以在《新文学》(Les Nouvelles litteraires)第六页写了马拉美的书评,又在第十二页上声称自己完全看不懂《莫里埃尔》?

这是一部从原型上去看其实非常简单的电影。故事里那几个人,说的每一句话必然都是以"我……"起头。雷乃在这里讲述的主题,其实也就是雷诺阿在《游戏规则》里讲述的主题,也就是夏布洛尔在《好女人们》(Les bonnes femmes)中讲述的主题:我们在等待死亡的过程中,上演着《潘趣和朱迪》(Punch and Judy,欧洲传统木偶剧)的剧情。

——1964年

让-皮埃尔·莫基

《处女们》（*Les Vierges*）

喜欢电影的人，肯定会想知道究竟是谁拍了这些电影。但现在我们已放弃了那种自命不凡的"由谁编剧并执导"的说法，因为感觉那更像在说小说，而不是电影。对于类似《处女们》这样的电影，这种情况就更明显了，因为它的演职员表里列了四位编剧，尽管其实谁都知道，那些打基础的工作，其实都是匿名的让·阿努伊做的。

由不同短剧组合在一起形成的电影，其实也可以再分为两类。一种会明确告诉你，我就是由几部短剧拼在一起的，另一种却希望能给观众留下一种融合统一的印象，所以他们会在具体剧情中插入一些过渡的内容。

在《处女们》中，这种过渡材料显得特别弱：几个短剧仅仅只是一个跟着一个延续罢了；每一部分的开始和结束都很突兀，而且情绪、灵感、表现上不统一。第一部分最好，有些沉重，但看得出拍得很用心。这是一部属于男人的电影，说的是男人眼中看到的女孩们。他一方面沉迷于性，另一方面又是清教徒，两者几乎无法调和。

四部短剧中的第一部,也是最好的那一部中,莫基关注的并非年轻的处女,而是一个处男。那是一位善良的新郎,但显然他最终会变成糟糕的丈夫。剩余的三段就没那么成功了,但拍得很有意思,只是有些情感上的妥协会让人觉得困惑。为什么说是困惑?因为那与整部影片的整体精神互相矛盾,与莫基自己的精神互相矛盾。关于他的精神,我们在看过《男与女》(*Un Couple*)和《势利眼》(*Snobs!*)这两部电影后,已经有了不少了解。

我的电影越像我自己,观众就越不喜欢它——关于这个残酷事实,莫基并不是最近了解到这一点的唯一法国导演。(认识到这一点之后,他们都做出了各种反应,有人尴尬地否认,有人犹豫地改变。如果你改变了想法,可能会带着伤疤离开,要不就是约克中士那样,当个英雄,干脆别怕死。)

有一个问题我一直没有回答(但也没人问过我这问题),那就是,《处女们》是不是莫基迄今为止最好的电影?怎么回答,其实都不会有区别,重要的是这并非一部无关紧要的电影。它的优秀品质在于它那种将虚假和真实、诚恳与虚伪全都有趣混合在一起的做法。

你问我它优秀的品质究竟是什么?和莫基大部分电影一样,我们可以趁此机会看到一些不知名的演员。他选人很有眼光,用人也很有方。此外,他将自己想法贯彻执行时的那种干净利索,也让人羡慕不已。所有的画面里,只有莫基想留下的东西,只有他希望我们看到的东西,除此之外,一无他物。一切都那么干净、坦白、精确和直接。

要是他再能有一个结构更好一些的剧本,他本可以拍出一部更有条理的电影。因为他其实很了解这么一个道理：电影总是要做减法，而非加法。他已经有了天赋的原创力，如果能再来一些自我批评，他一定还会进步的，终有一日会成为一位重要的导演。

——1965年

克洛德·贝里

《老人与小孩》（*Le vieil homme et l'enfant*）

"亲爱的元帅……在这个美丽的圣女贞德纪念日，我拿起笔来给您写信……"

"今天是圣菲利普纪念日，我给您写信……"

"亲爱的元帅……今天是您的生日，我给您写信……"

"亲爱的元帅……祝您新年快乐，身体健康……"

和与我同时代的所有法国人一样，鄙人学生时代大好年华中的相当一部分，都花在了给沦陷期的贝当元帅写信这件事上。这是必须要做的，做起来也很让人愉快，而且又可以得到回报——通常是额外多发一块富含维生素的饼干。

我相信，只有全班写得最好的那封信，才会真正被送去元帅手上，剩下的就只能拿来当语文课的作业让老师打分了。

从10月到来年7月，《元帅，我们来了！》（*Marechal, nous voila!*）都是最热门的歌曲，始终在我们的歌曲排行榜上占据头名：

亲爱的元帅，我们来了！

我们站在您的身前，您是法国的救星，
我们所有人，您的男孩，向您发誓，
遵从和跟随您的领导。
亲爱的元帅，我们来了！
您让我们恢复希望，
祖国会重生，
元帅，亲爱的元帅，我们来了！

我等待了二十年，一直在等待能有这么一部反映真实沦陷时期真实法国样貌的真实的电影，一部和绝大部分法国人有关系的电影——这些人既没有通敌，但也并非抵抗组织成员，他们什么都没做，不管是好事还是坏事，他们像贝克特话剧里的人物一样，只是幸存了下来。如果将我们的祖国比喻成国际象棋，我们在电影里看到的，一直是车或主教的视点，从来都没见过小兵的视点。最近，《巴黎战火》(*Paris brûle-t-il?*) 尝试要把自己伪装成这样，最终只是取悦了几位将军的寡妇。好在，克洛德·贝里的《老人与小孩》没有让我们白等。

我已经不再是影评人了，而且我认识到了才看过三遍影片就要写影评，这其实是一件很冒昧的事。不过，就当给自己以后终究要写的那篇影评做个彩排，随便先谈一些印象吧，毕竟，这可是我一直想和大家分享的巨大的喜悦啊。

沦陷时期，在法国南部所谓"自由区"，一个犹太小男孩被安置在了靠近格勒诺布尔的一位退休工人家里，还起了假名——因为老人不仅个性暴躁顽固，还坚定地反犹太人。

影片记录了年幼的朗曼（改名后成了年幼的隆盖）在村里、学校和老人家里的遭遇。老人很相信男孩，把心里话都告诉了他：

"记住我说的话，法国的敌人有四个：英国人、犹太人、共济会、布尔什维克。"

贝里处理本片的方式，本可以有好几种，既可以是德西卡那种肝肠寸断式的，也可以是鲍格农那种伪诗意的，又或者是卡亚特那种主旋律的。但如果那样，影片一定会变得让人厌恶。而现在的它，生龙活虎、逗人高兴。它不对任何事情做假设，它不信任所有的人道主义——如果雅克·奥迪贝蒂（每天我们都越来越怀念他）还活着，他一定会说，这是一部"反人道主义"的电影。

我觉得，克洛德·贝里并不是故意避开上述那些惯常的处理方法有可能给他设下的陷阱。我相信，是他十分强烈的本能，让他自然而然地选择了现在这么一条曲折的道路。因为，这是唯一和真实生活相像的道路。米歇尔·西蒙扮演的老人喜欢动物，但他之所以对这小孩产生感情，只是因为他终于找到了一个可以听他说说话的人。他讨厌犹太人，但也承认犹太人从没对他本人做过些什么。（"那将会是最后一根稻草。"）

小男孩十分喜欢他的处境，他不抱怨，晚上睡床上也不哭。他越来越爱这位爷爷。

影片的具体设置包含了所有与沦陷期相关的小细节：因长了虱子而被剃光的脑袋、定量配给、必须要唱的《元帅，我们来了!》、年轻母亲在解放后被剃光头（法奸的标志）。但是，小男孩的父母来接他了，一切都随着男孩的离去而消逝。贝里决定不把误会澄清，这是一种聪明机智、充满感性和直觉的处理方式。米歇尔·西蒙扮演的老人忧伤地看着男孩离去，他永远都不会知道，小男孩也是"他们之中的一个"。

如果说我们能从这部电影里获得巨大的快乐，那是因为《老人与小孩》带给了我们一个接一个的意外。你永远都不知道接下来要发生什么,但当它真的发生时,我们又能马上对它产生认同,我们能认出它真实的一面,同时又被它揭示出来的疯狂打动。仔细想一下,那些仅仅只是呈现虚假境况的电影——特殊情景下的特殊人物,我们会觉得看似合情合理,其实却很无聊;而那些意在捕捉真实的电影——真实情景下的真实人物——却又总会给我们留下一种疯狂的感觉。从让·维果到萨卡·圭特瑞和让·雷诺阿,一路再到克洛德·贝里,这一点始终颠扑不破。之所以会想到这些名字,也并非出于偶然。《布杜落水记》诞生三十五年之后,《亚特兰大号》诞生三十二年之后,《滑稽戏》和《雾码头》诞生三十年后,《毒药》诞生十五年之后,全世界所有视米歇尔·西蒙为伟大演员的观众,都将会为《亚特兰大号》中那位朱尔老爹的回归大声地鼓掌。

没错,是米歇尔·西蒙扮演了《老人与小孩》中的老人。"那么小孩呢?"你可能会问。小孩很好,谢谢你的关心。演喜剧的儿童演员,常会被当作怪物,他们是我们最不该信任的那种假喜剧演员。但克洛德·贝里正确地感觉到了,他应该把米歇尔·西蒙孩子气的那面与小演员早熟、宁静的那面给并置在一起。这样,他这部充满了爆炸性的电影,才会具有一种和谐的平衡。由此,我们得到了这个比任何爱情故事都更为真实和更加强烈的情感故事。只需在两个同性人物之间成功营造一种情景,只要你别落入地域性的敌视或是完美的友情这个双重圈套之中,那么你就能获得上述这种强烈的情感故事了。

迎接贝里的,会有荣誉,肯定也会有辱骂。拍摄这么一部充满爆炸性的电影,你不可能避免这些。即便外包装做得再可爱,也总会有一些不希望我们去踩红线的人,脑子里那根警惕的神经又被唤醒。可爱的反犹主义者、有魅力的骗人女老师、原汁原味的地下广播、墨守成规的抵抗组织、典型的小村庄、犹太小男孩、爱德华·德吕蒙[1]……所有这些都足以将克洛德·贝里送上绞刑架,二十年前,正是在这同一个地方,他们吊死了刘别谦,理由是《你逃我也逃》让法国观众看得捧腹大笑,罪不可赦。而刘别谦做的不过就是让"集中营"这个词被重复了二十遍——"所以说他们叫我集中营恩哈特吗?哈哈哈……""是的,他们叫你集中营恩哈特。哈哈哈……"

如果贝里必须要去面对当初判决刘别谦有罪的那些法官,而我又有机会做他的律师,我会告诉他们,这部幽默大胆的电影从头至尾都打动着我,它让我看到了相比你抱持的想法,更有价值的,是你这个人本身。我要告诉他们,电影界一直都在等待这一部最新的《反犹分子与犹太人》(*Anti-Semite and Jew*,萨特写于1944年的文章)到来,我期待雷诺阿能快些回法国,能去看看这部《老人与小孩》。这会让他和以往每一次看见《托尼》又有了子孙后裔时一样高兴的。

——1967年

《爸爸的电影》(*Le cinéma de papa*)

在让我十分喜欢的《老人与小孩》之后,《爸爸的电影》可能是克洛德·贝里最好的作品了。片名可能会让你觉得,这是一部与电影有关的电影,但事实上,它要说的是我们日常生活

---

[1] Edouard Drummont,法国反犹主义标志性人物。

中最基本的东西，那也是现在很多电影里避而不谈的东西：艰难的生活、没钱的痛苦、一日三餐、找工作、自立门户、人生的顺流和逆流。

卓别林电影里的人性，其实也由同样的东西组成：逃不过去的一日三餐、找工作、谈恋爱。这些，恰恰就是最好的电影主题，也是最简单和最具普遍性的主题。可是，让人觉得有意思的是，随着现在电影的知识分子程度越来越高，这些往往也都成了最容易被忽视的东西。

贝里的电影从不无病呻吟，他的人物从不因自身烦恼而对别人横加指责。他们相信人生确实也有机遇和运气，但更相信的还是自己的能量。我在贝里本人的身上、在他的作品里、在他诠释的人性中、在他的生活里都能找到这样的能量。电影需要诗意、感性和智慧等东西，但是，生命力才是更不可缺少的。

贝里并非那种爱上了电影的导演，他不会在自己的电影里参考别人的电影，他参考生活本身。他由生活本源出发描绘生活。和当初也被严重低估了的马塞尔·帕尼奥尔与萨卡·圭特瑞一样，克洛德·贝里在他的影片中首先要做的，是把故事说出来。他能很强烈地感觉到自己要说什么故事，因此才会很自然地找到将之表达出来的最佳形式。

他告诉我说计划要拍摄《爸爸的电影》时，我曾建议他找人给他放一下《骗子的故事》(Le roman d'un tricheur) 和《史笨仔》(Le Schpountz) 这两部电影。不过，贝里情愿把时间花在吃大餐和跟朋友聊天上，他根本没找时间去看这些电影。他是对的。他说过，面对电影提出的问题，故事的本能会让他自然而然地找出一个最佳解决办法，无须借助别的东西。

我还想提醒你们注意，《爸爸的电影》有一处特别具有原创性。我们都知道艺术家本性如此，即使不说反社会，通常也都是一些无社会意识的人。早在他们对社会做批评之前，他们就已经和不理解他们或是压抑他们的家人有分歧了。他们之所以选择艺术家这种职业，通常是因为受过什么伤害。但是，在《爸爸的电影》，以及所有的贝里作品中，情况恰恰相反。他最基本的信条或许是："我的家人，我爱你们。"看完这部电影，我们可以肯定地说，克洛德·贝里不像那种和家人中断了联系，身上带着伤疤的艺术家。这是一位热爱父母的电影导演，而这也让他的电影显得更加与众不同。

——1971年

热拉尔·布兰

《朋友们》(Les amis)

作为演员,热拉尔·布兰有着认死理的名声,而且一点都不冤枉。他的问题在于,法国人很少拍什么冒险片、西部片或是摩托公路片。要是约翰·加菲尔德生在巴黎,他很可能也会遇上我们这位朋友热拉尔所遭遇的事业性难题。

《朋友们》由热拉尔·布兰自编自导,但他这次没有参演。这部影片证明了,布兰完全有理由在自己做导演时要求苛刻、精益求精。这位大家本就认为有潜力的导演,如今通过这部电影,让我们看出了他确实是个有能力的电影人,因为他很有逻辑性。逻辑性——这包括整体上的逻辑性、风格上的逻辑性、执行自己意图时的逻辑性,在我看来,这是优秀导演共有的唯一基本特征。

《朋友们》讲述了一个富有的已婚男人和一个贫穷的年轻美男子之间产生情感联系的故事。故事当然讲得很有逻辑性,两位主演也选得好,而且导演为他们指明了正确的方向。他们简洁、内敛的表演,令原本有可能会显得异常的情境也显出了它们平凡的一面。

《朋友们》的剧情具有一种坦白，那并非忏悔的坦白，而是一种经历上的坦白。没什么内疚的，没什么愤世嫉俗的。在银幕上，从第一格画面到最终"剧终"，你看到的全是自然的东西。热拉尔·布兰敢于放弃滔滔不绝的说辞，也敢于不为人物提供任何"托辞"。例如，喜欢年轻金发女孩并且愿意将她们理想化的男主人公有了一次大胆的同性恋经历，但并非因为在越南发生的战争，而仅仅是因为他的这位老伙计能带给他渴求的安全感、舒适感与温柔关爱。

当"教父"问他为何想当电影演员时，年轻人原本也可能回答说："因为我想把快乐和美好的梦带给那些正在受苦的人。"但他实际上并没有那么说。他只是甜甜地回答说他想"出名，挣很多钱"。

整部电影就在这种简明和逻辑中推进：没有美化，没有修饰，没有任何一个不必要的镜头。从这个角度来说，我要特别提醒你们注意一下车祸那场戏，这是我心中有史以来拍的最棒的车祸戏。

凭借它完全正确的基调，凭借它温暖的讽刺及明确的意图，《朋友们》足以跻身优秀的"处女作"行列，足以与下列作品并肩站立：罗齐耶的《再见菲律宾》、埃里克·侯麦的《狮子星座》（*Le signe du lion*）、克洛德·贝里的《老人与小孩》、巴贝特·施罗德的《冬日的葬礼》（*More*）、莫里斯·皮亚拉的《赤裸童年》（*L'enfance nue*）。

——1972年

拉斯洛·萨博

《魔鬼的白手套》(Les Gants Blancs du Diable)

电影如同婴儿一样脆弱,光是把他们生下来是不够的。例如,你知不知道,或者你有没有看过,或者你是否会看到菲利普·加瑞尔的这些电影:《玛丽为了记忆》(Marie pour mémoire)、《集中》(La concentration)、《处女的床》(Le lit de la vierge)、《内心的伤痕》(La cicatrice intérieure)或是《炼金炉》(L'Athanor)。这都是一些能启发人的优美电影,光是片名就能让我们浮想联翩了。但是,这些杰作在一出生时就被那些唯利是图的制片人抛弃了,由它们诞生的摄影棚直接送进了电影资料馆这个天堂。

我希望拉斯洛·萨博能有更好的运气。我希望他的处女作《魔鬼的白手套》能有正常人应有的寿命。我希望如此,我也相信最终会是如此。因为他的电影来得正是时候,这正是将全世界最商业化的那类电影的巨大魅力重新唤醒的关键时刻,那就是美国电影公司在1940年到1955年间所拍摄的那一类系列作品。而这也正是萨博想拍的电影。

这场赌博(这确实是一次赌博)并没有十拿九稳的胜算,

萨博也并非觊觎史都华·海斯勒和《死吻》的第一位欧洲导演。这样的情景我们以前见过；大家都知道法国导演对犯罪电影的热爱，几乎总是无法得到回报。事实就是，犯罪小说的情节都发生在想象的国度之中。如果你能接受这个观点的话，那你或许也会承认，相对于威廉·艾里什[1]或是大卫·古迪斯[2]的那个世界，法国方面能够选出的最为旗鼓相当的对手，至今依然还是要数让·科克托的《美女与野兽》。

你应该去看看《魔鬼的白手套》，它正是搭在科克托和古迪斯之间，或者是搭在（《美国制造》里那个）戈达尔和（《夜长梦多》里那个）霍克斯之间的桥梁。该片以16毫米彩色胶片拍摄，成本肯定少于（根据古迪斯小说《窃贼》改编的）《大飞贼》（*Le casse*）和（根据古迪斯小说《黑色星期五》改编的）《视死如归》（*La course du lièvre à travers les champs*）一天所需的费用。萨博的电影将我们带入了犯罪小说的想象国度——带入了那个封闭的世界。所谓封闭，指的就是无论付出什么代价，都务必保证画面朦朦胧胧，绝不能让已经占据了如今绝大多数彩色电影的蓝天和阳光的画面进入到这个世界。必须指出，这一点其实由一开始就能从拉斯洛·萨博身上看出来。作为演员，他就是一位奇怪的具有诗意的演员，从《小兵》开始，主要都在演戈达尔的戏。如果计-克里斯托弗·阿弗蒂（Jean-Christophe Averty）能用他那套特效机器，将拉斯洛·萨博的侧影给加在《马耳他之鹰》的画面上，根本没人会看出区别。

---

1 William Irish，美国小说家康奈尔·伍尔里奇（Cornell Woolrich）的笔名，特吕弗曾将他的《黑衣新娘》和《骗婚记》搬上银幕，他也是希区柯克作品《后窗》的原著作者。
2 David Goodis，特吕弗作品《射杀钢琴师》的原著作者。

和很多演员/导演一样，萨博找到了一个理想的演员阵容，从伯纳蒂特·拉方特到若尔热特·阿尼斯。同时，他也给了琼-皮尔里·卡尔弗恩、伊夫·阿封索、塞尔日·马康、让-皮埃尔·穆兰（Jean-Pierre Moulin）各自从影以来最佳的角色。卡尔-海因茨·谢弗（Karl-Heinz Schaefer）为本片所做的配乐，是我近期听过的电影配乐中最出色的，和本片的《荒漠怪客》风格色彩互相配合着手挽手地向前推进。《魔鬼的白手套》的色彩处理方法，在使用黄色、绿色和红色时真的能吓到我们。

那些可能在影院入口处望着《魔鬼的白手套》的剧照感慨说"嘿，这看着不像是烂片啊，你想看看吗？"的观众，萨博的未来，就取决于你们了。

——1973年

克洛德·索泰

《三兄弟的中年危机》

(*Vincent, François, Paul... et les autres*)

当初克洛德·索泰貌似放弃了导演生涯，转而成为电影剧本"补丁匠"的那段时间，我有幸与他合作过一回。在几次成功的修补工作后，索泰终于提高了自己的身价，当上了剧本顾问。从那以后，他便成了"索泰医生"。每当有剧本出问题，就会有人求助于他。在索泰提出的解决方案里，有一种方案的出现频率很高：扇耳光。遇到麻烦的导演会对他说："然后女主角告诉男主角，再也不想看到他了；他回答说让她去死……他不肯善罢甘休……然后……然后我就不知道该怎么办了。"索泰会建议说："然后，然后他穿过房间，走到她面前，啪！给了她一耳光。"

为了一个不成功的剧本，我和索泰合作了三四天的时间（导演是谁我就不说了，这并不重要）。之前我们几乎素未谋面，这次合作让我俩有了机会了解对方。在工作中，我们常能达成共识，也由此发现彼此的想法相当接近。通过合作，我们发现了对方身上智慧和可爱的那一面，于是在那之后，我们也常一起吃饭聊天，愉快地交换各种观点。

后来，编剧让-卢·达巴迪（Jean-Loup Dabadie）在还没找好导演和制片的情况下，就把小说《生活琐事》（*Les Choses de la Vie*）改编成了电影剧本。在他的热心坚持下，索泰终于答应重执导筒。在那以后，他便灵感不断。《生活琐事》《马克斯与拾荒者》（*Max et les ferrailleurs*）、《塞萨和罗萨丽》（*César et Rosalie*），以及如今这部《三兄弟的中年危机》，便是他的收获。这四部影片的共同点正是让-卢·达巴迪，一位真正的电影作家，一位不管从哪个角度来看都堪称优秀的作家，一位名副其实的谱写文字的音乐家，一位谦虚、调皮、谨慎、灵感勃发、打字速度飞快、大胆的年轻人。他也在索泰的手中得到了锻炼。

索泰是我认识的最不轻率的人。他十分一本正经的态度，会让我想到夏尔·瓦内尔。在我看来，他俩就像伐木工里的工头，从笨手笨脚的工人手里一把夺过斧子，漂亮地露了一手——小时伐倒五棵大树的本领。索泰为人顽固、害羞、诚恳、坚强。他是最最最典型的法国人。《台口》（*L'Avant-scène*）杂志邀请我为《三兄弟的中年危机》写篇影评，而我的做法就是在这里为你们描绘一下克洛德·索泰其人。因为，如果说对电影的描述很能说明拍电影的人，对一位导演的描述，反过来也很能说明他拍的电影。

《三兄弟的中年危机》是最最最典型的法国电影，虽然索泰也属于那种从观摩美国电影里学习本领的人——尤其是沃尔什和霍克斯的电影。我俩头一次共进午饭，索泰就表示了他对沃尔什那句格言的喜爱。"电影就是动作、动作、动作……不过都得是冲着一个方向的！"上个月，拍过《她的男人》（*Her Man*, 1930）的老导演泰·加尼特告诉我："我觉得年轻法国导演都很明白我们在五十年前学到的那些东西：电影就是'跑,跑,跑'。"这又让我想起了索泰当初说过的话。

喜欢美国电影是好事，但试图把法国电影也拍成美国电影就另当别论了；关于这一点，也一直众说纷纭。我不会就此问题去攻击任何人，因为此前我这么做，有两三次落入了圈套。雷诺阿拍《娜娜》和《懒兵》时参考过施特罗海姆和卓别林，换句话说，他从好莱坞大师身上汲取了养分，同时又加强了自己电影里法国的那一面。同样的，在不可避免地绕道于犯罪电影之后，索泰也明白了他必须——借用一下科克托的话——当一只"在自己的基因学家谱树里歌唱的小鸟"。

在我看来，《三兄弟的中年危机》可能是索泰最好的作品，也是达巴迪-索泰二人组的最佳作。其主题可以用一个词概括：生活。这是一部有关总体意义上的生活本身，有关我们本质的电影。帕斯卡曾说过："让人感兴趣的是人。"他如果能活着，一定会喜欢这部电影。有些人看过本片后被彻底打动了，他们告诉我说："很有魅力，但也很恐怖；就像头上挨了那么一记。"我却并不这么看。我觉得它是乐观和积极的。我相信我能听到索泰在我耳边低语说——当然也可能是我弄错了——"从小处看，生活是艰难的，但从总体上来看，生活还是美好的。"我觉得我从这部电影里听到的是这样的讯息，而且我当然也同意这种观点，因为它深入了事情的本质。我们总爱抱怨每天遇到的各种问题，家庭问题、生活用品、心脏问题及情感问题。但是，某天医生跑来告诉你说："老胳膊老腿还能支撑，不过已经有了点裂痕，用起来得小心了。"于是，我们可怜的人生，忽然之间又变得价值千金，感觉一切又恢复了它们应有的价值。在相对论的符号下，生活继续，如同这世上所有的一切。

通常在电影里，至少也是大部分电影里，演员想演得像真实生活里的大活人，都是可遇而不可求的事情。但《三兄弟的中年危机》打动我的地方就在于，我们在银幕上看见的那些人与他们口中说出的话，竟是如此匹配，以至你会觉得这部电影真正要拍摄的对象，其实只不过是他们几个人的脸。

蒙当（Yves Montand）、皮科利（Michel Piccoli）、雷吉亚尼、德帕迪约（Gerard Depardieu）四位先生请注意了，本片说的其实是一个关于你们的额头、鼻子、眼睛和头发的故事。在这么短的时间里，我便了解了你们的全部，因为你们刚刚完成的可是一部伟大的纪录片。在那之后，你们又回到了自己做戏和当演员的老本行中，对于后者，我当然也很尊敬，毫无贬损之意。斯蒂芬妮（Stephane Audran）、柳德米拉（Ludmila Mikael）、安东内拉（Antonella Lualdi）、玛丽（Marie Dubois）、凯瑟琳（Catherine Allegret）等诸位小姐请注意了，我得承认，我感到失望。我希望这部电影能再延长五十来分钟，好让我能再多了解你们一些。但事已至此，我肯定你们会为它感到骄傲，你们也完全有权这么做。你们中间每一位，都完全有资格成为那些男人中间任意一位的生活伴侣。但是，今天的爱情，甚至说是激情，已经被分割成了一个个小块。我们总要去面对一些短暂的东西，而你们和我们心中的所有东西，又总想呼唤永恒。

每一部优美的电影，总会在几乎不知不觉之中向某人致敬。在我看来，《三兄弟的中年危机》有可能是在向雅克·贝克表达敬意。如果他还活着，这部电影一定会深深触动他，正如它已深深触动了每一位重视人本身多过于他所处的境遇、相信人本身要比他做过什么更为重要的观众一样。

《三兄弟的中年危机》是生活，克洛德·索泰是生命力。

——1974年

雅克·杜瓦隆

《初生牛犊》（*Les Doigts dans la tête*）

面对《费加罗报》的征询,要我谈一下"新浪潮十五年后",我草草地回答或许会给读者留下这样的印象：我原则上就对政治电影怀有敌意。但事实其实并非如此。确实,观看某些电影时,我会被电影表面覆盖的某种人造的政治层面的东西震惊。这种东西有时候会让人觉得,那已经成了每部电影都必不可少的内容了,就像透过挡风玻璃去拍汽车内部的镜头一样。即便是左派的宣传,也仍旧是宣传。而且,当政治被无故地、不必要地、生拉硬拽地注入剧本之中,当它明显只是为了"掩护"电影人而存在时,电影的真实性也就受到了伤害。演员的台词开始说得像在念报纸,导演在影片里偷偷塞入了对卡亚特的模仿,自己甚至都浑然不觉；预先设定好的人物和情境,完全不出预料,看着就像用白线硬缝上去的一样；这时候你看到的是一部电脑电影——巴赞对电脑控制论电影的称谓。

《初生牛犊》是此类电影的反例,而且拍得很好。人物的情绪和社会意义得到了和谐的结合,就像是《托尼》那样——观看《初生牛犊》时，我常想起《托尼》。一面是让·雷诺阿这部大量白天室外戏的悲剧，一面是雅克·杜瓦隆这部在女佣卧室局促空间内拍摄的喜剧，两者放在一起做比较，乍一看似乎显得有些奇怪。但其实两部电影有着同样的精神。它们都很生动，都很温暖。虽然两部电影都呈现出一种社会批判，但都完全融入影片之中，而且也符合逻辑，所指非虚。

年轻的面包店学徒因为遇上瑞典女孩——这是一位很符合今日世界各种观念标准的女孩——而在短短几天时间里就变得人财两空。没必要因为《初生牛犊》的故事而痛苦，这是一部有趣、真实的电影，一部诚实歌唱的电影。

观看本片时，我和我的邻座一样，感到影片拍得有趣、令人意外和叫人愉快，但我始终有一种感觉，这出喜剧即将变成一桩血案。我预计影片结束之前会有死尸出现。看完影片，你就会发现，虽然我的预感有误，但并不离谱——《初生牛犊》确实属于那一类电影，它虽和天马行空的奇幻片毫不沾边，但从头至尾都会让我们感到意外。而且影片结束时，我们还会为它的整体性击节叫好。所有拍得最美的电影，都拥有这样的逻辑性。

该片还有一点也令我赞赏：虽然《初生牛犊》的创作概念中包括了一条拍摄真实生活点滴的路子，但它确实也是一部"导演"出来的电影，绝不仅仅只是新闻报道的技巧堆积。新现实主义三十年后，"新浪潮"十五年后，我们已懂得分辨哪些才是面对时间大浪淘沙后仍能经受住考验的电影了。我们发现，拥有自己风格的电影才能历久如新。在1938年，我们可以拿《马赛曲》和《大幻影》的雷诺阿来对比《拿破仑》和《我控诉》的冈斯（或者反过来），但到了今天，我们可以清楚地看到，这两人都是伟大的导演，他们的电影也都是伟大的电影，反倒是存在于他们两人中间地带的那些人都已经过时。在最近的一次访谈中,安德烈·S.拉巴尔特和雅尼娜·巴赞[1]指出,在他们那一档名为"我们时代的电影人"的电视节目里,在他们分析过的所有各类电影之中,如今来看,最过时和最容易被淘汰的其实是"真实电影"。我相信,类似的命运也正等待着其他类型的当代电影。他们在不掩盖任何真实的借口下,肩扛轻型摄影机,穿梭于街头拍摄此类电影,用变焦镜头杀死了电影应有的比例和节奏,用街头喧闹的噪声淹没了演员的台词。如果再加上一些色彩,我们就会获得一种可被称为"纯粹记录"的电影了。这类电影,将电视节目那种貌似在提供讯息的乏味带到了大银幕之上。最终,它们只会让我们更怀念过去的大制片厂和明星制度,更怀念所有那些令《日出》《夜长梦多》《后窗》和《雨中曲》等影片永葆青春的人为的手段。

《初生牛犊》使用黑白胶片拍摄,没用变焦镜头,构图如同《母亲和娼妓》(*La Maman et la Putain*)一样严谨,导的时候没有采用什么特效,但肯定是经过"导演"出来的。

它的优点在于表演的安静和自然;演员的表演是如此安静,以至于看完之后我们不禁会疑惑,他们的对白究竟是事先写好的,还是即兴发挥的……我敢肯定,其中有九成都是预先写好的,克里斯托弗·索托(Christophe Soto)、奥里维耶·布斯盖(Olivier Boucquet)、加布里埃尔·贝尔纳(Gabriel Bernard)、罗丝琳·维尧姆(Roselyne Vuillaume)和安·撒迦利亚(她扮演那位了不起的瑞典女孩)这几位演员,理应获得更多赞誉,因为他们给人留下了一种想到什么便说什么的自然印象。

---

[1] Janine Bazin,影评人巴赞的妻子,本身也是电影人。

《初生牛犊》还表明布列松的影响也可以——或者说正开始变得——具有建设性。无论是职业演员还是业余演员，其实都可以让自己沿着反剧场表演的道路前进。曾创作过《武士兰斯洛特》(*Lancelot du Lac*)的布列松曾经说过，只有这条道路才是唯一的正确道路，前提是，别把演员给引导得完全金口难开就行。在这方面很有意思的一点就是，我们注意到每隔三年都会涌现出一批电影——《再见菲律宾》《圣女贞德》《法外之徒》《在慕德家的一夜》《初生牛犊》——它们总能给我们留下这样的一个印象：表演艺术中最高程度的真实性已经就此实现了。幸好，这只是一个主观印象。追求艺术的真实性，犹如攀爬一架没有尽头的梯子。

——1974年12月